KB159777

부의 본능

슈퍼리치가 되는 9가지 방법

부의 본능

초판　1쇄 발행　2018년　8월 14일
초판　35쇄 발행　2021년　9월 17일
개정판 1쇄 발행　2022년　5월 31일
개정판 6쇄 발행　2024년　9월 27일

지은이 우석(브라운스톤)
펴낸이 김영범

펴낸곳 ㈜북새통 · 토트출판사
주소 (03955)서울특별시 마포구 월드컵로36길 18 902호
대표전화 02-338-0117
팩스 02-338-7160
출판등록 2009년 3월 19일 제315-2009-000018호
이메일 thothbook@naver.com

ⓒ우석(브라운스톤), 2018, 2022
ISBN 979-11-87444-78-7　13320

잘못된 책은 구입한 서점에서 교환해 드립니다.

슈퍼리치가 되는 9가지 방법

부의 본능

우석 지음

토트

원시본능에 사로잡혀 가난하게 살 것인가
부의 본능을 일깨워 슈퍼리치로 거듭날 것인가

나는 동갑내기 아내랑 8년 연애 끝에 결혼해 월세 20만 원짜리 집에서 신혼살림을 시작했다. 그렇게 혼수도 패물도 없이, 전세보증금까지 모두 빼서 모은 종자돈이 500만 원이었다. 하지만 우리에겐 꿈이 있었기에 두렵지 않았다. 하루하루가 기대감으로 설렜다.

우리는 절약을 생활화하고, 시간이 날 때마다 재테크 공부를 하고, 투자를 위해 발품 팔고 이사 다니는 것을 마다하지 않았다. 그렇게 9년차에 접어들던 어느 날, 드디어 순자산이 50억을 넘어섰다. 큰 기업을 하는 재벌들이 보면 50억쯤 우습게 볼지도 모르겠다. 하지만 밑바닥에서 시작한 우리 부부에게 그것은 꿈의 완성이었다. 그리고 우리 세 식구 행복하게 살기에 부족함이 없는 돈이었다. 무엇보다 그것을 지키거나 불리기 위해 스트레스 받아가며 일을 해야 할 필요가 없다는 것이 행복했다.

평소 직장생활을 지긋지긋해하던 나는 마흔두 살에 미련 없이 회사를 그만두고 캐나다로 떠났다. 딸아이의 교육을 위해서였다. 아내와 나는 아이를 학교에 데려다주고 나면 딱히 할 일이 없었다. 일이라곤 유명 관광지를 돌아다니며 구경하고 맛집을 탐방하며 놀다가 아이가 수업 마칠 때쯤 다시 학교에 가서 함께 집으로 돌아오는 것이 전부였다. 나는 자유롭게 살고 싶었고, 마침내 자유를 얻은 것이다.

아마도 더 오래 일을 했다면 지금보다는 재산이 조금 더 늘었고 사회적 지위를 더 얻을 수도 있었을 것이다. 그러나 빠른 은퇴 덕분에 딸과 더 많은 시간을 보낼 수 있었고, 딸에게는 최고의 교육을 받을 수 있게 해주었다. 딸은 원하던 전문직에 종사하며 행복하게 살고 있고, 나와는 지금도 친구처럼 지낸다.

나는 직장생활을 할 때 부정맥으로 고생을 했는데, 일을 그만두고 나니 그것도 거짓말처럼 사라졌다. 또 아내와도 여전히 친구처럼 잘 지낸다. 남들보다 빠른 시기에 은퇴해서 젊을 때부터 같이 보낸 시간이 많다 보니 나이 들어 갑자기 부부가 온 종일 함께 있으면서 갈등을 겪는 친구 부부들과는 많이 다르다. 이만 하면 소시민들에겐 꿈의 삶이 아닐까 싶다.

나는 넘치는 재산보다는 내가 꿈을 이루며 사는 데 필요한 만큼의 부를 이루는 것이 훨씬 가치 있다고 생각한다. 그리고 이 정도의 재산이면 되었다고 생각하기에 이제는 재산을 모으는 데 집착하지 않는다.

캐나다에 살 때 우리 집 근처에 연어 부화장이 있었다. 연어들은 바다에서 살다가 산란기가 되면 어릴 때 살던 고향인 강으로 돌아와서 산란을 하고 죽는다. 연어가 강을 거슬러 올라가다가 댐이나 장해물을 만나면 더 이상 올라가지 못하기 때문에 그곳에 인공 사다리를 만들어서 연어가 잘 거슬러 올라가게 도와주는데, 그때 연어들이 뛰는 모습이 장관이라 관광객들이 몰려들곤 한다.

하루는 딸아이를 학교에 데려다주고 난 뒤 아내와 둘이서 연어 부화장에 놀러갔다. 그곳에서 연어들이 강을 거슬러 헤엄쳐 올라오는 모습을 보니 왠지 안쓰러운 생각이 들었다. 연어들 모습이 너무 비참했기 때문이다. 연어들이 산란을 위해서 강을 거슬러 올라올 때는 아무것도 먹지 않는다고 한다. 이동 거리도 몇 백 킬로미터에 이른다. 작은 폭포 같은 장해물을 만나면 점프해서 올라오다 보니 주둥이가 바위에 부딪혀서 해어져 있는 경우가 많다. 지느러미도 허옇

게 변하고 입 모양도 괴상하게 뒤틀려 있다.

　나는 비참한 몰골의 연어들을 보면서 그냥 바다에서 편하게 놀고 살다가 생을 마감하면 될 것을, 왜 저렇게 강을 거슬러 올라오느라 비참한 최후를 맞이할까 하는 의문이 들었다. 정답은 본능 때문이다. 본능에 이끌려 자기도 모르는 사이에, 선택권 없이 회귀하는 것이다.

　인간도 마찬가지가 아닐까. 부자와 빈자도 본능에 따라 달라지는 것은 아닐까 하는 생각을 나는 오랫동안 해왔다. 원시적 본능이 이끄는 대로 살다보면 당장은 편하고 즐거울지 모르나 내일의 행복은 약속할 수 없고, 부의 본능을 일깨운 사람은 안락한 내일을 준비할 수 있다. 하지만 대다수의 사람은 본능대로 살며 가난에 허덕인다. 대부분의 사람이 그렇게 살기 때문에 그것이 옳다고 생각하거나 특별한 경우가 아닌 이상 어쩔 수 없다고 지레 포기해버리는 것이다.

　하지만 돈은 운이 좋거나 부모를 잘 만나야 생기는 게 아니라, 경험과 학습의 산물로도 일궈낼 수 있다. 또 학교 다닐 때 1등 할 만큼 머리가 좋지 못해도 돈을 벌 수 있고, 사업가가 아닌 월급쟁이 생활만으로도 노력한다면 부자가 될 수 있다. 그러나 대다수 사람들은 돈복이 없는 근본적인 이유를 지식이나 운 같은 외부 요인으로 돌린다. 그런데 내가 보기에 돈복 없는 이유는 바로 우리 내면에 깊이 뿌리내리고 있는 본능, 심리 그리고 인식 결함 때문이다.

우리 모두는 불행히도 재테크에 실패하기에 딱 알맞도록 타고났다. 그러니 그동안 당신의 재테크가 판판이 깨진 것은 당신이 너무나 인간적이었기 때문이라고 해도 크게 틀리지 않다.

우리 내면에 있는 장해물을 제거하고 극복하는 방법을 배운다면 누구나 부자가 될 수 있다. 바로 이 책이 그 비결을 가르쳐줄 것이다. 우리 안에는 부자 되는 걸 방해하는 아홉 가지 심리적 장해물이 있다. 이 책은 그 아홉 가지 내면의 장해물의 속성을 드러내고 이를 극복하는 실전 투자법을 제시한다. 아울러 부의 본능을 일깨우는 도구와 맞춤처방을 제안한다.

당신이 이 책을 다 읽고 나면 그동안 자신이 왜 돈복이 없었는지 진짜 문제점을 깨닫게 될 뿐 아니라 이를 극복하는 방법도 배우게 될 것이다. 이 책이 제시하는 방법을 배우고 실천하면 당신은 더 이상 돈에 끌려 다니는 인생을 살지 않고, 거꾸로 당신이 돈을 지배하게 될 것이다. 당신은 돈 문제에 좀 더 자신감을 갖게 되고 경제적인 자유를 얻게 될 것이다.

이 책에서 제시하는 원리들이 그와 같은 결과를 낳을 것이라고 내가 확신하는 이유는 무엇인가? 이 책에서 제시하는 원리들은 수많은 천재와 노력가들이 찾아낸, 그 효과가 검증된 방법이기 때문이다. 나는 그동안 재테크 실패로 고통받아 온 수많은 사람들이 왜 자신이 실패하게 되었는지 진짜 이유를 깨닫고, 과학적으로 검증된 대처 방법을 배워서 더 이상 가난으로 고통받지 않기를 바란다.

이 책이 인간적인 너무나 인간적인 당신이 영혼의 자유를 얻는 데 작은 힘이 되기를 기원한다.

우석

PART
03

부자가 되려면
부의 본능을 깨워라

우석이 털어놓는
나의 실전 투자기

자유롭게 살고 싶다면 '투자'하라

나는 어려서부터 엄격한 규율이나 단체행동을 남달리 싫어했다. 특히 학교 다닐 때 단체행동을 하는 체육이나 교련 시간이 너무 싫었다. 매스게임이나 집단체조 같은 건 정말이지 내겐 지옥 같았다. 줄 서는 것도 싫어했다. 대학시절엔 수업을 땡땡이 치고선 잔디밭에 혼자 누워 뒹굴며 하늘을 떠다니는 구름을 쳐다보곤 했다. 언제나 자유롭게 살고 싶었다.

대학을 졸업하고서 대부분의 사람들이 그러하듯이 나도 샐러리맨 생활을 시작했다. 특별히 힘든 직장이 아니었음에도 불구하고 난 아침마다 출근하기가 싫었다. 특히 회식, 워크숍, 조회, 회의는 정말이지 싫었다. 회사 가기 얼마나 싫었는지 일요일 저녁부터는 다음날 출근해야 한다는 부담 때문에 기분이 나빠지고 우울해졌다.

매일 아침 출근할 때마다 아내에게 회사 때려치우고 싶다고 말했다. 그러면 아내는 철이 없는 건지 겁이 없는 건지 나보다 더 큰 소리로 이렇게 말했다. "때려치워라, 때려치워! 내가 먹여 살려줄게! 그리고 회사에서 괴롭히는 인간들 다 데려 와! 내가 아주 박살을 내줄 테니." 이런 노래 부르기가 10년 이상 아침마다 반복되었다. 난 인사철마다 내가 혹시 다른 부서로 발령 날지도 모른다는 걱정 때문에 불안했다. 내 인생이 다른 누군가에 의해서 조종당하고 내둘린다는 게 너무너무 싫었다. 그러나 나는 두려움 때문에 마지못해 출근해야 했다.

생활비를 대지 못할지도 모른다는 두려움, 처자식을 먹여 살리지 못할지도 모른다는 두려움, 노후에 충분한 돈이 없을 것이라는 두려움, 해고될지도 모른다는 두려움 때문에 일터로 나갔다. 돈이 내 인생을 지배하고 내 영혼을 갉아먹는 것처럼 여겨졌다. 이러다간 두려움에 사로잡혀 평생 일만 하다가 일에 찌든 늙은이가 될지도 모른다는 걱정이 들었다. 자유를 얻기 위해선 돈이 필요했다. 돈이 행복의 필수조건은 아니라 해도 최소한 자유롭게는 해줄 것 같았다. 넘치도록 많은 돈이 필요한 건 아니었다. 자유로울 수 있을 만큼만 벌고 싶었다. 그래서 나는 재테크를 시작해야겠다고 결심했다.

그 결심 덕분인지 나랑 똑같은 대학을 나오고 똑같이 직장 생활을 한 친구에 비해서 난 부자가 되었다. 친구들 중에는 나보다 더 많이 절약하고 저축하는 친구도 많았다. 그러나 내가 더 부자가 되었다. 내가 더 부자가 될 수 있었던 까닭은 무엇인가? 다른 친구들보다 더 많은 투자를 했기 때문이다. 돈만 생기면 어디에 투자할까를 늘 생각했다. 최소한의 생활비를 제외하고는 모두 투자했다.

사실 나도 투자가 겁이 났다. 그러나 투자하지 않는다면 나중에 언제 잘릴지 몰라 전전긍긍하는 직장 선배와 똑같은 처지에 놓이게 될 것이라 생각했다. 그래서 나는 아무것도 투자하지 않는 것이 가장 위험하다고 생각했다. 아무것도 투자하지 않는다면 아무것도 가질 수 없을 것이 분명했다. 투자하지 않았다면 실패의 고통과 슬픔은 피할 수 있었을지 모른다. 그러나 배울 수 없고, 느낄 수 없고, 달라질 수 없고, 성장할 수 없었을 것이다. 나는 자유롭기 위해서 투자했고 마침내 자유를 얻었다.

지난날을 되돌아보면 안전한 은행 예금으로 번 돈은 없다. 돈은 위험 자산인 부동산과 주식투자에서 다 벌었다. 은행이란 아파트 청약예금을 들고, 투자할 종자돈을 모으고, 투자자금을 빌리는 곳으로 이용했을 뿐이다.

만약에 남보다 빨리 부자가 되어서 자유롭고 싶다면 투자해야 한다. 용기를 내서 투자 손실의 두려움을 극복한다면 여러분도 마침내 자유를 얻게 될 것이다.

종자돈 만드느라 한 고생은 추억이 된다

재테크에서는 투자자금을 마련하는 것이 가장 어려운 일이다. 일반적으로 종자돈 모으는 철칙은 '번 것보다 적게 쓰는 것'이다. 그러나 최선은 '아예 안 쓰는 방법'이다. 종자돈을 마련한 나의 몇 가지 경험을 얘기해보자.

나는 자동차 사는 대신에 그 돈으로 투자했다. 세월이 지나면 자동차는 유지비만 잡아먹고 고물이 되지만 투자금은 배로 불어날 것이라고 믿었기 때문이다. 나중에 생활에 여유가 생겼을 때도 절약한다고 에어백 없는 소형차로 장만했다. 한 번은 자동차 사고가 났는데 에어백이 없어서 죽을 뻔했다.

또 나는 결혼할 때 혼수를 아예 하지 않았다. 결혼반지 하나만 달랑 했다. 그나마도 안 쓰는 금목걸이와 알을 명동 구석의 작은 금속 세공소에 갖다 주고 녹여서 반지를 만들어 달라고 했다. 이렇게 혼수 비용을 절약한 돈으로 나는 투자를 했다.

나는 신혼방도 월세로 시작했다. 전세보증금이 줄어들어서 좋았다. 나중에 전세로 살 때도 좋은 동네에 큰 평수로 전세 살려는 생각을 해본 적이 없다. 어떻게 하면 투자할 돈을 마련하느냐에 집중했다. 후일 나는 분양받은 새 아파트도 입주하는 대신에 전세를 내주고, 우리 부부는 전세가 싼 동네에서 고생하며 살았다.

예전에 살았던 연탄공장 근처의 서민아파트 옆을 우연히 지나가게 되면 고생했던 그 시절이 생각난다. 더위에 유난히 약한 체질인데도 여름철 땀을 뻘뻘 흘리며 오랜 시간 지하철을 타고 지하철역에 내려서는 제법 멀리 떨어진 아파트까지 걸어 다녔던 기억이 난다. 지하철역까지 유모차를 끌고 나온 아내와 천천히 아파트까지 걸어가며 미래를 꿈꾸던 시절. 지금 다시 그렇게 하라면 몸이 안 따라줄 것이다. 그 시절을 행복하게 추억할 수 있는 것은 그때의 고생 덕에 얻은 현재의 안식 때문이다. 젊어서 고생은 마음먹기에 따라서 즐길 수도 있다. 젊은 시절 고생은 나중에 자랑스럽고 소중한 추억이 된다.

실패를 두려워하면 부자가 될 수 없다

고생과 불편을 마다 않고 마련한 종자돈으로 투자했지만 애쓴 보람도 없이 초기 투자는 실패의 연속이었다. 자동차 안 사고 투자한 돈, 혼수와 전세금을 줄여서 마련한 투자금도 처음엔 모두 수업료로 날렸다. 처음부터 돈을 벌 순 없었다. 배움이 먼저였다.

나의 실패 사례를 몇 가지만 얘기해보자.

K타이어에 신용투자를 했다가 깡통계좌가 되어 7천만 원을 날렸다. 충격적인 손실이었다. 당시의 나에게 7천만 원은 엄청 큰돈이었다. 그동안 고생해서 모은 돈을 모두 날린 것이다. 나는 몇 날 밤을 잠을 이루지 못했다. 바보 같은 내 자신을 용서할 수 없었다. 불면증과 스트레스 그리고 상실감에 괴로워했다. 한참이 지나서야 겨우 용기를 내서 투자를 재개했다.

이후로도 성공과 실패가 반복되었다. 아내가 말리는 분당 아파트를 '상투'에 사서 나중에 손해 보고 팔았고, 김포에 미분양 아파트를 사서 손해 보고 파는 멍청한 짓을 저지르기도 했다. 최악은 벤처와 비상장 주식투자로 투자 원금을 모두 날린 것이었다.

실패도 여러 번 하다 보니 나름대로 면역력이 키워졌다. 그렇지만 한참 추락하던 때 한 종목으로 12억 원을 날렸을 땐 몸무게가 6킬로 그램이나 줄고 몸이 아팠다. 소화불량과 통증으로 병원에 가니 의사가 암이라고 청천벽력 같은 사형선고를 했다. 몇 달 간 죽는 줄 알고 마음고생이 이루 말할 수 없이 심했다. 다행히 나중에 오진으로 밝혀졌다. 사실은 마음에 병이 들었던 것이다. 그때 불현듯 실패 경험 많은 어느 투자자가 내게 한 말이 생각났다. "나는 큰돈을 날리고 나니 밤에 잠을 못 자겠더라고. 가슴이 답답하고, 진짜로 가슴이 얼마나 아픈지 잠을 자지 못했어." 나는 그제야 그의 말을 이해할 수 있게 되었다.

투자에서 일어날 만한 실패는 대충 다 경험해본 것 같다. 아마도 나만큼 각종 실패를 두루 경험한 사람도 많지 않을 것이다. 똥인지 된장인지 꼭 찍어 먹어봐야 아는 우둔한 내 성격 때문이었다.

답답한 마음에 어느 날 자수성가해서 100억대 재산을 모은 친구를 찾아가서 부자 되는 비결을 물었다. 부자 친구는 나에게 이렇게 말해주었다. "처음엔 누구나 다 돈을 잃게 되어 있어. 하지만 거기서 교훈을 얻었다면 다 잃은 건 아니야. 그리고 성공의 비결은 절대로 도중에 절망하거나 포기하지 않는 데 있다네." 나는 실패를 겪을 때마다 부자 친구의 말을 떠올렸다. 난 아름다운 장미를 얻으려다 단지 가시에 찔렸을 뿐이라고, 길을 걷다가 단지 넘어졌을 뿐이라고 되뇌었고 결코 절망하진 않았다.

부자 친구의 조언이 맞았다. 누구나 실패가 먼저 있고 나중에 성공을 거두게 된다. 부자 친구도 나도 실패를 먼저 하고 나중에 성공을 했다. 정말로 부자 되는 비결은 어떤 절망적인 상황에서도 절망하지 않는 데 있었다. 당신이 현재 실패로 좌절하고 있다면 미래의 성공을 위한 배움의 과정이라고 여겨라. 누구나 실패가 먼저고 성공은 나중이다. 실패를 했다면 당신은 실패를 통해서 하나 더 배웠기 때문에 성공에 한 발짝 더 다가선 셈이다. 결코 희망을 잃지 마라. 실패는 성공으로 안내하는 이정표다.

아마추어 투자법과 고수 투자법의 차이

내가 거듭되는 실패로부터 배운 교훈은 "아마추어의 투자법과 고수의 투자법은 근본적으로 다르다"는 것이다.

대부분의 아마추어들이 그러는 것처럼 처음에는 나도 '어디 단번에 성공하는 투자비법 좀 없나?' 하며 손쉬운 성공 공식이나 비법을 찾았다. 5분이면 요리할 수 있는 인스턴트식품 같은 '성공 패키지'들을 찾았다. 다행히 서점에 그런 종류의 책이 넘쳐났다. 따라 해보았다. 그리고 박살났다. 그것도 여러 번 박살났다. 그제야 뭔가 이상하다고 느끼기 시작했다.

아마추어인 나의 투자방법과 달리 고수는 '실패하지 않는 방법'

에 초점을 맞춘다는 걸 뒤늦게 깨달았다. 워런 버핏은 100개의 주식 종목 중에서 열 종목을 뽑으라고 한다면 자신은 처음부터 제일 우수한 종목을 뽑아내려 하지 않을 것이라고 대답했다. 대신에 가장 나쁜 종목을 먼저 제외시킨 다음에 나머지를 가지고 궁리를 할 것이라고 했다. 미국의 경험 많고 성공한 한 부동산 투자자도 투자 성공법보다는 실수를 피하는 법을 먼저 배우라고 충고한다. 부동산 고수는 투자 성공요령을 알려주는 책보다 치명적인 실수를 피하는 요령을 알려주는 책을 선호한다고 말한다.

왜 실패하지 않는 법에 초점을 맞추고 공부해야 하나? 손자(孫子)는 이렇게 말했다. "지지 않는 것은 나에게 달려 있다. 그러나 이기는 것은 상대방에게 달려 있다." 아군이 전쟁에 대비해서 미리 철저히 준비한다면 전쟁에서 지지 않는다. 그러나 상대방을 이기기 위해서는 상대방의 실수나 허점이 있거나 또는 행운이 도와주어야 한다. 결국 투자에서 손해 보지 않는 것은 나에게 달려 있고 내가 컨트롤할 수 있지만, 투자에서 성공하는 것은 통제 불가능한 변수들 때문에 내 마음대로 할 수 없다는 것이다. 이것이 성공의 포인트다.

마음이 급하더라도 '간편한 성공 패키지'를 멀리하고 대신에 실수하지 않는 법을 배워야 한다. 워런 버핏의 투자 규칙을 보자. 1조는 "원금을 손해 보지 마라!" 2조는 "1조를 잊지 마라!"이다. 바둑에도 "내가 먼저 살고 난 후에 적을 죽여라"라는 격언이 있다. 마찬가지로, 재테크에서 성공하고 싶다면 실패하지 않는 법에 우선 초점을 맞추어야 한다. 그래서 이 책에는 '~을 하면 돈을 번다'는 것보다 '~

하지 마라'는 실망스런(?) 그러나 분명히 효과적인 충고가 더 많다.

당신은 정말로 부자가 되고 싶은가? 그렇다면 성공비법보다는 실패와 실수를 피하는 법을 먼저 배워라! 정말로 투자에 성공하고 싶은가? 그렇다면 남들의 실패에서 교훈을 얻어라! 그리고 실패를 성공으로 반전시켜라! 이것이 성공투자의 비법이다. 이것을 깨닫는 데 나는 많은 수업료를 지불했다. 제발 여러분은 수업료 내지 않고 이 '비법'을 깨닫기 바란다.

재테크를 망치는 건 머리가 아닌 가슴 때문이다

나는 재테크 지식을 얻기 위해서 관련 책들을 읽었다. 매일 밤 잠들기 전에 재테크 책을 읽고 잤다. 그 중 몇 권을 소개하면, 주식투자자 중에서는 투자의 대가인 벤자민 그레이엄, 워런 버핏, 필립 피셔, 존 템플턴, 피터 린치가 좋아서 읽고 또 읽었다.

경제학자 중에서는 장기 주식투자법을 제시한 케인스, 분산투자를 하면 작은 위험으로 큰 이익을 얻을 수 있음을 가르쳐준 마코위츠, 공무원들이 사는 동네 집값이 많이 오르는 이유를 밝힌 제임스 뷰캐넌, 사회가 발전함에 따라서 땅값이 오를 수밖에 없음을 설파한 애덤 스미스와 조지 헨리, 사람들이 저축하는 검소한 생활을 하는 대신에 사치와 명품 과소비를 더 좋아하는 이유를 밝힌 베블런, 노동자들이 가난한 이유는 성욕을 억제하지 못해 자식을 많이 낳기 때문이라고 주장한 맬서스, 주가와 부동산 값이 오를지 내릴지는 통화량(돈)에 달려 있음을 주장한 밀턴 프리드먼, 남보다 돈을 더 많이 버는 직업이나 사업에는 남들이 쉽게 참여할 수 없는 진입장벽(라이선스, 특허, 기술, 브랜드, 맛, 명성)이 있다는 걸 가르쳐준 마이클 포터, 투자자들이 논리적이나 이성적으로 행동하는 대신에 불합리하고 충동적으로 행동한다는 걸 밝힌 로버트 실러가 내가 좋아하는 경제학자들이다.

나는 돈 버는 것과 상관없어 보이는 철학도 좋아한다. 자신의 가난이 철학 공부 때문이라고 조롱받자 올리브유 짜는 기계를 독점해서 떼돈을 벌어, 철학자도 맘만 먹으면 언제든 부자가 될 수 있음을 보여준 탈레스, 만물은 유전(流轉)하며 우리는 똑같은 강물에 두 번 들어갈 수 없기에 과거에 기대 미래를 예측할 수는 없다고 역설한 헤라클레이토스, 무엇보다 자기 자신을 아는 게 중요하며 자신을 알지 못하면 투자에서 성공하기 어렵다고 역설한 소크라테스, 감정이 인간의 행동을 지배하므로 재테크에 성공하기 위해서는 감정을 다스리는 게 중요함을 가르쳐준 흄이 내가 좋아하는 철학자들이다. (내가 재테크 책 외에 경제학과 철학 책을 틈틈이 읽은 이유는 인간을 알기 위해서였다. 재테크도 인간의 행동이므로 인간을 이해해야 성공할 수 있다고 믿었다. 인간의 경제행동을 다루는 경제학과 인간의 본성을 다루는 철학은 나의 재테크에 많은 도움을 주었다.)

다른 사상가들도 나의 재테크 이론 정립에 도움을 주었다. 미래는 정해져 있지 않기에 차트 따위로 미래를 결코 알 수 없다는 걸 과학적으로 밝힌 '불확정성의 원리'를 주창한 양자물리학자 하이젠베르크, 가난한 사람들은 손실공포 본능 때문에 투자하지 못해서 오히려 더 손해를 보게 됨을 밝힌 심리학자 카너먼, 정글 같은 자본주의 사회에서 부자가 되기 위해서는 불평불만을 늘어놓기보다는 변화하고 적응해야 한다는 진화론의 창시자 찰스 다윈, 완두콩이 교배를 통해서 무한히 커지지 않고 또 아주 작아지지 않는 이유는 '평균으로 회귀'하는 힘이 작용하기 때문이며 마찬가지로 주가나 부동산 가격도 무한히 오르거나 내리는 대신에 평균으로 회귀함을 역설한 프랜시스 골턴, 자기 통제력이 떨어지는 사람은 부자 되기 어렵다고 주장한 정신분석학자 프로이트가 나에게 많은 영향을 주었다.

재테크 책과 관련해서 나는 국내에서 나온 책은 거의 다 읽었고 국내에 소개되지 않은 원서까지 구해서 읽었다. 재테크 지식으로만 따지자면 둘째가라면 서러울 정도다. 그러나 아는 것과 실전은 달랐다. 재테크 지식이 많다고 해서 반드시 투자에 성공하는 게 아니었다. 만약에 재테크 지식만으로 성공할 수 있다면 박사나 교수들이 제일 먼저 부자가 되었어야 한다. 그러나 실제로 그렇지 않다는 것을 우리 모두 잘 안다. 실전 재테크에서 성공하기 위해서 지식보다 더 중요한 건 실행능력이다.

재테크 지식보다 실행능력이 더 중요하지만 많은 사람들은 오해를 하고 있다. 재테크에 성공하기 위해선 재테크 지식이 중요하고, 재테크 지식은 박사나 교수 정도 되어야 겨우 이해할 수 있을 만큼 복잡하고 어려울 것으로 착각한다. 그러나 재테크에 성공하기 위해서 반드시 복잡하고 많은 지식을 알아야 할 필요는 없다.

내가 아는 K씨는 남들 다 아는 삼성전자 한 종목만으로 큰돈을 벌었고, 또 재테크 책은 한 권도 읽지 않은 L씨는 누구나 다 아는 아파트 투자로 큰돈을 벌었다. 물론 삼성전자와 아파트를 분석하고 이해하는 데도 어느 정도 지식이 필요한 건 사실이다. 그러나 그 정도 지식이란 누구나 알 수 있는 상식에 속하는 것이다. 피터 린치는 전문가보다 아마추어 투자자가 더 유리하다고 주장하면서, 월스트리트의 전문가를 '옥시모론(oxy 똑똑한+moron 바보, 헛똑똑이)'이라고 조롱했고, 아이큐가 상위 3퍼센트에 들어가는 똑똑이는 오히려 투자자로서 불리하다고 말했다. 워런 버핏도 주식투자는 아이큐 150이 아이큐 120을 물리치는 게임이 아니라고 했다. 이렇듯 머리와 지식만으론 투자에 성공할 수 없다.

재테크 성공 요인으로는 지식보다 실행능력이 더 중요하다. 많은 사람이 재테크에 실패하게 되는 이유는 지식이 부족해서가 아니라 아는 것도 실행에 옮기지 못하기 때문이다. 그러면 사람들은 왜 뻔히 아는 것을 실행하지 못하는가?

머리로는 아는데 몸이 따르지 않기 때문이다. 실행은 이성이 아닌 감정과 본능을 따르기 때문이다. "이성은 감정의 노예다"라는 철학자 흄의 말에 나는 백 번, 천 번이라도 동의하고 또 찬성한다. 대부분의 투자자는 이성적으로 행동하기보다는 감정과 본능에 사로잡혀서 재테크를 망친다. 재테크를 망치게 하는 건 머리가 아닌 가슴이다.

예를 들자면 투자자들은 머리로는 쌀 때 사야지 하면서도 막상 주가가 폭락하면 공포감에 사로잡혀서 바닥에서 팔고, 살 때는 탐욕에 사로잡혀 천장에서 산다. 또 머리로는 저축을 해야 한다는 걸 너무나도 잘 알지만, 당장의 배고픔과 불편을 참아내지 못해서 내일의 달걀을 얻기보다는 오늘 암탉을 잡아먹고 만다. 이성 때문이 아니라 감정과 본능 때문에 우리는 재테크에 실패한다.

길을 아는 것과 길을 실제로 가는 것은 완전히 다르다. 마찬가지로 재테크도 머리로 아는 것과 실행하는 것이 완전히 다르다. 당신이 재테크에 성공하고 싶다면 재테크 지식과 실행능력 둘 다를 갖추어야 한다. 바둑을 잘 두려면 바둑 책도 열심히 읽고 실전 대국도 병행해야 하는 것과 마찬가지다.

그런데 나의 경험으론 재테크에서 지식을 갖추기보다 실행능력을 높이는 게 더 힘들다. 왜냐하면 재테크 지식이란 독서를 통해서 어느 정도 해결할 수 있으나, 실행능력은 인간이 가지고 있는 본능, 감정 그리고 인식체계 결함이라는 장해물을 극복해야 하기 때문이다. 감정과 본능을 다스리지 못하면 책을 아무리 많이 읽어도 소용이 없다.

누군가 재테크 성공 공식을 물어본다면 나는 이렇게 답할 것이다. "재테크 성공=지식+실행"이라고. 재테크에 성공하기 위해서는 재테크 지식과 이를 실천에 옮기는 행동, 둘 다 중요하다.

땅도, 주식도 독점적 대상에 투자하라

부자 되는 비결은 무엇인가? 독점적 지위를 차지하면 된다. 마이크로소프트의 빌 게이츠는 윈도 운영체계를 독점(獨占)해서 부자가되었다. US스틸의 카네기는 철강산업을, 스탠더드오일의 록펠러는 석유시장을, JP모건은 금융시장을 독점해서 부자가 되었다. 부자로 가는 길의 끝에는 독점이 있다. 애덤 스미스도 독점이 부자 되는 방법이라고 했다.

왜 독점이 부자로 가는 길인가? 자본주의 시장은 서로 경쟁한다. 경쟁 때문에 수익률은 물이 높은 데서 낮은 데로 흐르듯이 모두 똑같아질 수밖에 없다. 부자 되려면, 남보다 돈을 더 많이 벌려면 수익률을 갉아먹는 경쟁자가 없어야 한다. 경쟁자가 없는 독점적 지위, 이것이야말로 부자 되는 최상의 조건이다.

신기술 개발하고, 특허를 내고 하는 것도 결국 독점적 지위를 확보하고자 하는 노력에 지나지 않는다. 이렇게 독점적 지위를 차지한 사람이 부자가 된다는 사실을 안 자본가들은 정부의 규제를 피해서 독점적 지위를 차지하려고 끊임없이 노력해왔다. 자본가들은 가격담합을 통해서 독점적 지위를 얻기 위한 수단인 카르텔(cartel)이 정부의 규제를 받자, 여러 회사를 묶는 트러스트(trust)를 발명했고, 다시 트러스트가 규제를 받자 합병으로 여러 회사를 합치는 콩글러머렛(conglomerate 거대 복합기업)을 만들어 독점적 지위를 차지하려 했다. 지금은 각국의 정부가 반독점법으로 한 기업이 독점적 지위를 차지하지 못하도록 감시하고 있다. 오늘날 자본가들은 합법적으로 독점적 지위를 차지하기 위해서 저마다 기술 개발, 특허권, 브랜드 파워, 명성을 얻으려 경쟁한다. 이처럼 독점은 부자로 가는 가장 확실한 길이다.

투자도 독점적인 지위를 가진 대상에 해야 한다. 그게 무엇인가? 지구다. 지구는 하나뿐이다. 땅이야말로 독점 그 자체다. 땅에다 투자해야 한다. 누구든지 사업을 하려면 땅이 필요하다. 사업을 하려면 사무실이 필요하고 공장이 필요하고 창고가 필요하기에 땅이 필요하다. 사업가는 망해서 바뀌어도 땅 주인은 안전하게 임대료를 챙긴다. 번화한 상가 거리를 자세히 살펴보라! 건물 간판이 얼마나 자주 바뀌는가. 신규 자영업자의 80퍼센트가 3년 안에 망한다. 그래서 건물의 간판은 자주 바뀐다. 가게는 망해서 나가지만 건물 주인은 여전히 임대료를 번다. 건물과 땅 주인은 독점적 지위로 쉽게 돈을 번다. 부지런하고 재능 있는 사업가보다 게으르고 재능 없는 땅 주인이 종종 더 부자가 되는 이유도 여기에 있다.

가마우지 낚시를 아는가? 가마우지의 긴 목 아랫부분을 끈으로 묶어 물고기를 삼키지 못하도록 한 다음 물고기를 꺼내는 낚시 방법이다. 주인은 가만히 놀고 가마우지가 고기를 잡는 것이다. 독점적 지위를 차지한 건물과 땅 주인은 낚시꾼이고 사업가는 가마우지인 셈이다.

헨리 조지는 이렇게 말했다.

"부자가 되려면 땅 한 조각이라도 사두어라! 더 이상 일할 필요가 없다. 가만히 앉아서 담배를 피우거나, 나폴리의 거지나 병든 사람처럼 가만히 누워서 지내든가, 풍선을 타고 하늘로 올라가든가, 구멍을 파고 땅속으로 내려가든가, 어떻게 하든 10년 만 지나면 부자가 될 것이다."

헨리 조지가 옳았다.

"그렇게 잘 아는 당신은 땅으로 얼마나 벌었나?" 하는 소리가 들리는 것 같다. 나는 땅을 사본 적이 없다. 욕심이 없어서가 아니고 우둔했기 때문이다. 고백컨대 10년 전에 헨리 조지의 충고를 들었지만 나는 말귀를 못 알아듣는 '헛똑똑이'였다. 나는 게임의 법칙을 보고도 보지 못했고 듣고도 듣지 못했다. 땅 주인과 건물 주인을 위해서 돈을 벌어다주는 사업가 가마우지보다 더 하류인, 그에게 고용된 월급쟁이 가마우지 생활을 10년 넘도록 하면서도 게임의 법칙을 깨닫지 못한 바보였다. 나는 땅으로 돈 벌 수 있는 기회를 놓쳐버렸다.

부동산의 종목별 투자수익률 순위도 공급을 제한하는 독점력에 의해서 결정된다. 땅 〉 아파트 〉 오피스텔 〉 상가 순이다. 이 중에서 나는 내 집 마련을 먼저 하라고 권한다. 그렇게 말하는 이유는 집은 필수품이기 때문이다. 누구나 돈을 벌면 맨 처음 가져야 하는 게 자기 집(아파트)이기 때문이다. 사업이든 주식이든 돈을 번 사람은 결국엔 더 좋은 자기 집을 사게 되어 있다. 그래서 아파트는 항상 수요가 있고 환금성이 좋다. 땅보다는 못하지만 독점적 지위 때문에 수익률도 좋은 편이다.

아파트를 어디에 투자해야 하는지도 독점적 지위를 따져보면 알 수 있다. 서울 〉 수도권 〉 지방 순이다. 서울은 땅이 모자라서 아파트를 지을 곳이 많지 않다. 반면에 지방으로 갈수록 아파트 공급을 쉽게 할 수 있어 아파트의 독점적 지위는 낮아지고 따라서 수익률도 낮아진다.

나의 투자 경험을 소개해보자. 나는 서울의 재건축 아파트에 주목했다. 서울의 경우는 다른 곳과 달리 아파트를 지을 땅이 특히 모자란다. 서울에서 주거지로 가장 좋은 노른자위 땅은 이미 재건축 아파트들이 독차지하고 있다. 서울에서 최상급 아파트를 신규로 공급하는 방법은 재건축 아파트밖에 없다. 다시 말해 서울의 재건축 아파트는 최상급 주택지로서 독점적 지위를 확보하고 있었다. 나는 이들에 투자해서 이익을 보았다.

한때는 내가 혼자서 마음속으로 선정한 재건축 아파트들이 전국 상승률 상위 랭킹을 휩쓸었다. 당시 아내와 나는 주말마다 부동산 보러 다니는 게 취미였다. 그러나 그 시절 나는 여러 채를 살 만큼 돈이 없었고, 또 주택에 투자해서 돈을 번다는 게 왠지 꺼림칙해서 살림집 한 채만 샀다. 오히려 내 주변 사람들이 나의 조언 덕분에 재건축 아파트 투자로 더 많이 벌었다.

이왕 재건축 아파트 이야기가 나온 김에 좀 더 설명해보자. 나는 아파트 사러 부동산에 가면 이렇게 물어본다.

"사장님, 여기 30평형 아파트의 땅 지분이 얼마나 되나요? 그리고 여기 주변의 땅 시세는 평당 얼마나 하나요?"

다른 요소도 종합적으로 고려하지만 나는 언제나 땅값에 초점을 맞추었다. 왜냐고? 아파트는 땅이기 때문이다. 좀 더 쉽게 설명해보자. 요즘 강남의 30평대 아파트 가격이 15억 원이다. 그러나 실제 땅값을 제외한 아파트 건축비는 1억5천만 원(평당 건축비 500만 원×30평) 정도밖에 안 된다. 그러면 집값 15억 원에서 1억5천만 원을 뺀 나머지 13억5천만 원이 땅값이란 말이다. 그래서 아파트는 땅이다. 이런 관점에서 아파트를 평가해보면 비싸 보이는 아파트가 오히려 싸고, 싸 보이는 아파트가 실제론 비싼 경우가 종종 있다. 돈 벌 기회는 바로 그곳에 있다.

주식은 어떤 것을 사야 돈을 버는가? 일단 망하지 않는 기업에 투자해야 한다. 왜 그런가? 모든 기업은 망하기 때문이다. 단지 수명이 다를 뿐 모든 기업은 언젠가 망한다. 〈포춘〉지 발표 세계 500대 기업도 15년이 지나면 그 중 30퍼센트가 망한다. 사정이 그런데 한국 코스닥에 등록된 신생 기업의 운명이야 말해서 뭐하겠는가? 유망 중소기업으로 지정되고 상을 받은 기업들도 대부분 소멸하고 마는 게 현실이다. 그러면 기업들은 왜 망하는가? 가장 큰 이유는 경쟁자 때문이다. 경쟁으로 이익이 줄고 마침내 망한다. 경쟁자가 없거나 제한되는 기업은 이익도 많고 생존 가능성도 높다. 즉 독점적 지위를 가진 기업이 이익도 많이 내고 그 결과 생존능력도 뛰어나다.

지난 10년 동안 대박 주식은 SK텔레콤, 삼성전자, 삼성화재, 롯데칠성, 태평양, 농심이다. 이들의 공통점은 무엇인가? 바로 독점적 지위의 기업이다. 시장 독점, 기술력 독점을 가져서 시장점유율이 1위인 기업들이다. 나는 IMF사태 이후 경쟁사인 해태가 망해서 갑자기 독점적 지위를 확보한 롯데칠성과 내국인 독점 카지노 주식인 강원랜드에 투자해서 이익을 보았다. 또 과점(寡占)적 시장점유율을 가진 삼성화재, 제일기획, 태평양 같은 종목에 장기투자를 해서 돈을 벌었다. 이들 주식은 독점 내지는 과점적 지위를 이용해서 이익을 내고 꾸준히 가격이 올라간 종목이었다. 나는 독점적 지위를 갖춘 종목에 투자했을 때 마음도 편했고 이익도 얻었다.

적을 먼저 알고, 이길 수 있는 투자만 하라

손자는 "적을 알고 나를 알면 백번을 싸워도 지지 않는다(知彼知己百戰不敗)"고 했다. 반면에 나도 모르고 적도 모른다면 백전백패라고 했다. 재테크에서도 이러한 원칙이 적용된다. 투자란 혼자 하는 게임이 아니며 상대방이 있는 게임, 아니 전쟁터이기 때문이다. 그런데 초창기에 나는 적도 모르고 나도 몰랐다. 그러니 투자가 잘 될 턱이 없었다. 터지고 깨지는 것이 너무나도 당연했다.

주식시장에서 적은 누구인가? 나는 투자 초기에 주식투자를 하면서도 나의 적들이 도대체 누구인지 알지 못했다. 대주주, 애널리스트, 신문 등의 언론, 작전세력, 내부자가 바로 나의 적이란 사실을 몰랐다. 많은 수업료를 지불하고서야 적들을 동지로 착각하는 순진함을 버리게 되었다.

적이 강할 때는 싸우지 않는 게 최고다. 주식시장에서 만나게 되는 적들은 개인투자자보다 몇 배나 강하다. 그래서 개인투자자들은 주식투자로 돈 벌기가 어렵다. 나보다 강한 적들에 맞서서 대응하는 전략은 싸우지 않는 것이다.

주식투자에서 싸우지 않는다는 것은 무엇인가. 주식을 단기에 사고파는 매매(전투)를 하는 대신에 주식을 사서 그냥 보유하는 장기투자가 싸우지 않는 방법이다. 나는 독점이나 과점적 지위를 가진 기업 중 대주주가 신뢰하고 믿을 만하다면 그와 동업자가 되는 장기투자 방식을 택했다. 주식시장에서 나는 싸웠을 때(단기매매)보다 싸우지 않았을 때(장기투자) 더 많은 돈을 벌었다.

적과의 동침 작전으로 돈을 번 또 다른 경우는 전환사채 투자였다. 나는 지급채권 금리가 높은 전환사채에 투자했다. 만약에 전환사채 보유자들이 주식으로 전환시킬 만큼 주가가 오르지 못한다면 전환사채 발행 회사는 당초에 약속한 많은 이자를 지불해야 한다. 그래서 대주주는 모든 수단을 동원해서 기를 쓰고 주가를 끌어올려서 전환사채를 주식으로 전환시키도록 노력할 것이란 걸 알았다. 이렇게 나는 대주주의 의도를 이용한 전환사채 투자로 대체로 짭짤한 수익을 거둘 수 있었다.

싸우지 않는 작전으로 돈을 번 또 다른 사례는 비상장주식 투자에서였다. 비상장주식이 좋은 점은 제도권의 선수(증권사의 애널리스트, 펀드매니저, 외국인 투자자)가 관심을 가지지 않기에 경쟁자가 적다는 것이다. 나는 주가를 평가하는 기준인 저 PER주와 저 PBR주 그리고 ROE가 높은 종목에 투자해서 돈을 벌었다. 언제나 경쟁이 없거나 제한된 곳이 내가 좋아하는 투자처였다.

주택시장에서 적은 누구인가? 주식시장과 달리 주택시장의 적과 주요 경쟁자는 나와 처지가 비슷한 개인투자자들이 주류를 이루고 있다. 내가 주택시장에서 패배보다 승리를 더 많이 거둔 이유는 적들이 그다지 강하지 않았기 때문이다.

토끼와 거북의 달리기 시합 이야기에서 당신은 무슨 교훈을 얻었는가? 토끼가 낮잠을 자지 말아야 한다는 교훈인가? 그건 내가 원하는 답이 아니다. 요즘 토끼는 조상 토끼의 실수를 이미 잘 알고 있다. 요즘 토끼는 결코 낮잠을 자지 않는다. 거북이 당연히 질 수밖에 없다. 거북은 생물학적 구조상 절대로 토끼를 이길 수 없다. 현명한 거북이라면 애초에 육상 시합을 하지 말았어야 한다. 현명한 거북이라면 대신에 수영 시합을 하자고 제안했어야 옳다.

재테크의 성공법도 마찬가지다. 이길 수 있는 싸움만 해야 한다. 적들이 나보다 강하면 싸우지 말고, 나에게 승산이 있을 때 싸워야 한다. 이것이 재테크 전쟁에서의 승리 비결이다. 예를 들어보자. 나는 카지노 딜러를 언제나 이긴다. 어떻게 하느냐고? 게임을 아예 하지 않는 것이다. 싸우지 않는 것이 내가 카지노 딜러를 이기는 유일한 방법이다. 마찬가지 방법으로 복권에서도 늘 이긴다. 현명한 투자자라면 카지노에서 도박을 하는 대신에 카지노 주식을 살 것이다. 현명한 투자자라면 복권을 사는 대신에 보험회사 주식을 살 것이다. 왜냐하면 둘 다 수학적으로 이익이 증명된 사업이기 때문이다.

부자가 되려면 내 안의 부자를 깨워야 한다

내가 지난 세월 수업료를 내면서 깨달은 것 중 가장 큰 깨달음은 무엇인가? 가장 강한 적은 보이지 않는다는 것이다. 보이지 않는 적은 어디에 있는가? 바로 나의 마음속에 있다.

나는 부자가 되지 못하도록 하는 가장 큰 장해물이 내 마음이라는 걸 깨달았다. 대다수 사람들이 부자가 되지 못하는 이유도 바로 자기 마음을 다스리는 데 실패했기 때문이다. 제 얼굴에 분칠할 생각은 없지만 나의 경우를 예로 들어보겠다.

우선 나는 남들에게 잘 보이고 과시하려는 본능을 억제했다. 세탁기는 더 이상 부속품을 구하기 힘들 때까지 오래 썼고, TV도 마침내 고장 났을 때 부속품이 없는 바람에 할 수 없이 새로 장만했다. 또 이사를 하도 자주 하다 보니 단골이 된 이삿짐센터 사장이 제발 새 걸로 사라고 애원을 하는데도 불구하고 우리 부부는 해체되기 일보 직전의 흔들거리는 가구도 테이프로 붙여서 몇 번이나 더 이사했다. 옷과 가방, 신발은 유명 브랜드는 사절하고, 유행을 타지 않는 디자인을 선택하여 낡아서 버릴 때까지 썼다.

내 코트는 결혼할 때 산 것이다. 낡아서 소매가 너덜너덜하다. 수선을 하도 많이 해서 팔 길이가 깡똥해지고 색도 바랬다. 그래서 몇 해 전 아내가 내 생일날 새 코트를 사왔는데 나는 화를 내며 당장 가서 환불해 오라고 했다. 난 지금도 그 코트를 입으며, 가난했지만 희망에 차 있던 나의 30대를 추억한다.

아내는 검소하고 절약 정신이 강했다. 남은 음식은 버리는 법이 없었다. 화장도 잘 안 하고 화장품도 거의 사지 않았다. 미장원도 거의 가지 않았다. 옷은 시장이나 상설할인 매장에서 사서 자기에게 맞게 다시 고쳐서 입곤 했다. 그런데 우스운 건 다른 사람들이 아내의 옷을 고가 브랜드라고 생각한다는 것이다. 아마도 우리가 강남의 부자동네에 살았기에 그렇게 지레짐작하는 듯했다. 우리 부부는 젊은 시절 여행은 물론이고 외식조차 뒤로 미뤘다. 최고급 호텔? 신혼여행 때도 딱 하루만 잤다. 우리 부부는 젊은 시절 고생한 대가로 지금은 50개국 이상을 여행하는 보상을 받았다.

나는 부자가 되기 위해서 당장의 편한 것을 찾는 쾌락 본능을 억제했다. 편하고 좋은 새 아파트를 놔두고 일부러 좁고 낡은 재건축 아파트에서 살기를 마다하지 않았다. 그러나 대다수 사람들은 부자는 되고 싶지만 고생하는 건 싫어한다. 누구나 천국은 가고 싶지만 죽고 싶지 않은 것과 같다.

나는 현재 살고 있는 곳에 안주하고 싶은 본능을 극복하려 노력했다. 그래서 결혼 15년 동안에 10번 이상 이사했다. 이사에 관해서는 아내만큼 이골이 난 주부도 없을 것이다. 이런 일도 미래의 평안보다는 지금 당장의 편익과 체면을 위해 안주하려는 유혹을 뿌리쳐야 가능했다.

나는 무엇보다 손실에 대한 공포감을 극복하려 노력했다. 초반의 많은 실패와 손실에도 불구하고 계속 투자를 할 수 있었던 것은 이런 공포감을 어느 정도 이겨냈기 때문이다. 여기에는 아내의 격려가

큰 힘이 되었다. 내가 투자 실패로 자책하면 "우리가 언제는 돈 있었어? 원래 빈털터리였는데, 또 벌면 되지"라고 위로해주었다.

불경에 이런 말이 있다. "밖에서 구하려 하지 마라! 답은 언제나 내 안에 있다." 맞다. 내가 깨달은 부자 되는 비결은 바로 내 안에 있었다. 부자가 되려면 내 안의 부자를 깨워야 한다.

부자의 운명은
타고나는 것일까

학벌이나 부모 후광 없이 부자가 된 사람들

가난에 빠지면 누구나 자신을 희생자로 만들고 세상을 탓하기 쉽다. 이게 인간의 본성이다. 희생자가 되면 노력할 필요도 없고 그냥 세상 탓만 하면 되기 때문이다. 또 부자에 도전해서 실패했을 때 받게 될 상처와 심판을 피할 수도 있다. 그리고 무엇보다 자신의 무능 탓이 아니기에 자존심을 유지할 수 있다. 그런데 그렇게 살면 부자의 꿈은 점점 멀어지고 만다. 빈곤의 악순환에 빠지는 것이다.

흙수저에 가방끈 짧은 사람이 부자 되는 비밀

당신이 가난한 이유가 '흙수저'로 태어나서인가? 맞다, 인생의 가장 불평등한 제비뽑기는 부모다. 가난한 부모에게서 태어났다면 불리한 것이 사실이다. 그렇지만 그렇다고 해서 당신이 반드시 가난하게 살아야 한다는 뜻은 아니다. 흙수저 출신 중에 부자가 된 사람은 얼마든지 있다. 자수성가한 부자가 얼마나 많은지 생각해보라. 당신도 두려움을 떨쳐내고 용기를 내야 한다.

당신은 또 학벌이 미천해서 부자 되기 어렵다고 생각하는가? 부(富)라는 산의 정상에 오르는 루트는 하나만 있는 게 아니다. 학벌은 그중 하나의 루트에 지나지 않는다. 사회에서 성공하고 부자가 되려면 다양한 덕목이 요구된다. 지도력, 창의력, 공감능력, 소통능력, 스스로 동기를 부여하는 능력, 스트레스 극복능력, 분석력, 이해력, 암기력 등등 참으로 다양하다. 그런데 학교에서 측정하는 것은 단지 분석력과 이해력 그리고 암기력뿐이다. 그래서, 학벌이 좋으면 성공하는가? 아니다.

내가 아는 어느 서울대 법대 출신 남성은 사법고시에 몇 번 떨어지고 고시 낭인이 된 후로 완전히 패배자로 살고 있다. 세상이 얼마나 빠르게 변화하고 있는데 아직도 가방끈 붙들고 주저앉아 있는 사람들을 보면 내 마음이 다 답답하다. 학벌 없어도 얼마든지 성공할 수 있다. 대학교수 되려는 게 아니지 않은가.

당장 시장에 가서 성공한 사장들을 만나보라. 그들의 학벌을 물어봐라. 평소에 당신이 자주 가는 성공한 맛집에 가서 주인의 학벌을 물어보라! 아마도 그중에 'SKY' 출신을 찾기란 쉽지 않을 것이다. 내 생각에 학벌의 유효기간은 30대까지이고 40대부터는 학벌보다 개인의 능력이 훨씬 더 중요하다. 학벌 안 좋아도 부자 될 수 있다. 당신에게 부족한 건 학벌이 아니라 용기다. 용기를 내라!

가난한 부모 탓하고 학벌 탓하는 사람들은 도대체 무슨 생각인 것일까? 그것은 흙수저를 탓하고 낮은 학벌을 탓하는 것이 이득이 있기 때문이다. 어떤 이득이 있나? 남을 탓하고 세상을 탓하면 허약한 자존감을 방어할 수 있는 이득이 있다. "만약에 부잣집에 태어났다면, 공부를 잘했다면 나도 충분히 부자가 될 수 있었을 텐데, 그렇지 못해서 부자가 못 된 것뿐이야. 그렇지만 나도 알고 보면 상당히 괜찮은 사람이야!" 이런 식으로 허약한 자존감을 방어할 수 있다는 얘기다.

다른 사람이나 환경을 탓하는 자신의 내면을 조금 더 깊게 성찰해보라! 진짜 문제는 당신이 부자가 될 용기를 내지 못하고 있다는 것을 깨달을 수 있다. 노력해서도 진짜 부자가 되지 못했을 때 남들로부터 무능하다고 손가락질 받거나 심판받는 게 두려워서 그냥 탓만 하고 있는 것이다. 모든 것을 '탓'으로 돌리면 도전하지 않아도 되고 두려운 실패와 심판을 피할 수 있으니 어쩌면 탓이 가장 편한 도피처일 수 있다.

나의 지인 A는 좋은 학벌을 갖추었음에도 불구하고 부모님과 친구들의 기대에 훨씬 못 미치는 경제적 삶을 살고 있다. 아주 가난하지는 않지만 친구들에 비해 가진 게 없다. 그는 자본주의에 적대적이다. 틈만 나면 썩은 세상과 정치를 바꾸어야 한다고 목소리를 높인다. 그는 근무시간에 남의 눈을 피해 주식투자를 하고 채팅을 하는 등 맡은 일을 열심히 하지 않는다. 또 건강관리도 하지 않아서 비만이다. 술과 담배도 즐긴다. 담배를 끊고 운동을 하라고 충고하면 그냥 그렇게 편하게 살다 죽을 테니 내버려두라고 농담 섞인 대답을 한다. 주식투자도 관심 기업에 대해서 조사를 하거나 공부하지 않고 흘러 다니는 뉴스만 믿고 한방을 노린다. 그냥 TV에 나오는 주식방송 전문가로부터 정보를 듣고 또는 친구에게 전해들은 정보를 믿고 쉽게 투자 결정을 내린다.

그에게는 아들과 딸이 있다. 아이들을 위해서라도 차별을 없애고 세상을 바꾸어야 한다고 주장하지만 정작 자신은 집안에서 차별을 한다. 딸은 공부를 잘한다고 편애하고 아들은 공부 못한다고 구박한다. 내가 볼 때 그는 본능이 이끄는 대로 편하게 사는 것 같다. 노력하지 않고 세상 탓만 한다. 세상이 잘못되어서 자기가 기대치에 못 미치는 경제적 삶을 살고 있다고 철석같이 믿는다. 그러나 그런 식으로 살면 자존감을 지킬 수 있을지는 모르지만 부자 되기는 어렵다. 그는 진짜 자신의 문제가 무엇인지 모르니 고치려 하지도 않고 노력하지도 않는다. 모르는 사람이 보면 성실하게 사는 것 같지만 세상을 탓하며 하루하루 긴장감 없이 시간을 보내는 것이 전부다. 부자가 되기로 마음먹고 용기 있게 도전하지 않는 한 그 사람은 한 발짝도 나아가지 못할 것이다.

당신은 어떤가? 부자가 되고 싶다는 막연한 생각과 욕망 외에 실제로 용기를 갖고 도전하고 있는가? 운 좋게 부자가 된 사람은 없다. 많은 부자들이 운이 좋았다고 말하지만 그 운은 용기에 도전이 더해지고 수많은 실패 끝에 배움을 얻고, 그러면서도 포기하지 않을 때

잔을 넘치게 하는 마지막 한 방울의 물처럼 더해지는 것이다. 요행을 바라거나 세상을 탓하는 것으로는 절대 삶을 바꿀 수 없다. 정말 부자가 되고 싶고 삶을 바꾸고 싶다면 책임감과 용기를 가지고 도전해야 한다. 행운의 여신은 항상 용기 있는 자의 편이라는 것을 기억하기 바란다.

공부 머리 탓하지 말고 투자로 눈을 돌려라

남들은 내가 편하게 사는 것처럼 보인다고 말한다. 사실 노력한 것에 비하면 상대적으로 많이 얻으면서 살아온 편이다. 항상 최소한의 노력으로 최대의 성과를 얻으려고 했기 때문이다. "노력만 한다고 성공하는 것도 아니고, 성과가 노력에 비례하는 것도 아니다." 이 말을 난 아이에게 얼마나 많이 했는지 모른다. 그럼 어떻게 해야 하나? 머리를 써야 한다. '전략적 사고'를 해야 한다. 전략적 사고에 대해서는 뒤에서 다시 한 번 얘기하도록 하겠다.

성과가 노력에 비례하지는 않는다

그렇다고 해서 노력이 중요하지 않다고 말하는 건 절대로 아니다. 노력이야말로 우리를 성공과 부로 이끌어주는 미덕임에 틀림없다. 내가 강조하고 싶은 것은 노력에도 '한계'가 있다는 것이다. 시간은 누구에게나 24시간 공평하게 주어진다. 잠자는 시간과 먹고 마시는 시간을 빼고 나면 그 시간을 어떻게 활용하느냐에 따라 인생의 성패가 결정된다. 즉 투입할 수 있는 가용자원인 시간은 누구에게나 똑같다는 것이다. 이 시간을 어디에 투입하느냐에 따라서 성패가 갈라지고 성과에 차이가 난다.

아무리 노력을 한다고 해도 투입할 수 있는 시간은 한계가 있다. 그렇기 때문에 같은 시간을 투입하면 공부 머리가 없는 사람은 공부 머리가 있는 사람을 절대로 이길 수 없다. 그러니 노력을 하더라도 무턱대고 하면 안 되고 현명하게 해야 한다는 것이다.

그럼에도 불구하고 우리 사회는 누구에게나 무턱대고 공부를 강요하는 경향이 있다. 왜냐하면 공부를 잘하면 부자가 되고 중산층으로 살기 쉬운 건 사실이기 때문이다. 공부를 잘하면 좋은 대학에 갈 수 있고, 공무원 시험 등 국가고시를 패스할 수 있고, 좋은 직장에 취직할 수 있기 때문이다. 그래서 공부 잘하는 게 중산층으로 살 수 있는 가장 보편적인 길 중 하나다.

그리고 아주 가끔은 공부 머리가 없는 사람이 공부를 잘하는 경우도 볼 수 있다. 공부 머리가 없어도 남보다 더 독하게 공부해서 큰 시험에 통과할 수도 있고, 의대에 진학할 수도 있고 또 좋은 직장에 취직해서 성공하는 경우가 드물지만 발생한다. 그러나 이런 식의 도전과 시도는 한계가 있다. 한 번의 성공으로 뛰어난 경쟁자들을 넘어서기란 쉬운 일이 아니기 때문이다.

전략적 사고로 자기만의 전술을 만들어라

그러면 공부 머리가 없는 사람은 어떻게 해야 하나? 공부 머리가 없는 사람들에게 인사이트를 줄 만한 이야기를 들려주고 싶다. 이 이야기는 여러 번 했다. 카페에서도 하고 나의 졸저『부의 인문학』에서도 했다. 그만큼 중요한 이야기니 잘 읽고 자신의 사례에 적용해 보기 바란다.

제2차 세계대전 때 적기 80대를 격추하여 에이스 조종사가 된 폴 로스만 상사 이야기다. 폴 로스만은 전투에서 팔을 다쳤다. 그래서 기존의 공중전 전투 비행(도그 파이터)을 할 수 없었다. 전형적인 공중전에서는 신체조건이 뛰어난 사람만이 승리할 수 있었기 때문이다. 폴 로스만 상사는 자신이 더이상 공중전에서는 살아남을 수 없음을 깨달았다. 그래서 자신의 약점을 보완할 수 있는 전투 방법을 고안해냈다. 그는 단숨에 밀어붙이는 공중전 대신에 아주 복잡하게 계산된 방법을 택했다. 적의 비행기를 쫓아서 기총 소사하는 것보다 예상 목표를 분석하는 데 더 많은 시간을 들였다. 그는 자신이 이길 수 있는 최적의 위치에 있을 때만 공격을 했다. 자신의 전술이 완벽히 먹힐 적기를 향해서만 돌진했다. 그는 이런 식으로 전투비행을 한 덕분에 1,425회를 출격했지만 털 끝 하나 안 다치고 살아 돌아올 수 있었다. 더욱 놀라운 것은 그의 전투 방법을 전수받은 제자 하트만은 적기를 무려 352대나 격추했고 제2차 세계대전의 영웅이 되었다.

공부 머리 없이 자수성가한 부자들은 폴 로스만 상사처럼 자신도 '부상당한 팔'과 같은 어떤 한계를 가지고 있다는 걸 잘 알고 있었다. 그들은 경제적 성공을 거두기 위해서 자신만의 독특한 전략을 고안했다. 실제로 자수성가한 미국의 백만장자를 조사해보면 법대나 의대에 갈 정도의 공부 머리를 가진 사람은 거의 없었다. 대학 성적도 그다지 뛰어나지 않았다. 오히려 좋은 기업에 취직할 실력이 안 되어서 어쩔 수 없이 자영업을 선택해야 했던 사람이 많았다.

그들은 지적으로 뛰어난 부류와는 거리가 먼 사람들이었지만 창의성을 발휘하고 기회를 포착함으로써 부자가 될 수 있었다. 이때 가장 중요한 역할을 한 것이 바로 전략적 사고다. 사람은 누구나 타고난 재능이 다르다. 공부 머리가 없는 사람이 공부에만 승부를 거는 것만큼 무모하고 절망적인 일은 없다. 운동신경이 없는 사람이 운동선수에 도전하는 것만큼 승산이 없다. 설령 한두 번 성공했다고 해도 거기서 다른 경쟁자와 계속 경쟁하며 살아남을 수 있겠는가? 상상만 해도 기운 빠지는 일이다.

사람은 자신이 잘 못하는 일을 해야 할 때 게을러지기 쉽다. 자신이 남보다 잘하는 것을 할 때라야 신이 난다. 잘해야 재미를 느끼게 되고, 잘해야 더 하고 싶어진다. 잘해야 부지런해지고 점점 더 잘하게 되는 것이다. 만약 당신이 게으르다는 소릴 듣는다면 아마도 아직 잘하는 걸 발견하지 못했기 때문일 가능성이 높다.

나는 내 아이가 공부 머리가 없었다면 절대로 공부로 승부를 걸게 하지 않았을 것이다. 부모는 아이의 재능이 어디에 있는지를 살펴봐야 한다. 나는 이것이 아이를 진정 돕는 길이라고 믿는다. 행복은 자신을 아는 데서부터 시작된다. 전략적 사고 역시 자기 자신을 아는 데서 출발한다.

안 되는 공부에 매달리지 말고 투자로 눈을 돌려라

대학도 안 나오고 배경도 없고 경험도 없고 인맥도 없는 사람이 최고의 교육을 받고 최고의 배경과 경험, 인맥을 가진 사람을 이길 수 있을까? 금융 투자 분야 말고는 그런 분야가 거의 없다. 자동차 정비사가 하버드 출신의 외과 의사보다 심장이식 수술을 더 잘할 수 있을 것이라고 상상하는 건 불가능하다. 잡역부가 최고의 엔지니어를 능가할 수 있으리란 것도 상상하기 어렵다. 그러나 이런 일이 투자의 세계에선 일어난다.

금융 투자의 세계는 아이큐 150이 아이큐 120을 이기는 곳이 아니다. 공부 머리가 없다고 해도 올바른 투자 방식을 배운다면 부자가 될 수 있다. 그러니까 투자를 해야 한다. 특히 머리가 특출하지 않다면 주식보다는 부동산에 투자하라. 부동산 투자로 돈을 많이 불린 사람들을 보라! 절대로 아이큐 순이 아니다. 당신보다 공부 머리 없는 사람들 중에 부동산 부자를 찾으면 헤아릴 수 없이 많을 것이다. 공부를 못해도 투자에선 성공할 수 있다는 증거는 차고 넘친다.

앞의 두 이야기를 곰곰 되새겨보라. 공부 머리가 없으면서 부자가 되고자 한다면, 전략적으로 사고하고 자신을 전략적으로 포지셔닝해야 한다. 그리고 부동산이든 주식이든 투자를 해야 한다. 영리한 투자만이 당신을 부자로 만들어줄 것이다.

부자가 될 사주팔자는 따로 있는가

아주 오래 전, 구 성남 재개발 시장이 궁금해 동네를 둘러보러 간 적이 있다. 오래된 집과 언덕밖에 없는 스산한 동네에는 특이하게도 점집이 많았다. 어떤 골목은 한 집 건너 한 집이 점집이었다. 왜 그 지역에 점집이 그렇게 많았을까? 아마도 그 지역 주민들의 삶이 그만큼 힘들고 막막했기에 지푸라기라도 잡는 심정으로 점과 사주에 의지했던 게 아닐까 싶다. 삶이 고달프고 힘들수록 사람은 점이나 사주에 의지하기 쉽기 때문이다.

피할 수 없는 운명이란 게 정말 있을까?

나도 젊은 시절 한때 사주팔자에 호기심을 가진 적이 있다. 그러던 중 한국에서 제일 점을 잘 본다는 도사를 알게 되었는데, 도계 박재완이었다. 그는 많은 정치인과 유명인들의 사주를 다 봐준 것으로 널리 알려졌고, 심지어 자신이 타계하는 날도 맞추었을 만큼 사주명리학의 전설이었다.

내가 그를 알 게 된 것은 이미 그가 타계한 지 1년이 지난 시점이었다. 그래서 나는 비원 앞에서 역문관을 하고 있던 그의 수제자 노충엽을 찾아갔다. 그런데 그는 내 사주를 봐주는 대신에 사주 공부를 하라며 책을 추천해주었다. 나는 그 길로 서점으로 가서 박재완 옹이 지은 사주 책을 사서 읽었다.

책에서 그는 동일한 사주라도 환혼동각(幻魂動覺)에 따라 운명이 달라진다고 했다. 환(幻)은 짐승의 영혼이냐 사람의 영혼이냐, 남자냐 여자냐에 따라서 운명이 달라진다는 말이다. 혼(魂)은 어떤 조상과 어느 가정에 태어났느냐에 따라서 운명이 달라진다는 말이다. 동(動)은 어떤 시기에 어떤 나라에서 태어났느냐에 따라서 운명이 달라진다는 말이고, 각(覺)은 본인의 깨달음에 따라서 운명이 달라진다는 것이다. 하루에도 사주가 똑같은 아기가 17명 이상 태어난다. 그들은 모두 똑같은 삶을 살지 않는다. 쌍둥이조차도 다른 삶을 사는 이유가 거기 있었던 것이다.

그는 또한 돈을 받고 점을 봐줄 때는 특히나 부정적이고 나쁜 점은 절대로 단정적으로 말하면 안 된다고 경고한다. 한국 최고의 역술학 대가도 타인의 운명에 대해서 부정적으로 단정하여 말하지 말라고 경고했다는 점이 내겐 매우 인상 깊었다. 내가 대학생이던 때 겪은 경험 때문이었을 것이다.

어느 날, 친구 A가 근심 가득한 얼굴로 나에게 걱정을 털어놓았다. A가 여자친구 B랑 같이 점을 보았는데, 점쟁이가 B의 오빠가 밤길에 칼을 맞을 것이라는 충격적인 예언을 해서 B가 울고불고 난리가 났다는 것이다. 난 점쟁이의 경고를 무시하라고 했다. 그런데 A는 점쟁이가 예전에 A의 어머니가 아플 것을 맞히는 신기를 발휘해서 걱정이라고 말했다. 그래서 나와 A는 이대 후문에 있는 다른 점집을 찾아갔다. 그리고 B의 사주를 말해주고 운명에 대해서 물었다. 그 점쟁이는 B와 그녀의 오빠에게 아무런 문제가 없을 것이라고 말했다. 그래서 그 점쟁이에게 자초지종을 설명한 뒤 나중에 B를 데리고 다시 올 테니 지금과 똑같은 말로 B를 진정시켜 달라고 부탁했다. 나중에 A는 B를 데리고 그 점집을 처음 간 것처럼 찾아가서 그녀를 진정시키는 데 성공했다. 벌써 30년도 더 지난 일이다. A는 B와 결혼해서 잘 살고 B의 오빠도 무탈하게 잘 살고 있다.

박재완 옹은 본인의 깨달음에 따라서 타고난 운명도 바꿀 수 있으며, 피할 수 없는 단정적인 운명은 없다고 말했다. 미래란 정해져 있지 않고 가변적이다.

물리학적으로 해석한 미래란 무엇인가

과거에는 똑똑한 사람도 미래는 정해져 있다고 믿기 쉬웠다. 프랑스의 수학자 라플라스(Pierre Simon Laplace)도 미래를 알 수 있다고 생각했다. 그는 세상 모든 원자의 위치와 운동량을 정확히 알 수만 있다면 뉴턴의 물리학에 따라서 우주가 앞으로 어떻게 전개될지 알 수 있다고 보았다. 그는 세상 모든 원자의 위치와 속도를 다 파악하고 있는 존재를 '라플라스의 악마(Laplace's demon)'라고 이름 붙였다. 라플라스는 당구장에서 당구공이 움직이듯 계산만 잘 하면 앞으로 어떤 일이 벌어질지 다 알 수 있다고 생각했다. 라플라스의 주장은 미래는 과거와 현재의 연장선상에 놓여 있고 미래는 이미 결정되어 있다는 것이다. 현재에도 이런 낡은 세계관을 추종하는 이들이 많다. 그러니 사주나 점을 보러 가는 것이다.

과학이 발달하면서 미래는 정해져 있지 않다는 것이 증명되고 있다. 하이젠베르그(Werner Karl Heisenberg)의 불확정성의 원리(Heisenberg' s Uncertainty Principle)가 그 증거다. 하이젠베르그는 불확정성의 원리로 노벨 물리학상을 받았다. 불확정성의 원리를 직관적으로 이해하기는 쉽지 않다. 내가 이해한 바를 단순하게 설명하면 이렇다. 양자의 위치와 속도를 동시에 파악할 수 없다. 위치를 알면 속도가 불분명해지고 속도를 알면 위치가 불분명해지는데, 이렇게 되는 까닭은 관측 장비가 부실해서가 아니고 양자의 속성이 원래 그러하기 때문이다. 우리는 양자의 위치와 속도를 동시에 정확히 파악할 수 없고 단지 확률적으로만 추측할 수 있다. 이 말이 쉽게 이해되지 않을 수 있다.

노벨상을 받은 수학자 파인만도 양자역학을 제대로 이해한 사람은 아무도 없다고 말할 정도다. 아인슈타인조차도 "신은 주사위 놀이를 하지 않는다"라면서 죽을 때까지 불확정성의 원리는 말도 안되는 엉터리라고 주장했다. 그러나 지금은 우리 모두가 하이젠베르그의 불확정성의 원리를 인정하고 받아들인다.

물리학의 세계에서 일어나는 불확정성의 원리는 철학에도 지대한 영향을 주었다. 세상의 미래는 이미 결정되어 있지 않다는 것이다. 이런 생각은 사회사상에도 영향을 주었다. 하이젠베르그의 불확정성의 원리에서 큰 영향을 받은 칼 포퍼(Karl Popper)는 그의 명저 『열린사회와 그 적들(The open society and its enemies)』에서 마르크스를 비판했다. 마르크스는 인류의 역사에는 발전법칙이 있고, 그 역사발전법칙에 따라서 원시 공산사회에서 고대 노예사회로, 다시 중세 봉건사회로, 다시 근대 자본주의 사회로, 그리고 마침내 공산주의 사회로 이동이 필연적으로 펼쳐질 거라고 예언했다. 공산주의 사회가 펼쳐질 것은 확고하게 예정된 미래라고 주장한 것이다. 칼 포퍼는 이런 마르크스의 주장을 헛소리로 치부했다. 사실 마르크스의 과학적 이론과 달리 소련은 자본주의도 거치지 않고 바로 공산국가로 넘어갔다.

칼 포퍼의 사상에 큰 영향을 받은 제자가 한 명 있었다. 바로 조지 소로스(George Soros)다. 조지 소로스가 만든 펀드 이름이 무엇인가? 퀀텀 펀드(Quantum Fund)다. 조지 소로스 역시 양자역학에 큰 영향을 받았다.

주가는 투자자와 상호작용하면서 움직인다

소로스가 주장하는 재귀성이론(Reflexity Theory)을 보자. 주가는 투자자와 별개로 자기 갈 길을 가는 게 아니고 투자자와 상호작용하면서 움직인다는 이론인데, 이것은 관측자와 관찰 대상자가 완전 독립적으로 움직이는 게 아니고 상호영향을 준다는 양자역학의 이론과 똑같다.

우리의 미래는 확정되어 있지 않다. 불만스럽고 걱정스러운가? 그렇지만 미래가 확정되어 있지 않다는 것이야말로 희소식이다. 미래가 확정되어 있지 않기에 인생은 살맛이 나는 것이다. 살아갈 인생이 라플라스 식으로 과거의 감옥에 갇혀 있다면 얼마나 따분하고 답답하고 재미없을까?

미래는 결정되어 있지 않다. 예측하기 힘들다. 투자는 미래에 배

팅하는 것이다. 그래서 어떤 투자도 리스크 없이 수익을 낼 수 없다. 미래를 알 수 있는 사람은 없으니까 말이다. 그리스 철학자 헤라클레이토스는 이렇게 말했다. "우리는 똑같은 강물에 두 번 들어갈 수 없다." 이 말이 무슨 뜻인가? 현재와 미래는 과거의 단순한 반복이 절대 아니란 말이다. 오늘은 언제나 어제와 다르고 모든 것은 시시각각 변한다.

"만물은 유전한다." 현재와 미래는 절대로 과거의 단순한 반복이 아니다. 과거에 그랬다고 미래에도 그럴 것이라고 확신하고 '올인' 하면 파산할 수 있다. 미래는 언제나 불확실하다. 인간은 불확실성을 인정하고 받아들여야만 한다. 그래서 나는 투자 상담을 하지 않는다. 내 조언이 누군가를 곤경에 몰아넣을 수도 있고, 불행하게도 그런 일이 발생한다면 나는 괴로워하게 될 것임을 스스로 잘 알고 있기 때문이다. 나는 타인을 불행에 빠트리고도 아무렇지 않게 살 수 있는 얼음 같은 심장을 가지지 못했다. 그래서 나는 상담 메일에 답변하지 않는다. 상담 메일을 보낸 사람이 필사적일수록 내 두려움도 비례해서 커진다.

젊은 시절에 나는 자신만만하게 미래를 예측하고 조언했다. 그러나 많은 실수와 경험을 하며 나이든 지금은 타인에게 투자 조언을 하지 않으려 한다. 그리고 투자의 본질을 꿰뚫어본 사람이라면 나에게 상담 메일이나 쪽지를 보내지도 않을 것이다. 내가 해줄 수 있는 말은 "미래를 아는 사람은 없다"라는 것뿐이다.

유전적으로 타고나는 부자의 자질과 성격

어떤 사람이 부자가 되기 쉬울까? 부잣집에 태어난 사람? 머리가 좋은 사람? 운이 좋은 사람? 당신 생각은 어떤가?

이 문제를 20년간 연구한 연구팀이 있었다. 말이 20년이지, 정말 오랜 기간 실제로 부자들을 조사하여 결과를 얻은 연구다. 그 연구의 결과가 『이웃집 백만장자(The Millionaire Next Door)』라는 기념비적인 책이다. 연구의 결론을 한마디로 정리하면 다음과 같다.

부를 축적하는 능력은 행운, 유산, 고학력, 심지어는 지능과도 관계가 없다. 부는 대부분 근면하고 인내심이 강하고 계획적이고 자제력이 있는 생활습성으로 얻을 수 있다. 이 중에서도 가장 중요한 것은 바로 자제력이다.

가장 중요한 것은 바로 '자제력'이다

행운이 부자로 만들어 준다고? 천만의 말씀! 부자 아닌 사람들이 그렇게 믿고 싶을 뿐이다. 연구조사 결과를 보더라도 행운으로 부자가 된 사람도 있지만 그들의 부에서 행운이 차지하는 비중은 15퍼센트 정도에 불과했다. 우연히, 쉽게 부자가 된 사람은 아무도 없다.

부잣집에서 태어나야 부자가 된다는 믿음은 어떨까? 연구조사는 80퍼센트의 백만장자가 자수성가했다는 걸 밝혀내고 있다. 대다수의 부자들이 자신의 손으로 부를 일구어낸 것이다. 부잣집에 태어나지 않아서 부자가 되지 못한다는 핑계를 대고 싶다면 통계를 가져오라.

학벌이 좋고 머리가 좋아야 부자가 된다는 얘기도 근거가 부족하다. 연구결과에 따르면 부자들이 학력이 높았다는 것은 사실이다. 80퍼센트가 대졸 이상이었다. 20퍼센트만이 고졸이었다. 그런데 부자들은 명문대학을 졸업할 실력은 안 되었다. 학점도 탁월하지 못했다. 결국 부자들은 지적으로 탁월하기보다는 대학을 졸업할 정도의 평범한 지능을 가진 사람들이었다는 말이 된다. 학력은 높았지만 학벌이 좋은 건 아니다. 좋은 대학을 나오지 못해서 부자가 되지 못한다는 핑계는 안 통한다.

당신은 부자가 될 만한 자질을 갖추었는가?

자제력을 다르게 말하면 '성실성'이라고 할 수 있다. 요즘 과학자들의 연구결과에 따르면 성실한 사람이 직업적으로 더 성공하고 돈을 더 많이 벌게 된다고 한다. 또 성실한 사람이 도박이나 알코올 중독에 덜 빠지고 장수하고 목표를 잘 달성한다고 한다. 성실한 사람이 부자가 되기 쉽다는 것은 증명된 사실이다. 난 금연이나 다이어트에 성공한 사람은 부자 되기 쉬운 사람이라고 판단한다.

성실성은 성격의 일부이며 다른 성격과 마찬가지로 약 50퍼센트는 유전된다. 절반 정도는 타고난 기질에 영향을 받고 나머지 절반은 환경적 영향 때문에 달라질 수 있다는 얘기다. 후천적인 각성과 노력으로 성실성을 높일 수도 있다는 건 희소식이다.

성실성이 선천적으로 타고나는 것이라는 사실은 여러 연구를 통해 증명되었다. 과학자들의 일란성 쌍둥이 연구조사 결과도 성실성이 유전된다는 점을 밝히고 있으며 뇌의 특정 부분이 성실성과 관련이 있다는 사실 또한 뇌과학자들이 밝혀냈다.

실제로 지인 중에 평소에 성실했던 사람이 교통사고로 전두엽을 다친 뒤 성격이 변한 사례가 있다. 그는 전과는 전혀 다른 사람이 되었는데 과거의 성실성은 오간 데 없고 충동적이고 즉흥적이고 절제력 없는 사람으로 돌변했다. 회사 차를 개인적인 용도로 몰고 가서 아무 데나 세워두곤 했다. 결국엔 직장에서 해고되었다. 자신도 그렇게 하면 안 된다는 걸 알고 있는데 자제가 안 된다고 했다.

전두엽이 인간의 미래에 미치는 영향

과거에는 전두엽이 어떤 기능을 하는지 몰랐다. 현대의학 초기, 철도 노동자가 사고로 철근이 전두엽을 관통하는 사고를 당했는데, 머리에 막힌 철근을 제거한 뒤에도 그는 아무 문제없이 삶을 유지하는 듯 보였다. 이 사고로 의사들은 전두엽이 별로 중요한 역할을 하지 못한다고 판단했다. 하지만 그것은 오판이었고 오판의 결과는 참혹했다.

과거 정신질환자의 치료 방법으로 뇌에 구멍을 뚫어서 전두엽을 제거하는 수술이 시행되기도 했다. 그러면 환자들이 얌전해졌다고 한다. 이 말도 안 되는 뇌수술을 받은 환자가 엄청 많았는데 시간이 지난 뒤 이 수술을 받은 환자들에게서 부작용이 발견되었다. 그들은 전혀 미래를 계획하지 못했다. "내일 뭐할래?" 하는 질문에 대답을 못한다는 것이다. 또한 충동을 조절하는 능력이 크게 떨어졌다. 전두엽이야말로 인간을 동물과 구분 짓는 가장 중요한 두뇌였던 것이다.

미래를 계획하고 종합하고 통제하는 기능을 전두엽이 맡고 있다. 인간이 진화하면서 가장 폭발적으로 키워온 신체가 바로 뇌다. 그런데 뇌 전체가 비례적으로 커진 게 아니라 뇌 중에서도 전두엽이 뇌의 다른 부분보다 더 폭발적으로 발달한 것이다. 전두엽은 미래를 담당한다. 미래를 예측하고 대비하고 계획하고 통제하는 기능을 담당한다.

원시인들은 모두 '욜로족'이었다. 사자와 비슷한 삶을 살았다. 사자는 사냥하는 한두 시간 정도를 제외하고는 종일 빈둥거리거나 잠을 자거나 쉰다. 원시인도 그랬다. 원시인들은 현재에 초점을 맞추고 행복한 삶을 살았다. 물론 그런 행복은 예기치 않은 재난과 불행으로 오래 지속되기 어려웠다. 하루하루 즉흥적인 만족만을 추구하며 살던 인간이 미래를 대비하고, 미래를 위해서 오늘 덜 먹고 더 노력하고 준비하게 만든 것은 바로 전두엽이 폭발적으로 발달했기 때문이다. 인간은 전두엽이 발달한 덕분에 추위와 기아 그리고 재난에 대비할 수 있게 되었고 더 오래 생존할 수 있게 되었다. 그러나 전두엽 덕분에 덜 행복해졌다고도 할 수 있다. 전두엽이 발달했다는 말은 현재에 만족하지 않고 미래를 걱정하고 대비해야 한다는 말이기 때문이다.

구한말 한국을 방문한 이사벨라 버드 비숍은 『한국과 그 이웃 나라들(Korea and Her Neighbours)』에서 한국인들이 무척 게으르다고 언급

했다. 하지만 그는 당시 사회제도의 특수성을 간과했던 것 같다. 그가 지금 한국을 방문해서 한국인이 얼마나 부지런한지를 알면 까무러칠 것이다. 적절한 인센티브가 주어지고 동기부여가 된다면 누구나 더 부지런하고 성실해질 수 있다. 당신이 마음먹기에 따라서 또 적절한 방법을 적용한다면 성실성을 높일 수 있다. 이것은 사실이다.

부자가 되고 싶다면 성실해야 한다. 나는 딸아이에게 성실한 남자를 만나라고 조언한다. 성실성이 행복과 부를 예측해주는 가장 중요한 지표라고 믿기 때문이다.

당신의 무의식은 생각보다 힘이 세다

그동안 당신이 부자 되려고 정말 열심히 노력했는데도 불구하고 이상하게 일이 잘 안 풀리고 결정적인 순간마다 잘못된 결정으로 부자 될 기회를 놓쳤다면 당신의 무의식을 한번 점검해볼 필요가 있다. 부자가 되지 못하는 이유는 너무나 많지만 그중 하나, 중요한 영향을 미치는 것이 무의식이다.

나는 아이 앞에서 부자를 욕한 적이 없다. 무의식이 부자 되는 데 큰 영향을 미친다고 믿기 때문이다.

무의식까지 완벽하게 부자 되기를 원하는가

몇 년 전, 잭 슈웨거(Jack d.Schwager)의 『새로운 시장의 마법사(the new

market wizards)』를 읽다 매우 흥미로는 이야기를 접하게 되었다. 최면술로 투자자의 무의식을 변화시켜서 성공적인 거래를 할 수 있게 도와주는 로버트 크라우츠의 이야기다. 그가 경험한 특별한 사례 중 두 가지만 살펴보자.

30년간 성공적인 거래를 해온 사람이 있었다. 그런데 어느 날 갑자기 매달 6자리 숫자의 돈을 손해 보기 시작했다. 5개월 연속 손실을 보고 난 뒤 그는 로버트 크라우츠에게 도움을 요청했다. 돈을 잃기 시작한 것은 그가 젊은 부인과 이혼하고 난 뒤부터였는데, 그는 자신의 성적 능력이 떨어져서 부인이 떠났다고 자책했다. 그는 무의식적으로 돈을 잃음으로써 자신에게 벌을 주고 있었던 것이다. 크라우츠는 이혼의 원인이 그의 잘못에 있는 게 아니라 돈만 보고 결혼한 아내의 문제였음을 깨우쳐 주었다. 그 뒤 그의 거래는 극적으로 좋아졌다. 3일 만에 본전을 되찾았고 다시 3일 만에 이익을 내기 시작했다. 그 뒤 크라우츠는 그에게 최면을 걸어서 그가 다시 이익을 낼 수 있었던 이유를 물었다. 그는 매매 방법을 바꾼 것은 아니며 대신에 전보다 훨씬 더 큰 자신감을 갖게 되었다고 대답했다. 그리고 과거와 어떤 차이가 있는지 물었을 때 그는 이렇게 대답했다. "나는 돈을 벌어 마땅하다고 생각합니다."

또 다른 사례는 아내를 싫어했지만 이혼할 용기가 없었던 사람의 이야기다. 그는 2년간 지속적인 손실을 보고 있었다. 크라우츠는 최면을 통해서 그가 더 가난해져서 아내가 자신을 버리기를 원했다는 사실을 알아냈다. 그는 무의식적으로 자신의 금융적 손실이 적절한 핑계가 되어서 이혼을 할 수 있게 될 것이라고 생각한 것이다. 그러나 최면에서 깨어나면 그는 절대로 무의식이 털어놓은 비밀을 인정하지 않았다. 그는 이혼을 원한다고 말하지 않고 대신에 거래하는 걸 사랑한다고 말했다.

로버트 크라우츠는 이렇게 주장한다.

"돈을 버는 방법을 알고 있다고 해도 무의식 차원에서 승인을 받아야 돈버는 방법을 작동시킬 수 있다. 부자가 되려면 의식과 무의식이 조화를 이루어야 한다. 무의식이 당신이 부자가 되지 못하게 방해할 수도 있다."

나도 모르는 사이에 무의식이 하는 일

무의식이란 말을 처음 사용한 사람은 프로이트(Sigmund Freud)다. 그는 인간의 행동 중에는 의식으로는 설명이 안 되는 무의식의 영향을 받은 행동이 있다고 주장했다. 마음을 빙산에 비유하면 수면 위에 나타난 빙산의 일각이 의식이고 수면 아래 감춰진 거대한 부분이 무의식이라는 이야기다. 즉 인간의 선택, 판단, 결정, 행동은 자신도 인지하지 못하는 사이에 무의식의 영향을 많이 받는다는 것이다.

현대 뇌과학 역시 무의식이 우리의 선택과 행동에 영향을 주고 있다는 강력한 증거를 내놓고 있다. 한 와인 전문점에서 하루는 프랑스 음악을 틀고 다른 하루는 독일 음악을 틀었다. 그런데 놀랍게도 프랑스 음악을 튼 날은 프랑스 와인이 77퍼센트 비율로 팔렸고 독일 음악을 튼 날은 독일 와인이 73퍼센트 비율로 팔렸다. 와인 구매자에게 음악의 영향을 받아서 와인을 골랐냐고 물으니 7명 중에 1명만 그렇다고 대답했다. 대다수 구매자가 무의식의 영향으로 와인을 고른 것이다.

팝콘을 가지고 한 실험에서도 사람들은 무의식의 영향을 많이 받는 것으로 나타났다. 극장에 들어가는 실험자에게 공짜로 팝콘을 주고 관찰했다. 결과를 보면 팝콘 용기 사이즈가 클수록 팝콘을 많이 먹었다. 그런데 실험자 중에는 팝콘 용기가 크니까 더 많이 먹어야 겠다고 결심한 사람은 한 명도 없었다. 실험에 따르면 용기 사이즈가 2배로 늘어나면 먹는 양이 30~40퍼센트 늘어나는 현상이 관찰되었다. 다이어트 전문가들이 작은 밥그릇을 사용하라고 권하는 것도 일리가 있는 말이다. 우리는 자신도 모르게 용기 사이즈에 따라서 먹는 양을 결정하는 것이다.

우리의 선택도 무의식의 영향을 받는다. 한 실험에서 4종류의 스타킹 중 하나를 고르게 했다. 사실은 4종 모두 다 똑같은 스타킹이었다. 그런데 그중 하나에만 향수가 살짝 뿌려져 있었다. 많은 사람들이 향수가 뿌려진 스타킹을 선택했다. 향수가 뿌려진 스타킹을 선택한 사람에게 이유를 묻자 다양한 대답이 나왔다. 광택이 좋아서, 촉감이 좋아서, 무게가 가벼워서 등 대부분 향기가 아닌 이유를 들었다. 애초에 향수가 뿌려져 있다는 사실을 눈치 챈 피험자는 250명 중에 단 6명뿐이었다고 한다.

배우자 선택도 무의식의 영향을 받는다. 우리는 지금 배우자와 결혼한 이유를 분명히 알고 있다고 믿는다. 상대가 아름답거나 잘생겨서, 똑똑해서, 상냥해서 또는 성적인 매력이 있어서 등 이유를 분명히 알고 있다고 스스로 굳게 믿는다. 그러나 무의식을 연구하는 심리학자들은 그렇지 않다고 말한다. 미국의 경우 같은 성끼리 결혼하는 경우가 매우 많다. 스미스 성을 가진 남자가 스미스 성을 가진 여자랑 결혼하는 비율이 매우 높다. 하지만 결혼 대상의 조건으로 같은 성을 꼽는 사람은 없다. 그럼에도 불구하고 같은 성끼리 결혼하는 사례가 유독 많은 이유가 무엇일까? 심리학자들은 인간은 기본적으로 자기를 훌륭한 사람으로 간주하는 경향이 있기에 자신과 비슷한 특질을 가진 이성에게 끌린다고 한다. 결국 당신의 배우자가 당신이 알고 있는 이유가 아닌 다른 이유 때문에 당신과의 결혼을 결정했을 가능성이 크다는 것이다.

부자를 미워하면서 부자가 되려고 애쓰는 사람들

다시 원래 주제로 돌아가자. 무의식이 당신이 부자가 되지 못하게 방해할 수도 있다. 예를 들어보자. 돈을 부정한 방법으로 번 경우에는 돈을 흥청망청 써버리게 될 수 있다. 반대로 기부를 많이 하는 사람들은 스스로 돈을 벌어 마땅하다고 생각하기에 돈을 더 잘 벌도록 무의식이 작동할 수도 있다.

가난이 대물림되기 쉬운 이유는 무엇인가? 어린 시절 가난한 부모로부터 부자와 돈에 대한 부정적인 인식을 세뇌당했을 수도 있다. 우리는 어린 시절 부자와 돈에 대한 가치와 평가를 부모로부터 받아들이고 배운다. 성장기 때 부모가 "부자는 남의 돈을 착취하거나 탈

세를 통해서 돈을 모은 나쁜 사람이다"라고 했을 수도 있다. 또 선생님이 "부자는 탐욕스럽고 거만하고 악행을 저지르는 나쁜 사람이며 돈밖에 모르는 불행한 사람이다"라고 말했을 수도 있다.

이런 이야기들은 의식 차원에서 기억하진 못해도 전부 무의식의 바다로 흘러들어가 기억보관소에 저장된다. 그 기억이 저장되어 있을 뿐 아니라 성인이 된 후에도 의식에 영향을 미쳐서 당신의 중요한 선택마다 영향을 줄 수 있다. 부자에 대한 부정적 인식은 당신이 부자가 되지 못하도록 무의식적 차원에서 방해할 것이다. 그래서 가난은 유전병처럼 대를 이어서 대물림되기 쉽다.

내가 제일 안타깝게 생각하는 사람은 부자를 미워하면서 부자가 되려고 노력하는 사람들이다. 자신의 고객인 부자 손님을 투기한다고 뒤에서 욕하고 흉보는 부동산 업자를 본 적 있다. 나는 그 부동산 업자가 부자가 되기 어려울 것이라고 판단했다. 부자가 나쁜 놈이라고 생각하면서 자신도 부자가 되려고 하는 것은 강물을 거슬러 헤엄치는 것과 같고, 온몸으로 맞바람을 맞으며 걷는 것과 같다. 부자가 되려면 의식과 무의식이 조화를 이루어야 한다.

부동산은 투기인가? 투자인가? 어떤 사람은 불로소득이기에 투기이며 나쁘다고 생각할 것이다. 또 어떤 사람은 부동산 투자는 가격을 올바르게 평가해서 효율적으로 사용될 수 있도록 촉진하는 투자 활동이라고 생각할 것이다. 사람마다 생각이 다를 수 있다. 그러나 그 선택은 무의식 차원의 선택일 가능성이 매우 높다. 무의식 차원에서 어린 시절 경험과 기억의 영향을 받아서, 자신의 자존심을 높이기 위한 방향으로 선택했을 수 있다.

내가 말하고자 하는 포인트는 당신이 부동산으로 부자가 되길 원한다면 부동산은 투자라는 믿음을 갖는 게 부자 될 가능성을 높인다는 것이다. 만약에 당신이 부자 되기를 원하는데 부동산 투자는 투기라는 믿음을 갖고 있다면 당신의 무의식은 당신이 부동산 투자에서 성공하기를 거부할 것이다. 만약에 부동산은 투기라는 믿음을 가졌다면 스스로 무의식 차원의 점검과 새로운 세팅이 필요할 수 있다.

부자가 되고 싶다면 의식 밑바닥까지 철저하게 부자 되기를 소망해야 한다. 당신은 부자가 될 자격이 충분하다. 당신은 돈을 좋아하고, 돈도 당신을 좋아한다. 당신이 돈을 많이 벌었다는 것은 그 만큼 다른 사람들을 행복하게 해주었기 때문이다. 당신이 돈을 많이 벌어 기부도 할 수 있기에 돈을 많이 버는 게 좋다. 당신은 돈을 벌어 마땅하다!

부자가 되려면
부의 본능을 깨워라

돈은 왜 나만 피해 갈까?

우리는 누구나 부자가 되고 싶어 한다. 아니 간절히, 간절히 갈망하고 소원한다. 그래서 주식투자도 해보고 부동산 투자도 해본다. 효험이 있다는 재테크 도사를 찾아가서 찍어달라고도 해본다. 그런데도 어떻게 된 건지 재테크만 하면 판판이 깨진다. 財(재)테크가 災(재)테크로 변한다.

만지는 족족 황금으로 변하는 '마이다스'가 되기를 꿈꾸지만 결과는 어찌된 셈인지 만지기만 하면 돌로 변하는 '마이돌'이다. 목표는 언제나 '대박'이다. 근데 이상하게도 '살'이 낀다. '대박살'이 난다. 터지는 것도 한두 번이지. 여러 번 터지다 보면 이런 생각이 든다.

'돈은 왜 나만 피해 갈까?'

'왜 내가 사면 내리고 팔면 오를까?'

'나 말고 돈 버는 사람은 분명 따로 있는 것 같아.'

'나는 왜 쪽박만 찰까?'

'나는 돈 모으기가 왜 이렇게 힘들지?'

'나는 왜 돈복이 없을까?'

누구나 한 번쯤 이런 의문을 가져봤을 것이다. 당신의 간절한 소망과 달리 재테크에서 판판이 깨지는 이유가 뭘까? 이제 우리는 그 이유를 하나하나 살펴보게 될 것이다. 다시 한 번 말하지만 돈복 없는 건 운명이 아니다.

다음의 '아내의 일기'와 '남편의 고백'을 살펴보면 이해가 쉬울 것 같다.

어느 아내의 일기

나는 입으로는 아무리 "돈이 다가 아니다"라고 고상을 떨어도 속으로 제일 부러워하는 사람은 부자다. 특히 남편 잘 만나 손끝에 물 한 방울 안 묻히고 잘사는 친구를 보면 허구한 날 일하러 나가야 하는 신세인 나로선 질투가 난다. 특히 동창회에 나가서 나보다 학창시절 공부도 못하던 애가 시집 잘 가서 떵떵거리며 사는 꼴을 보면 배 아프다. 그날은 남편하고 가족이 괴롭힘을 당하는 날이다.

지난번 동창회에서도 나보다 공부는 못했지만 남편 잘 만난 덕에 잘사는 윤아가 유럽여행을 갔다 왔다고 자랑해 은근히 속이 끓었다. 옆에 있던 성희는 요즘은 한꺼번에 몇 나라를 번갯불에 콩 볶듯이 갔다 오는 패키지여행은 한물갔다며 촌스럽다고 했다. 자기는 이번엔 스페인에서만 일주일을 보냈다고 불난 내 가슴에 기름을 부었다. 성숙이는 지난해 사둔 아파트 가격이 올라서 2억 원이나 벌었다고 자랑했다. 동창회에서 돌아온 날 나는 밤잠을 자지 못했다.

해외여행은커녕 결혼 7년째 맞벌이를 하고도 아직 전셋집을 벗어나지 못하고 매달 카드대금 결제일만 되면 비상이 걸리는 나로선 자신이 초라할 뿐 아니라 남편이 원망스럽고 무능력해 보인다. 뭐가 잘못된 것일까? 부아가 치밀었다. 부자가 되어야겠다고 결심했다. 요즘은 경제신문을 구독하고 부동산 기사는 눈을 부릅뜨고 본다. 백화점의 무료 재테크 강연도 꼭 참석한다.

어느 남편의 고백

어제는 큰애가 학교 갔다 와서 "친구들에게 38평에 산다고 했으니 빨리 큰 평수 아파트로 이사 가자"고 조른다. 친구들이 어느 아파트 몇 평에 사느냐고 물어봐서 전세라고 말하기 창피해 우리는 38평에 산다고 말했단다. 친구가 집에 놀러 올지도 모르니까 빨리 이사 가자고 한다. 친구 집에 놀러 가면 친구 엄마가 어느 아파트에 사는지 물어본다고 한다. 애들 기죽이지 않고 키우려면 아파트부터 장만해야겠다.

그리고 오늘 신문 기사를 보니 사는 동네도 중요하다. 여대생 딸을 둔 대기업체 사장이 이런 고민을 털어놓았다고 한다. 딸아이가 우리도 강남으로 이사 가면 안 되냐고 졸라서 왜 그러냐고 물었다고 한다. 딸아이 말로는 미팅 나가서 강북에 산다고 하면 애프터 신청이 잘 들어오지 않는단다. 그러면 아빠가 사장이라고 말하지 그랬냐고 하니, 딸아이는 묻지도 않는 걸 어떻게 말하느냐고 대답했다고 한다. 이런 이유 때문에 요즘 자식 혼사를 앞둔 사람이나 사업을 하는 사람은 강남을 떠나지 못한다고 한다. 강북에 사는 나로선 이런 기사를 읽으면 속에서 열불이 난다.

악마에게 영혼을 팔아서라도 원수 같은 돈을 벌고 싶다. 누가 뭐래도 나도 돈 벌어서 자식 기죽이지 않고 싶다. 나도 부자가 되리라고 결심했다. 나도 재테크를 잘해야겠다고 결심했다. 서점에서 부동산, 주식투자 책을 열 권이나 샀다. 고시 공부하듯 열심히 들고 파고 있다.

진화심리학으로 본 재테크 실패 원인

왜 부자는 소수이고 대다수는 가난하게 살까? 어쩌면 가난하게 사는 게 부자로 사는 것보다 더 쉽지 않을까? 대다수 사람들이 가난하게 사는 건 본능대로 살기 때문이 아닐까? 어쩌면 우리 모두는 재테크에 실패하기에 딱 알맞도록 타고난 건 아닐까?

나는 오랜 투자 경험 속에서 실패를 겪다보니 재테크 실패 원인을 나름대로 체득하고 있었지만 이를 체계적으로 설명해줄 이론적 배경은 없었다. 그러다가 진화심리학, 사회생물학, 문화인류학에서 원하던 근거를 찾았다.

대다수 사람들이 가난한 이유는 가난하게 살기 쉽도록 타고난 본능 때문이며, 본능대로 살기에 부자가 못 된다는 것을 확인했다. 그리고 대다수 사람들이 재테크에서 실패하도록 만드는 아홉 가지 본능적 요인도 확인했다.

무리 짓는 본능, 영토 본능, 쾌락 본능, 근시안적 본능, 손실공포 본능, 과시 본능, 도사 환상, 마녀 환상, 결함 있는 인식체계가 바로 그것이다. 만약 이 아홉 가지 본능을 극복하기만 한다면 우리는 누구나 부자가 될 수 있다.

생존에 필요한 모든 것은 이미 프로그램화되어 있다

진화심리학자들의 주장에 따르면, 인간은 오랜 진화과정을 통해서 생존과 번식에 필요한 것들은 이미 우리의 마음속에 프로그램화해놓았다고 한다. 그래서 인간은 생존에 필요한 것들은 쉽게 배울 수 있도록 되어 있다.

그 좋은 예가 언어다. 과학자들의 면밀한 연구에 따르면 인간은 언어를 쉽게 배울 수 있는 프로그램을 사전에 가지고 태어난다는 것이다. 그렇지 않다면 어린아이가 복잡한 문법의 언어를 배울 수가 없다고 한다. 마찬가지로 갓난아기는 수영도 금방 배울 수 있고 엄마의 젖꼭지를 찾는 것도 금방 배운다. 반면에 사전에 배우도록 타고나지 않은 것들은 아무리 가르쳐줘도 잘 배우지 못한다.

왜 현대인의 유전자에는 '돈 관리' 프로그램이 빠졌을까?

불행하게도 인간의 유전자에는 가장 중요한 '돈 관리(재테크)' 프로그램이 없다. 그래서 현대인은 재테크를 배우기 힘들고 재테크에 실패한다. 그럼 왜 현대인의 유전자에는 돈 관리 프로그램이 빠졌을까?

인류의 최초 조상으로 치는 오스트랄로피테쿠스는 약 800만 년 전에 나타났다. 인류는 800만 년 중 대부분의 기간을 사냥하고 채집하면서 살아왔다. 그런데 사냥하고 채집하던 원시인의 생활은 재테크하고 거리가 멀다. 하루하루 수렵 채집해서 먹고 사는 생활에서는 미래를 위해 저축하고 투자하는 재테크 개념이 발달할 수 없다. 그래서 원시인은 재테크 마인드를 배울 수가 없었다.

인류는 약 1만 년 전부터 농사를 지을 수 있게 되었다. 신석기시대로 불리는 농경 시대에 들어서자 잉여식량이 생기고 이 식량을 저장하고 저축하고 빌려주는 재테크 개념이 생겨났다. 그런데 하필 운수 사납게도 인류의 진화가 바로 1만 년 전에 멈추고 말았다. 진화가 1만 년 전에 멈추는 바람에 인류는 자신들의 본능에 신석기시대의 재테크 개념을 새겨 넣을 기회를 잃어버렸다.

그래서 현대인은 아직도 수렵 채집하던 구석기인의 본능을 가지고 있는 것이다. 수렵 채집하던 시절의 원시인 마인드로 현대사회를 살다보니 재테크가 판판이 박살나는 것이다. 당신이 돈복이 없는 이유는 바로 구석기시대에 진화가 멈춘 유전자 때문이다.

저축에 실패하는 이유는 원시본능 때문이다

살집 좋은 옆집 아줌마를 보자. 그녀는 "저축하기가 왜 이렇게 힘들지?" 하면서 허구한 날 빈둥거리며 돈을 흥청망청 써버리고, 나중엔 자기 머릴 쥐어뜯으며 후회한다. 그런데 그녀는 알고 보면 '재벌' 원시인의 후예다. 왜 그런지 보자.

구석기시대에는 고기를 저장하는 냉장고가 없었다. 그래서 구석기인들은 고기(재산)를 먹어서 몸 안에 지방으로 저장(저축)했다. 그리곤 지방(재산)이 빨리 줄어드는 것을 염려해서 대부분의 시간을 빈둥거리며 게으름을 피웠다. 결국 옆집 아줌마가 엄청나게 먹고 빈둥거리는 건 구석기인의 본능 때문이다.

앞집 아저씨가 다이어트에 실패하는 것도 비슷한 이유다. 그 이유도 알고 보면 원시인의 본능 때문이다. 원시인들은 식량을 구하기 어려운 시기가 닥치면 스스로 몸의 에너지 소비율을 떨어뜨려서 저축해놓은 체내 지방의 소비를 줄이도록 했다. 이 원시인의 본능 때문에 다이어트로 굶기 시작하면 식량을 구하기 어려운 시기가 왔다고 느낀 몸이 평소보다 에너지 소비율을 떨어뜨려 오히려 체중 감소가 잘 이루어지지 않게 된다.

결국 현대인이 저축과 다이어트에 실패하는 이유는 원시인의 본능 때문인 것이다.

이제 본격적으로 아홉 가지의 원시본능, 즉 무리 짓는 본능, 영토 본능, 쾌락 본능, 근시안적 본능, 손실공포 본능, 과시 본능, 도사 환상, 마녀 환상, 결함 있는 인식체계를 살펴볼 차례다. 우리는 여기서 이 아홉 가지 원시본능이 개인의 재테크를 구체적으로 어떻게 실패하게 만드는지, 그 극복 방법은 무엇인지 하나하나 확인하게 될 것이다.

다시 한 번 강조하는데, 내 안의 이 아홉 가지 장해물을 극복하지 못하면 우리는 절대 부자가 될 수 없다.

Chapter

01

무리 짓는 본능의 오류

부자가 부자인 이유는 외로운 늑대처럼 홀로 다니기 때문이고, 빈자가
가난한 이유는 무리 지어 다니는 양떼이기 때문이다. 투자에서 성공하려
면 논리를 떠나서 항상 소수 편에 서는 게 유리하다. 그러나 무리 짓는
본능은 소수 편에 서는 걸 방해한다.

무릎에서 사고 어깨에서 팔기 어려운 이유

최초의 인류인 오스트랄로피테쿠스는 체격이 지금의 열두 살 어린이 정도로 아주 작았다고 한다. 왜소한 체격에 별다른 무기가 없었기에 만약에 혼자서 맹수를 만나면 살아남기 어려웠다. 그러나 여러 명이 무리를 지어 있을 때는 맹수의 습격을 받아도 한두 명이 희생되더라도 대다수 인원은 살아남을 수 있었다. 또 사냥을 할 때도 무리 지어서 해야 큰 사냥감을 잡을 수 있고 성공률도 높았다.

다수의 행동을 보고 따르는 게 생존에도 유리했다. 초원을 걷다가 갑자기 선두의 동료가 뛰기 시작하면 무리 전체가 이유도 모른 채 무작정 함께 뛰었다. 맹수가 나타났을지도 모르기 때문이다. 일단 동료들과 행동을 같이하는 것이 현명한 처신이었다. 만약에 동료들을 따라 뛰지 않는 '주체성'을 가진 사람이 있었더라면 그는 필경 사자 밥이 되었을 것이다. 원시인들은 불확실한 상황에서는 무리 짓고 남들을 따라 하는 게 생존에 유리하다는 걸 알고 있었다.

이처럼 무리 지어 살아온 시간이 수백만 년 동안 이어지다 보니 무리 짓는 본능이 인류의 유전자에 식재되어 현재의 우리에게도 유전된 것이다.

그러나 오늘날 현대인이 사는 환경은 원시시대와는 다르다. 현대 사회에는 더 이상 인간의 생명을 위협하는 맹수가 없으며, 단체로 사냥을 해야 할 필요성도 없다. 그러나 현대인은 여전히 원시적 본능인 '무리 짓는 본능'을 가지고 있기에 여러 가지 오류를 범하고 딜레마에 빠진다. 대다수의 사람이 슈퍼리치를 꿈꾸지만 성공하는 사람이 몇 안 되는 것 역시 여기에서 이유를 찾을 수 있다.

가장 대중적인 재테크 수단인 주식과 부동산만 해도 대부분의 사람들이 최고점에서 사고 바닥에서 팔기를 반복한다. "무릎에서 사고 어깨에서 판다"는 말이 전설처럼 전해지고 있지만 이 단순한 지침조차 따르는 사람이 그리 많지 않다. 이것이 사람의 본능이다. 혼자 움직이는 것보다는 다른 사람들의 분위기를 살펴 같이 움직이는 것이 리스크를 줄이는 방법이라는 무리 짓는 본능 때문이다.

부자는 외로운 늑대, 빈자는 무리 짓는 양떼

한자로 부(富)란 글자를 보면, 기와집(宀)과 밭(田)은 가지되 입(口)은 하나(一)인 것을 말한다. 즉 부자가 되려면 재산인 기와집과 밭을 가지되 소비하는 식구(食口)가 적어야 한다는 뜻이다. 또 우리 속담에 '소문난 잔치 먹을 것 없다'란 말이 있다. 이 말은 외관상 그럴듯한 게 사실은 텅 비었다는 걸 말하는 것이 아니다. 잔치가 소문이 났으니 얼마나 많은 입(口)들이 달려오겠는가. 아무리 음식 준비를 많이 해도 내 입에 돌아오는 건 언제나 모자란다. 그러니 '많이 먹으려면 소문나지 않은 잔칫집을 찾아라!' 하는 뜻이다(이상은 순전히 나의 개인적인 해석이다).

결국 부자가 되려면 대중을 따르지 않고 고독하게 홀로 남는 것이 좋다. 그러나 인간의 본능 중에는 무리 짓는 본능이 있고, 그래서 우리는 대부분 재테크에서 실패하게 된다.

인간의 무리 짓는 본능이 얼마나 강한지를 알려주는 실험을 하나 살펴보자.

사람이 많이 지나다니는 길거리에서 실험을 했다. 바람잡이가 길을 가다가 하늘을 쳐다본다. 그러면 다른 사람도 덩달아 하늘을 쳐다본다. 다섯 명의 바람잡이가 하늘을 쳐다보면 19퍼센트가 동조하고, 열다섯 명이 하늘을 쳐다보면 40퍼센트가 동조했다. 바람잡이가 많을수록 그들의 행동에 분명한 이유가 있다고 사람들은 생각한다. 다수가 행동하면 그들이 옳을 것이라고 판단한다. 그래서 다수가 건넌다면 건널목의 신호등이 빨간불이어도 상관하지 않는다.

한 심리학자가 끈의 길이를 비교 판단하는 간단한 실험을 했다.

실험대상자는 보기로 주어진 끈과 같은 길이의 끈을 선택하면 된다. 바보가 아니라면 누구든지 아주 쉽게 알아낼 수 있는 단순한 문제다. 혼자서 이런 문제를 풀면 100퍼센트 정답을 고른다. 그런데 여러 명이 함께 문제를 풀면 상황은 달라진다. 실험에 바람잡이들을 등장시켰다. 바람잡이들이 가끔 일부러 엉뚱한 끈을 선택하자 실험대상자는 여기에 영향을 받아서 간단한 답을 틀렸다. 무려 33퍼센트나 틀린 답을 했다. 믿기 어렵겠지만 사실이다.

투자에서 성공하려면 논리를 떠나서 항상 소수 편에 서는 게 유리하다. 그러나 무리 짓는 본능은 소수 편에 서는 걸 방해한다. 그래서 대부분의 사람은 투자에서 실패한다. 많은 사람들이 투자에 실패하는 건 어찌 보면 당연한 일이다.

'월스트리트의 살아 있는 전설'로 불리는 존 템플턴은 주식투자에서 성공하려면 "대중을 따르지 말라!"고 충고한다. 오히려 대중과 반대로 하는 게 유리하다는 것이다. 그런데 왜 우리는 그렇게 못할까? 폭락할 때 주식을 사야 한다는 것을 우리 모두 머리로는 안다. 지난번 폭락 때 주식을 사지 못한 걸 아쉬워하며 "한 번만 더 폭락해봐라! 그땐 꼭 사야지!" 그렇게 다짐하고 다짐한다. 그러나 막상 시장이 폭락하고 투자자들이 무리 지어서 탈출하려 아우성을 치는 상황이 벌어지면 사정이 달라진다. 이번엔 정말 세상이 끝장날 것 같아! 이번 위기는 예전의 위기와는 달라! 이번엔 정말 심각해! 나도 파는 게 좋을 것 같군. 이렇게 행동하는 게 보통 사람들의 반응이다. 왜 그러냐고? 인간의 유전자가 그렇게 생겨먹었기 때문이다. 위험이 닥치면 생각하지 말고 도망가라고 유전자에 이미 프로그래밍되어 있기 때문이다.

결국 이 무리 짓는 본능을 극복한 사람만이 투자의 대가 소리를 듣게 된다.

부의 본능을 깨우는 스위치 1

무리 짓는 본능을 극복하고
외로운 늑대가 되어라

투기 바람에는 일정한 방향이 있다

끊임없이 새로운 부동산 안정화 대책이 발표되고 있지만 부동산 투자 바람은 좀체 사그라지지 않는다. 부동산 투자와 관련된 책이 베스트셀러가 되고 신문 하단엔 온통 땅 사라는 광고다. 걸핏하면 아직 저평가되어 있는 지방의 땅 사라는 권유 전화가 걸려온다. 지금이 땅에다 투자해야 할 때인가? 아닌가? 누구도 자신 있게 말할 수 없다. 그러나 투기 바람의 순서를 고려할 때 나는 두려움을 느낀다. 투기 바람에도 순서가 있기 때문이다.

1980년대 말의 투기 광풍을 돌아보자. 가장 먼저 오른 건 채권 가격이었다. 다음으로 주가가 올랐다. 그 다음엔 아파트에 투기 광풍이 불었다. 그 다음 땅 투자가 유행이었다. 마지막으론 그림 투자가 유행했다. 투기 바람도 순서가 있는데, 해답은 언제나 하나, 바로 '환금성'이다. 환금성이 가장 높은 것부터 시작해서 환금성이 낮은 것으로 번져가는 것이다. 환금성이 높은 순서인 채권 〉 주식 〉 아파트 〉 땅 〉 그림 순으로 오른 것이다. IMF 이후에도 같은 순서대로 올랐고 단지 그림까지는 바람이 불지 않았을 뿐이다. 2001년부터 부는 투기 바람도 비슷하다. 먼저 금리가 떨어져서 채권 가격이 급등하고, 다음엔 아파트가, 그 다음으로 상가 그리고 토지가 움직이고 있다. 땅값이 오르기 시작할 때는 투기 바람의 끝이 가까워졌다는 걸 의미한다. 이러한 투기 바람의 순서를 잘 안다면 휩쓸려서 무리 지어 투자해서 낭패 보는 일은 줄어들 것이다.

주식시장의 상투, 부동산 시장의 상투

주식투자의 경우, 신문에 평범한 사람이 주식으로 돈을 벌었다는 기사가 나거나 우리사주로 부자 된 직원이 나오고 펀드매니저가 인기를 끌 때는 조심해야 한다. 또 신문 하단에 자칭 도사들이 돈 버는 비법을 가르쳐준다고 광고가 나오면 이미 '천장'이라는 신호다. 기술적인 지표로는 거래량이 크게 느는데, 이것은 자금력이 풍부한 소신파 주주에게서 돈이 적고 부화뇌동하는 주주들에게로 주식이 넘어감을 말한다. 이런 것은 모두 경계 신호다. 이럴 때는 투자를 중지하고 무조건 하차하는 게 좋다.

아파트의 경우는 대개 3년의 사이클을 보인다. 집값이 오르면 새로 분양해서 입주하기까지 3년 정도 걸리는데, 이런 시간 차이 때문에 부동산은 한번 오르기 시작하면 3년 정도는 오른다. 오름세가 5, 6년 지속되기란 거의 불가능하다. 왜냐하면 공급 물량이 쏟아져 나오기 때문이다. 만약에 이미 집값이 3, 4년 오른 시점이라면 좋은 지역으로 교체 매매는 할지언정 신규 투자는 조심해야 한다. 특히 부동산 가격은 은행의 가계대출 증가세와 관련이 있다. 가계대출이 최근에 급증했다면 조심해야 한다. 대다수 사람들이 부동산 박사가 되어가고, 그동안 관심이 없었던 사람도 부동산에 관심을 가지고, 부동산 분야 재테크 책이 잘 팔리고, 9시 뉴스에서 부동산청약 과열 보도가 나오면 이 모든 것은 경고 신호다.

투자의 신들이 하나같이 말하는데도, 왜?

대중은 시세가 바닥일 때 공포감에 질려서 주식을 매도하고 상투일 때 탐욕에 사로잡혀서 주식을 매수한다. 주식투자에 성공하는 가장 간단한 방법은 시장에 피가 낭자할 때 주식을 매수하는 것이다.

워런 버핏도 주식투자에서 성공하려면 대중들이 느끼는 공포를 극복하고 탐욕을 자제하라고 했다. 이런 역발상 투자로 성공한 또 다른 대가로는 존 템플턴이 있다.

템플턴 그로스의 창립자인 그는 글로벌 펀드라는 새로운 분야를 개척했는데, '영적인 투자가'로 불릴 만큼 신화적인 인물이다. 그는 제2차 세계대전이 터지자 남들이 공포심에 휘둘려서 헐값에 던지는 주식을 싸게 매수하여 큰돈을 벌었고 영국 여왕으로부터 작위까지 받은 위대한 투자가다. 재테크에서 성공하려면 무리 짓는 본능을 피해서 대중과 다르게 투자해야 한다.

상대평가 방식이 만들어내는 함정

외국 기업들이 국내 부동산에 투자할 때 기준은 수익성이다. 반면에 우리나라 사람은 비슷한 부동산이 얼마에 팔렸는지를 참고해서 평가한다. '옆에 비슷한 게 얼마에 팔렸으니 이것도 얼마 해야 한다'는 것이 상대평가 방식이다. 상대평가 방식에 따르면 거품이 있어도 사게 되고, 저평가 되었을 때 매입을 놓칠 수도 있다.

나는 인터넷 바람이 불 때 리타워텍이란 인터넷 주식에 투자해서 열 토막이 났다. 매입 당시엔 비싸다는 생각을 하지 못했다. 비교 대상인 인터넷 주식들이 모두 비슷한 가격으로 팔리고 있었기 때문이다. 당시엔 인터넷 주식을 PER(주가를 주당 순이익으로 나눈 수치) 대신 PSR(주가를 주당 매출액으로 나눈 수치) 기준으로 평가했다. 즉 시가총액이 매출액의 몇 배인지를 따졌다. 지금 생각하면 참 어이없는 일이지만 당시엔 다 그랬다. 누구도 이를 문제 삼지 않았다. 모두가 미쳤던 것이다. 그래서 모두 망했다. 이상하게도 사람들은 주가가 아무리 비싸도 비슷한 다른 종목과 비교해서 가격이 비슷하면 의심하지 않는다.

행동금융학자인 로버트 실러 교수는 사람들이 이런 착각에 빠지는 이유를 평가 기준이 옮겨 다니기 때문이라고 했다. 즉 지구에서 달나라로 가면 무게가 6분의 1로 줄어든다. 모든 게 가벼워진다. 그래서 옆의 것과 비교해보면 이것도 당연히 가벼워야 한다. 기준이 옮겨간 것이다. 그러나 어느 날 중력이 지구 기준으로 바뀌면 모든 게 다시 무거워지는 것이다. 이처럼 가격의 기준점이 유동적이기에 상대평가 기준으로는 거품 투자를 피할 수 없다. 따라서 거품을 피하려면 언제나 절대 수익률로 평가해야 한다.

영토 본능의 오류

대개 이사 횟수와 재산은 비례한다. 여러 곳에 직접 살아봐야 지역별 장단점을 정확하게 파악할 수 있고 부동산을 보는 안목이 생기고 안목이 돈으로 변한다. 그래서 젊을 때는 들개처럼 돌아다니며 영토 본능을 극복해야 한다.

인간이 갖고 있는 동물적 영토 본능

모든 동물은 영토 본능을 갖고 있다. 그래서 똥개도 자기 집에선 아주 사납게 군다. 사자와 곰은 나무에 몸을 비비거나 오줌을 눠서 냄새로 자신의 영역을 표시한다. 뱀도 자기 집을 지킨다. 동물들이 자신의 영토를 표시하고 지키려 하는 것은 모두 영토 본능 때문이다.

인간도 영토 본능을 갖고 있을까? 당연히 그렇다. 사회생물학자나 사회학자들의 설명에 따르면 인간은 원시시대부터 영토 본능을 갖고 있었다고 한다. 원시시대에 남의 영역을 잘못 침범하면 공격을 받는다. 자신의 영토를 떠나서 남의 영토로 들어간다는 건 언제나 목숨을 건 위험한 일이었다. 그래서 원시인은 자신의 영역을 지키려 하고 멀리 떠나서 남의 영토에 들어가려 하지 않는 본능을 갖게 되었다는 것이다. 이러한 영토 본능은 원시인들 간에 서로 평화롭게 사는 데 도움을 주었을 것이다.

원시적 위협이 끝난 지금에도 인간은 여전히 영토 본능을 가지고 있다. 인류의 역사를 두고 볼 때 굶주림이나 동물의 공격 같은 신변의 위협으로부터 자유로워진 지 그리 오래지 않은 것이다. 문제는 이러한 영토 본능이 재테크를 망친다는 것이다.

젊을 때는 들개처럼 돌아다녀라

철학자 칸트는 평생 자기 마을을 한 번도 떠나본 적이 없다고 한다. 칸트는 다른 좋은 대학교에서 현재 받고 있는 연봉의 네 배를 준다는 제안을 했는데도 자기 고향을 떠나기가 싫어 거절했다고 한다. 그런데 우리 주변을 보면 철학의 '철'자도 모르면서도 이사는 절대 안 가는 칸트형 붙박이족을 종종 목격할 수 있다.

칸트뿐만 아니라 사람은 누구나 영토 본능을 가지고 있기 때문에 자기 마을을 떠나서 잘 모르는 새로운 동네로 이사 가는 것을 두려워한다. 대개 이사를 가더라도 가까운 곳이나 예전에 인연이 있던 동네로 가는 걸 좋아하며, 아주 멀리 가거나 전혀 낯선 곳으론 이사 가는 걸 꺼린다. 그래서 대부분의 사람들은 신혼 시절에 우연히 살았던 곳을 중심으로 주변을 뱅뱅 돌다가 인생을 마감하는 경우가 많다. 이런 사실이 안타까웠던 나는 신혼부부들에게 늘 "처음 사는 동네가 매우 중요하다"라고 말하며 신혼집 선택에 신중하라고 신신당

부한다.

강남에 살고 있는 부자들은 영토 본능 때문에 먼 일산보다는 가까운 분당으로 이사 갈 걸로 예측했다. 그래서 분당을 추천했다. 내가 아는 한 은행지점장의 말도 나의 주장을 뒷받침해주었다. 은행에서 대출 캠페인을 하면 일산지점이 1등을 한다고 했다. 반대로 예금 캠페인을 하면 분당이 상위권으로 일산을 이긴다고 했다. 이것은 영토 본능 때문에 강북 사람은 가까운 일산으로 이사 가고, 강남 사람은 가까운 분당으로 이사 갔기 때문에 나타나는 현상이다.

영토 본능 때문에 노후 생활이 달라진 두 친구의 사례를 보자. 김고정 노인과 황이동 노인은 고교 동창이다. 김 노인은 결혼할 때부터 자기 집을 가지고 시작했다. 황 노인은 사글세에서 시작했다. 김 노인은 처음 마련한 자기 집에서 30년 넘게 살았다. 반면에 황 노인은 사글세에서 출발해서 20번 이사를 했다. 70이 넘은 두 노인의 재산 보유액은 완전히 역전되었다.

김고정 노인은 달랑 집 한 채와 약간의 현금이 재산의 전부다. 반면에 사글세로 시작해서 아파트를 분양받았다 팔고 더 좋은 곳으로 이사 가고 해서 20번을 넘게 옮겨 다닌 황이동 노인은 현재 집이 세 채에 작은 건물까지 가지고 있다. 왜 이렇게 달라졌을까? 여러 가지 이유가 있겠지만 그 중 한 요인은 영토 본능을 극복한 이사 횟수에 달려 있다고 볼 수 있다.

젊을 때는 영토 본능을 극복하기 위해서 발바닥이 아플 정도로 돌아다니는 게 좋다. 나이 들면 그렇게 하고 싶어도 할 수가 없다.

이사도 종아리에 힘이 있을 때 다녀야 한다. 종아리에 힘 있는 20대, 30대에 치열하게 살아야 노후가 편안해진다.

특히 수입이 일정한 샐러리맨의 재산 규모는 이사 횟수와 비례하는 경우가 많다. 이사를 여러 번 한 사람일수록 재산이 많다. 그것은 이사 횟수에 비례해서 부동산을 보는 눈이 키워지기 때문일 것이다. 부지런히 돌아다녀서 영토 본능을 극복해야만 부동산에 대한 객관적 지식을 얻고 정확한 판단을 할 수가 있다. 부동산도 살아 있는 생물처럼 움직인다. 부동산의 변화를 읽고 정확히 판단하려면 여러 곳을 직접 경험해봐야 한다.

부의 본능을 깨우는 스위치 2

영토 본능을 극복하고 들개처럼 돌아다녀라

집을 사는 것과 집에 사는 것은 다르다

대부분의 사람들은 직장과 출퇴근 거리를 생각해서 집을 장만한다. 그래서 항공사 직원들은 대부분 인천공항 가까운 방면에 집을 장만하는 바람에 엄청 손해를 보고 있으면서도 숙명으로 받아들인다. 또 반대로 영동세브란스 병원에 다니는 의사와 간호사는 병원 근처에 집을 장만한 덕에 신촌세브란스 병원 의사와 간호사보다 집값이 더 많이 올라서 돈복 있다고 좋아했다. 포스코 직원들도 본사가 대치동에 자리한 덕분에 아파트 가격 상승으로 많은 이득을 봤다고 한다. 신문사 기자들은 신문사가 서소문 주변에 몰려 있다보니 강북에 사는 기자들이 많아서 강남 부동산 가격이 오를 때 씁쓸하게 강 건너 돈 구경을 할 수밖에 없었다.

더 극단적인 경우도 많다. 바로 지방에 사는 분들이다. 이들은 부동산 가격이 폭등한다고 하면 남의 나라 이야기로 들린다. 지방 도시의 집값은 상대적으로 소외되어 있다. 왜일까? 집값에 가장 큰 영향을 미치는 건 인구 이동이다. 즉 새로운 인구 유입이다. 지방 도시의 인구는 정체되어 있는데 아파트는 해마다 늘어나니 수요 공급에 따라서 값이 오르기 힘들다. 반면에 수도권은 해마다 직장, 교육 문제로 인구가 유입되고 있다. 그래서 가격이 올라가는 것이다.

주택보급률이 높아질수록 지방과 서울의 가격 차이는 더 벌어질 수 있다. 일본의 경우를 보면 주택보급률이 높아지면서 동경 주변부부터 급락하기 시작했다. 오를 땐 별로 안 오르다가 내릴 땐 앞장서서 내리는 곳이 바로 변두리의 부동산이다. 따라서 투자는 핵심 지역인 서울에 가까울수록 좋고, 사는 건 전세로 직장 근처에 사는 게 좋다. "주거와 투자를 분리하라!" 이 얼마나 간단한 처방인가? 그러나 이 처방을 실천하는 사람을 나는 별로 보지 못했다. 멀리 찾을 것도 없이 우리 부모님도 그랬다. 왜 그럴까를 곰곰이 생각해보았다. 내가 내린 결론은 사람들이 영토 본능과 쾌락 본능 때문에 주거와 투자를 분리하길 싫어한다는 것이었다.

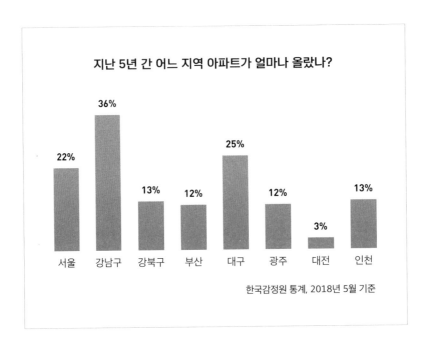

지난 5년 간 어느 지역 아파트가 얼마나 올랐나?

한국감정원 통계, 2018년 5월 기준

이사 많이 할수록 재산이 쌓인다

사람들은 평균적으로 5년에 한 번 정도 이사를 한다. 10년 넘도록 이사 한 번 하지 않았다면 자신이 영토 본능에 사로잡히지 않았는지 체크해볼 필요가 있다. 대개 이사 횟수와 재산은 비례한다. 여러 곳에 직접 살아봐야 지역별 장단점을 정확하게 파악할 수 있고 부동산을 보는 안목이 생기고 안목이 돈으로 변한다. 자전거를 배우기 위해 여러 번 시도한 사람이 시도하지 않은 사람보다 결국엔 잘 타게 되는 것과 같은 이치다. 그래서 젊은 시절에는 들개처럼 돌아다니며 여러 곳에 살아보고 체험하라고 하는 것이다.

내가 아는 부자 정이사 씨는 결혼 14년 동안에 이사를 13번 했다. 그는 월세에서 출발해서 지금은 강남에 정착했다. 말할 것도 없이 비슷한 시기에 입사한 직장 동료들에 비하면 엄청난 성과를 거두었다. 정씨는 이렇게 말한다. "남들은 나보고 운이 좋았다고 말하지만 내가 그동안 이사를 얼마나 많이 다니며 고생했는지는 몰라요. 아내는 이삿짐센터를 차려도 될 정도예요. 이제 우리 부부도 나이 40이 넘어가니 예전과 달리 이사하기가 힘들게 느껴지네요. 이사도 젊을 때나 할 수 있는 건가 봐요."

젊은이들이여, 부자가 되고 싶다면 종아리에 힘 있을 때 이사하는 걸 마다하지 말아야 한다.

신혼집 선정이 노후 재산을 좌우한다

신혼 보금자리를 어디에 꾸밀까 고민하는 신혼부부에게 내가 당부하는 세 가지 충고가 있다.

첫째는 처음 살게 되는 지역을 잘 골라야 한다는 것이다. 영토 본능이 강한 사람은 신혼 때 살게 된 곳을 떠나지 못하고 평생 그곳에 살게 되는 경우가 많다. 해외 이민자들도 마찬가지다. 우연히 처음 정착한 곳에서 평생을 사는 경우가 많다. 그래서 처음 마련하는 보금자리는 신중하게 선택해야 한다. 아파트 평수보다 중요한 것은 지역이다. 아파트 평수를 줄여서라도 유망한 지역에 사는 게 유리하다. 일반적으론 지방보다는 수도권, 수도권보다는 신도시와 서울이 좋다.

둘째는 집값이 상대적으로 더 많이 오를 가능성이 있는 아파트를 장만하라는 것이다. 내 집 마련을 처음 하는 사람은 가진 돈이 적어서 처음부터 좋은 지역의 집을 사기 어렵다. 그래서 추천하는 방법이 수도권 지역에서 집을 장만하되 집값이 상대적으로 더 많이 오를 수 있는 집을 사는 것이다.

그러면 어떤 아파트가 많이 오를까? 개발 재료가 있는 아파트를 사야 한다. 개발 재료가 있어야지 다른 아파트보다 더 많이 오른다. 개발 재료란 무엇인가. 교통, 재건축, 쇼핑몰 입주, 대기업 이전, 공공기관 입주 등이 있다. 그중에서도 가장 집값이 많이 오르는 개발 재료는 재건축과 전철역 개통이다. 특히 재건축 아파트는 일반 아파트 상승률의 열 배 정도 올랐다. 이런 개발 재료를 가지고 있는 아파트를 고르기 위해서는 주말마다 아파트단지를 이 잡듯이 뒤지고 다녀야 한다. 누구도 가만히 있는 당신을 대신해서 재산을 불려주지 않는다.

그리고 마지막 충고는 돈을 다 모아서 집을 사려 하지 말라는 것이다. 우리나라는 실업률을 낮추기 위해서 성장정책(인플레이션 정책)을 펼 수밖에 없기에, 집값은 예금보다 빨리 오른다. 성장정책이란 물가 안정보다 경제성장을 통한 실업률을 낮추는 데 초점을 맞춘 경제정책인데 경기 부양을 위해 돈을 많이 찍어내는 정책이다. 그러니 부동산 시장이 과열되지만 않았다면 대출받아서 집을 사는 게 좋다. 이자로 나가는 돈이 월수입의 30퍼센트 범위 이내면 적정하다.

글로벌 경제가 곧 한국 경제다

"사람들이 왜 미국 나스닥 주식을 쳐다보고 따라 하는지 모르겠어." "우리나라만 부동산이 올랐어." "미국 금리 올리는 거하고 나랑 무슨 상관이야." 해외 물정을 모르고 이렇게 말하는 우물 안 개구리들은 재테크에 성공하기 어렵다. 외국인이 우리나라 주식의 약 40퍼센트를 보유하고 있다. 최대 보유자들이다. 미국 내 주가가 올라야 글로벌펀드에 자금이 유입되어서 이 돈으로 외국인들이 한국 주식을 사게 된다. 미국 뮤추얼펀드 자금 유출입 동향을 국내 주식투자자들도 필수적으로 알아야 한다.

부동산도 해외의 영향을 받아 국제 부동산과 같이 움직인다. 1980년대 말의 상승과 1990년대의 하락 그리고 2001년 이후의 상승세와 2006년 이후의 하락 흐름은 모두 선진국 부동산 가격 변동 흐름과 일치한다. 이제 국내 부동산 가격을 보려면 해외 부동산 가격 변동도 주시해야 한다. 나는 www.realestateabc.com과 www.thisismoney.com을 통해서 미국과 영국의 부동산 가격 움직임을 주시한다.

국내 금리도 국제 금리에 영향을 받는다. 국제 금리 차이에 따라서 자금 이동이 심하기에 전 세계 국가의 금리가 연동되어 한 방향으로 움직이고 있다. 나는 http://finance.yahoo.com을 통해서 국제 금리 변동을 주시한다.

이제 한국 경제에서 한국은 없다. 경제가 이미 글로벌화되었기 때문이다. 한국 경제는 대외 의존도가 80퍼센트에 육박하고, 해외 에너지 의존도가 95퍼센트에 이르며, 석유 수입 6위 국가다. 한국 경제의 이러한 대외 의존적 특성 때문에, 영토 본능에 사로잡혀서 국내 여건만 따지고 해외 동향을 살피지 않는다면 재테크에 성공하기 어렵다.

쾌락 본능의 오류

우리의 행동을 결정짓는 것은 논리와 이성이 아니다. 그것은 고통은 피하고 즐거움을 따르는 쾌락 본능이다. 쾌락 본능이 인간 행동을 지배한다. 그래서 부자가 되려면 쾌락 본능을 약화시키고 극복하는 방법을 배워야 한다.

부자 될 사람은 어릴 때부터 싹이 보인다

심리학자들이 5세 어린이를 대상으로 '만족지연' 실험을 했다. 어린이를 실험 전에 5시간 동안 아무것도 먹이지 않은 다음에 식탁으로 데리고 와서 아이들 앞에 빵 하나씩을 놓았다. 그리고 선택권을 주었다. "지금 빵을 먹어도 좋다, 그러나 안 먹고 1시간만 더 기다리면 빵을 하나 더 주겠다"고 했다. 그리고 바깥에서 몰래 아이들의 반응을 살폈다. 어떤 아이들은 쾌락 본능에 따라서 날름 빵을 먹었다. 하지만 어떤 아이들은 참고 기다렸다. 참고 기다리는 아이는 일부러 눈앞의 빵을 쳐다보지 않으려 딴 곳을 보기도 하고, 유혹을 참느라 자기 머리를 쥐어뜯기도 했다.

실험에 임한 아이들은 그 뒤로 성장했고 학교를 졸업하고 성인이 되었다. 그런데 쾌락 본능에 따라서 빵을 바로 먹어치운 아이와 참고 기다린 아이는 놀랄 만큼 성취도가 달랐다. 기다린 아이들이 학교 공부도 잘했고, 졸업 이후 사회적응성도 높았고, 나중에 더 부자가 되었다.(Michel, 1984)

요즘 이삼십대 가운데 신용불량자가 많은 이유는 뭘까? 어린 시절에 고통을 견디는 인내력 훈련을 받지 않았기 때문은 아닐까? 요즘 젊은 엄마들은 자기 자식 기죽일까봐 말이 떨어지면 바로 다 갖다 바친다. 거의 모든 집에서 아이들이 왕이다. 그러다보니 아이들이 도무지 기다릴 줄 모른다.

얼마 전 여행 중에 만난 아이도 그랬다. 식당으로 가는 중에도 배고프다고 불평하고, 식당에서 음식을 시키고 기다리는 중에도 빨리 안 나온다고 투정을 부렸다. 심지어는 음식이 나와서 나눠주는 동안까지 배가 고프다고 징징댔다. 내 자식 같았으면 진작 따끔하게 혼을 냈겠지만 남의 자식이라 뭐라고 말도 못하고 속으로 삭히고 말았다. 그 응석을 다 받아주는 엄마를 보니 더 화가 났다. 이렇게 큰 아이들은 성인이 되어서도 쾌락을 억제하고 기다릴 줄 모른다. 허구한 날 즉시 다 갖다 바쳐 키워진 아이들이 어떻게 스스로 절제하고 인내하고 통제할 줄 알겠는가? 기다릴 줄 모르고 즉흥적인 사람으로 크는 게 당연하다. 요즘 아이들은 순간적이고 감각적, 즉각적인 대중문화와 인터넷 문화에 길들여져 있다. 그런 아이들이 신용카드로 사고치는 건 예견된 일이나 다름없다. 젊은이들의 신용불량 문제는 이들을 잘못 키운 기성세대의 책임이 크다고 할 수 있다.

쾌락 본능을 억제할 수 있는 사람이 성공하고 부자도 되는 것이다. 대다수 사람들은 타고난 쾌락 본능대로 살기 때문에 부자가 되지 못한다. 그러나 쾌락 본능을 통제하는 법을 배운다면 당신도 분명 부자가 될 수 있다.

부의 본능을 깨우는 스위치 3

쾌락 본능을 극복하고 자린고비로 다시 태어나라

부자가 되는 첫 걸음은 빚을 갚는 것

김수철 씨는 아내 몰래 빚을 지고 있었다. "잠깐 쓰고 갚으면 된다고 생각했어요. 잘못된 생각이었죠. 빚이 순식간에 눈덩이처럼 불어났어요. 겁이 나서 얼마인지 계산하기도 싫었습니다. 그런데 어느 날 문득 이래서는 안 되겠다는 생각이 들었죠. 죽기 살기로 빚부터 갚아보자는 생각이 들었어요. 그래서 독한 마음으로 빚을 갚기로 작정했죠. 우선 도대체 빚이 얼마인지를 계산해보았습니다. 저도 깜짝 놀랐어요. 카드빚이 늘어서 1억 원이나 되어 있었어요. 금융기관별로 빚과 이자율을 종이 한 장에 다 적었습니다. 그리고 하루 날을 잡아 가족회의를 소집했어요. 아내에게 빚의 총액을 알려주고 그동안 속인 것에 대해서 용서를 구했죠. 아내는 자신을 속였다면서 며칠간 울고불고 난리였죠. 그러다가 며칠 뒤에 같이 한번 갚아보자고 하더군요.

우리 부부는 빚 없애기 작전을 짰습니다. 빚을 갚을 때까지는 외식, 영화, 쇼핑 등은 안 하기로 했죠. 그리고 식료품비, 전기료 등의 공과금, 자동차, 가스비 등 필요 지출도 최소한으로 하도록 노력했어요. 또 수입을 늘리기 위해 아내는 점원 아르바이트를 뛰고 저는 주말에 할 수 있는 아르바이트를 구했어요. 이렇게 해서 번 돈을 몽땅 빚 갚는 데 사용했죠. 그리고 골프채와 자동차도 팔아서 빚 갚는 데 썼어요. 대출 이율이 높은 카드빚부터 갚았죠. 이렇게 해서 1억 원의 빚을 1년 8개월 만에 모두 갚았습니다. 그동안 아내의 고생은 이루 말할 수가 없었죠. 제가 나중에 호강시켜줘야죠."

세계 최고의 부자인 워런 버핏의 과거 연 투자수익률이 얼마인지 아시는지? 연 25퍼센트다. 연 25퍼센트 수익률로 세계 최고 부자가 되었다. 그런데 신용카드 현금서비스 이율은 연 28퍼센트다. 연 28퍼센트의 빚을 지고 있다면 아무리 부자라도 알거지가 되는 건 시간문제다. 한번 계산해보라. 당신이 연 28퍼센트인 1천만 원의 빚을 지고 있다면 10년 뒤엔 1억2천만 원이 되고 20년 뒤에는 14억 원으로 늘어난다.

빚 있는 사람이 언제나 가난에 허덕이고 부자가 더욱 부자 되는 이유는 바로 복리효과에 있다. 복리효과는 빚 있는 사람을 계속 가난하게 만든다. 빚은 자신의 인생을 저당 잡히고 남을 부자로 만들어준다. 부자가 되고 싶은가? 그렇다면 먼저 빚부터 갚아라! 그것이 부자 되는 첫걸음이다.

소비여왕이 짠순이로 변신한 비결

저축을 시작한 지 겨우 2년. 저축이란 것의 참맛을 알고 요즘은 하루하루가 너무 즐겁습니다. 내 월급날, 신랑 월급날 기다려서 100여만 원으로 카드대금, 알뜰한 생활비 제하고 나면 그대로 목돈이 통장에 숫자로 올라갑니다. 그걸 보면 세월이 빨리 지나갔으면 좋겠다 싶고, 지나간 시간만큼 저금된 액수를 생각해보면 콧노래가 절로 나옵니다. 이런 습관을 몇 년 전에만 들였어도 지금쯤 훨씬 여유로울 텐데 하는 생각에 아쉬운 마음이 들더군요.

사실 대학 때도, 또 대학 졸업하고 직장생활을 하던 5년쯤 전에도 월급날이 기다려지긴 했습니다. 월급날에 맞춰 명동에 가서 귀고리며 팔찌며 새로 나온 옷들을 입어보고 쇼핑백에 쓸어 담는 재미, 화장품을 마스카라며 색깔별 아이섀도 고르던 재미에 월급날을 기다렸죠. 친구들 만나면 한턱 쏘는 걸 미덕으로 알았고요. 월급 중 100만 원을 꼬박 떼다 근로자우대저축과 비과세저축에 50만 원씩 나눠 넣는 엄마가 원망스럽기까지 하더군요. 그 돈 저금해서 나한테 주실 테니 결국 내 돈인데도 왜 그렇게 저금하기가 싫었는지…….
그래서 항상 제 투정은 "월급날이면 뭐해, 엄마가 다 가져가버리고 난 한 푼도 없고, 살맛이 안 나!"였습니다.

절약이 몸에 밴 엄마의 신조는 돈이 생기면 무조건 은행에 넣고 보자였습니다. 100만 원이 안 되는 때는 엄마 돈을 보태서라도 꼬박꼬박 100만 원을 넣어주셨습니다. 그런 엄마의 극성 덕에 이자가 10퍼센트가 넘어가던 꿈의 시대에 저는 5,000만 원이 넘는 목돈을 결혼 전에 만질 수 있었죠.

그랬는데, 그 돈의 절반이 결혼 후 알게 된 신랑의 카드빚 갚는 데 날아가고 말았습니다. 화도 내고 울기도 했지만 그렇게 아깝진 않았습니다. 지금이었으면 피눈물을 흘렸을 텐데, 그때는 그 돈의 가치를 실감하지 못했습니다. 제가 직접 저축을 해보지 않았기에 그 돈을 모으려면 얼마나 많은 시간이 걸리며 얼마나 많은 노력과 절제가 필요한지 느끼지 못했던 것이죠. 한번 그런 일이 터지고 나니, 뭐라고 할까요, '이왕 이렇게 된 거, 에라 모르겠다' 하는 심정이 되더군요. 차를 몰고 다니며 라이브 카페에 가서 신랑이랑 비싼 음료를 마시고, 맛집을 찾아다니며 외식을 하고, 친구들이랑 술 마시고, 거기다 해외여행까지. 저축은커녕 마이너스 인생으로 살아왔습니다.

그러다가 정신 차리고 저금하기를 2년. 이제 한 달 월급 500에 400을 저축하는 부부가 되었습니다. 지금 와서 생각해보면 절약은 습관인 것 같습니다. 처음엔 어려울 것 같던 일들이, 돈이 모이기 시작하니까 더욱더 욕심이 생기고 가속도가 붙으면서 사소한 것 하나에도 나를 돌아보게 되더군요. 일부로 그러는 게 아니라 나도 모르게 자연스럽게 나오는 습관처럼 말이죠. (인터넷 다음카페에서 발췌)

고통스런 현실이 장밋빛 미래를 약속한다

돈을 벌기 위해서 고생할 각오가 되어 있다면 폼 나는 전세살이 대신에 조그만 집이라도 자기 아파트를 사는 것이 좋다. 큰 평수 집은 세를 주고 본인은 작은 평수에서 사는 것도 방법이다. 부자들은 좋은 층은 세 주고 자신은 꼭대기 층에 사는 경우가 많다. 돈을 모으기 위해서 고생할 각오가 되어 있다면 전세 대신에 초라해도 내 집 마련을 먼저 해라!

전세로 살면서 큰 평형의 아파트를 고집하는 사람은 재테크 차원에서 보면 어이가 없다. 내가 아는 사람은 대치동에 30평형 아파트를 살 수 있는 돈으로 48평형 전세를 살았다. 지금은 땅을 치고 후회하고 있다. 이런 사람이 한둘이 아니다. 내가 아는 신혼부부는 전세 살면서도 중형차를 끌고 다닌다. 차라리 빚을 좀 더 얻어서 조그만 아파트라도 장만하는 게 좋을 텐데, 자동차는 팔고 대중교통을 이용하면 대출이자는 낼 수 있을 텐데 말이다. 그러나 그들은 쾌락 본능 때문에 절대 안 그런다.

대부분의 사람들이 부자는 되고 싶어 하지만 고생하는 건 싫어한다. 그리고 고생을 싫어하기 때문에 자신이 부자가 되지 못한다는 사실을 깨닫지 못한다. 부자가 되는 걸 방해하는 건 바로 자기 자신이다. 남들처럼 먹고 싶은 것 다 먹고, 입고 싶은 것 다 입고, 놀 것 다 놀고서는 부자 되기 어렵다는 걸 명심해야 한다. 젊어서 고생은 사서도 한다는 말은 으레 하는 소리가 아니다. 부자들은 기꺼이 고통스런 현실과 장밋빛 미래를 선택한다.

자동차도 마찬가지다. 집 장만하기 전에는 자동차 살 생각을 아예 접는 게 현명하다. 내가 총각일 때 직장 선배가 내게 해준 충고다. 그의 설명에 따르면 자동차를 사면 차 값뿐만 아니라, 기름값, 세차비, 자동차세, 보험료, 수리비가 장난이 아니란 것이다. 2,000cc급 차량의 경우 1년 간 유지비가 대략 500만 원이 든다. 여기에 자동차 감가상각비 300만 원(차량 가격이 2,100만 원이고 7년을 탄다고 가정)을 더하면 연간 비용이 약 800만 원이다. 이런 식으로 5년이 지나면 약 4천만 원의 돈이 공중으로 날아간다. 만약에 이 돈으로 저축을 한다면 집 장만 시기를 좀 더 앞당길 수 있다. 매년 800만 원을 이자로 지불한다면 약 2억 원을 빌릴 수 있다. 이 돈을 대출받아서 집을 사는 게 백번 현명한 선택이다.

부자들의 첫 번째 취미는 독서

도곡동 타워팰리스 아래 자리한 편의점의 도서 코너에서는 경제서와 재테크 책이 많이 팔린다고 한다. 일반적으로 부자 동네일수록 경제서적과 재테크 책이 많이 팔린다. 재테크 방법은 학교에서 안 가르쳐준다. 그러나 재테크 방법도 수학이나 읽기처럼 배워야 한다. 남이 안 가르쳐주기에 스스로 배워야 한다. 가장 좋은 방법은 독서다. 부자들의 첫 번째 취미가 독서인 게 우연이 아니다. 정보지식 사회에서 정보 수집을 게을리 하는 사람은 낙오될 수밖에 없다.

나의 두 친구를 비교해보자. 박쾌락 씨는 골프에 미쳤다. 만나면 골프 이야기뿐이다. 서점에 가도 골프 관련 책과 잡지만 본다. 날씨 좋은 날은 항상 골프 치러 나간다. 반면에 김공부 씨는 틈만 나면 인터넷으로 투자정보를 검색하고 재테크 책을 사서 읽고 주말엔 부동산 현장을 답사하곤 한다. 누가 잘사느냐고? 물어보나마나 뻔하다. 현재도 재산 차이가 많다. 그런데 앞으로 더욱더 벌어질 것이다. 스스로 구하는 자만이 부를 얻을 수 있다.

투자자보다 증권회사를 먹여 살리는 초단타매매

주식을 초단타로 매매하는 사람 중에서 도박중독 증세를 보이는 사람이 의외로 많다. 매매하지 않으면 조바심이 난다면 중독된 것이다. 나는 초단타매매로 신세 망친 사람들을 부지기수로 보았다. 초단타매매로 성공하기 어려운 건 능력이 모자라서가 아니라 사고팔 때마다 투자자의 피를 빨아가는 흡혈귀 같은 증권거래 시스템 때문이다. 초단타매매자들은 증권사 직원과 회사를 먹여 살리는 봉이다. 증권사들이 왜 틈만 나면 실전투자수익률대회를 개최해서 초단타매매를 부추기는지 알아야 한다.

근시안적 본능의 오류

모든 사기에는 단기간에 돈을 벌게 해주겠다는 공통점이 있다. 여기에다 "투자하면 대박이 난다"는 말만 덧붙이면 이상하게도 사람들이 속고 만다. 이런 사기가 가능한 것은 모두 짧은 시간에 일확천금 하고자 하는 인간의 근시안적 본능 때문이다.

어느 똑똑한 원시인의 죽음

하버드 대학의 사회생물학자인 에드워드 윌슨은 "인간은 타고난 근시안"이라고 말한다. 인간의 유전자에 "짧은 시간을 선호하는 본능"이 있다는 것이다.

인간은 어떻게 해서 근시안적 본능을 가지게 되었을까? 현대 인간의 본능이 결정된 원시시대 환경을 생각해보면 알 수 있다. 인류는 800만 년 중 799만 년 동안을 수렵 채집을 하면서 보냈다. 수렵 채집이란 기본적으로 하루 벌어 하루 먹는 하루살이 생활이다. 갖가지 맹수와 독충이 우글거리고 언제 죽을지 모르는 위험한 시절에 인류는 하루하루 살아남는 게 중요했다. 그날 하루의 사냥에 성공할수 있느냐 하는 단기적인 성공 여부에 생존이 달려 있었다.

당시엔 수명도 짧았다. 원시인은 하루하루 살아남을 수 있도록 근시안적 행동을 하는 게 유리했다. 원시시대에도 장기적인 안목을 가지고 짐승을 키워서 잡아먹자고 주장한 똑똑한 원시인이 있었을 것이다. 그러나 그는 아마도 동료들에게 사기꾼 취급을 받고 굶어죽었을 게 분명하다. 그 바람에 그의 똑똑한 유전자는 현대인에게 전달되지 못하고 말았다. 그래서 우리는 근시안적 본능을 가지게 된 것이다. 결과적으로 오늘날 대부분의 사람은 장기교육에 투자하지 못하고, 적금 대신에 로또를 좋아하고, 기다리는 대신에 당장 신용카드로 내일의 풍요를 당겨 쓰며, 장기투자보다 단기투자를 좋아한다. 그리곤 영락없이 재테크에 실패하고 만다.

김단타 씨는 왜 실패했는가

단기투자자들이 대부분 실패하는 이유는 뭘까? 주식시장은 마이너스 섬(minus sum) 게임이기 때문이다. 단기투자자들이 전투에서 이기고 이익을 챙기려면 먼저 수수료를 지불해야 한다. 이러한 전투의 최대 수혜자는 투자자가 아니라 바로 거대한 증권 시스템이다. 강하고 뛰어난 투자자들이 모두 쓰러지는 건 상대방이 강해서가 아니라 눈치 못 채게 조금씩 피를 빨지만 결국엔 모든 피를 다 빨아 먹고 마는 거머리 같은 증권 시스템 때문이다.

케인즈와 워런 버핏은 단기투자에 대해 엄중하게 경고했다. 주식투자로 성공한 두 명의 천재 케인즈와 워런 버핏은 일반인들의 주식투자 실패 원인은 단기투자 때문이며, 단기투자를 하는 이유는 인간의 근시안적 본능 때문이라고 지적했다. 두 사람 모두 철저히 장기투자로 큰돈을 벌었다.

워런 버핏은 이렇게 말했다.

"사람들은 얼마나 근시안적인가. 그래서 내가 돈을 번다."

"나는 주식을 매입하고 난 뒤 1년이나 2년 안에 주식시장이 문을 닫아도 그리 큰 문제가 없다."

"내가 좋아하는 주식 보유기간은 영원이다."

그리고 경제학자 케인즈는 이렇게 말했다.

"인생은 짧다. 그래서 인간은 단기투자를 선호한다."

"그러나 어떠한 상황에서도 일단 투자를 한 주식은 장기 보유해야 한다. 여러 해가 걸리겠지만 확실한 이익이 나거나 아니면 확실히 실수였다는 판단이 서기 전에는 함부로 매도하면 안 된다."

실제로 성공한 사람의 말을 경청할 필요성이 있지 않을까? 그렇다. 그동안 당신이 주식에서 줄곧 실패한 건 근시안적 본능 때문이다.

100억대 부자의 신용카드 사용법

"나중의 꿀 한 통보다 당장 엿 한 가락이 낫다." "내일의 천자보다 오늘의 재상이 낫다." "명년 쇠다리보다 금년 새 다리가 낫다." 이런 속담들에서 알 수 있듯이 우리는 내일보다 오늘의 만족을 중시

한다. 그래서 당장 쓰고 보자 주의에 빠지기 쉽다. 그러나 부자들은 다르다.

김 회장(70세)의 재산은 내가 아는 것만 해도 100억이 넘는다. 예금만 해도 40억이나 된다. 나이가 고령임에도 불구하고 주식투자를 20억 넘게 한다. 그러다보니 하루 주가 등락에 따라서 1억이 왔다 갔다 한다.

이런 김 회장이 하루는 매우 화가 나 있었다. 왜 그러시냐고 물으니, 조금 전에 자기가 신청하지도 않은 VIP 신용카드를 우편으로 받았다는 것이다. 지금은 본인 신청 없이는 안 되지만 예전에는 카드사들이 신용이 좋다고 생각되는 사람에게 우선 카드를 만들어 보내고 나중에 본인의 동의를 받기도 했다.

김 회장은 내 앞에서 카드사로 직접 전화해서 신용카드 발급에 대해서 엄청 화를 냈다. 그리곤 내가 보는 앞에서 카드를 가위로 잘라버렸다. "카드가 몇 장이십니까?"라고 물으니 "딱 한 장 있는데 쓰지는 않아"라고 대답했다. "왜 카드를 안 쓰십니까?" 하고 물으니 김 회장은 "난 돈 쓸 때 지갑에서 돈 나가는 걸 직접 보는 게 좋아"라고 말했다. 그렇다. 내가 아는 부자들은 대부분 신용카드를 벌레 보듯이 싫어하는 '별종'이었다. 보통사람들이 부자가 못 되는 이유는 지극히 '정상적'인 인간이기 때문이다.

돈 모으기가 힘들고, 돈만 생기면 쓰고 싶어 한다고 해서 자신을 자학할 필요는 없다. 왜냐하면 우리 유전자에는 근시안적 행동 코드가 삽입되어 있어 저축보다 소비를 좋아하는 것이 당연하기 때문이다. 알고 보면 당신은 너무나도 '인간적'이기에 저축에 실패하고 신용불량자가 되기도 하는 것이다.

빚내서 하는 투자가 망하는 지름길이다

빚내서 투자하겠다고 하는 사람들이 있다면 다시 한 번 생각하기 바란다. 특히 주식투자는 빚내서 하면 망하는 지름길이다. 고수들이 빚내서 주식투자 하지 말라고 하는 데는 분명한 이유가 있다. 빚을 낸 돈은 겁먹은 돈이다. 겁먹은 돈으론 절대 이길 수 없다. 빚내서 투자하는 건 핸들에 칼을 꽂고 시속 150킬로로 달리는 것과 같다. 사고가 나면 가슴에 구멍이 난다. 아직도 사고가 안 난 건 단지 운이 좋아서일 뿐이다. 언젠가 한 번은 당하게 되어 있다.

고수와 하수의 차이점은 간단한 원칙을 실천하느냐 안 하느냐에 달려 있다. 고수들은 절대 빚내서 주식투자 하지 않는다. 혹자는 사업하는 사람 모두 빚내서 사업한다고, 빚내는 걸 무서워해서야 무슨 일을 하겠느냐고 한다. 맞는 말이다. 그러나 기업과 개인의 경우는 사정이 다르다. 기업의 경우 빚내서 사업하다가 회사가 망해도 출자한 주식만 날리면 되고 나머지 개인 재산은 날리지 않는다. 회사는 망해도 개인은 살아남을 수 있다. 손실의 폭이 정해져 있는 것이다. 그러나 개인(개인사업자)은 모든 빚에 대해서 무한 책임을 져야 한다. 그래서 개인은 언제나 빚내서 투자하는 걸 조심해야 한다. 요즘에는

116

기업들마저도 무차입 경영을 실천하려 노력한다.

빚을 내 투자한 사람들은 앞서 열 번의 성공에도 불구하고 마지막 단 한 번의 실패로 망한다는 걸 알아야 한다. 빚을 내도 되는 경우는 집을 사는 경우에 한해서다. 그러나 집을 사는 경우라도 대출금은 매달 갚는 원금과 이자 상환액이 매월 수입의 3분의 1 이내로 하는 게 안전하다.

'욜로 욜로' 하다간 골로 간다

요즘은 욜로(YOLO; You Only Live Once)로 사는 젊은이들이 많다. 인생은 한 번뿐이고 늙으면 놀기도 어려우니 지금 이 순간을 즐겨야 한다고 믿는 것이다. 카드빚을 내서 해외여행 가는 젊은이도 많다. 매년 해외로 나가 사용하는 돈의 규모가 30조 원이라고 한다. 이 돈을 국내에 뿌리면 국내 일자리가 생길 텐데 하는 생각이 든다. 내 사무실이 있던 오피스텔의 지하주차장에 가보면 외제차가 많이 보인다. 사는 집은 월세고 좁고 형편없어도 고급 외제차를 몰고 다니는 젊은이들이 많다. 페이스북을 보면 모두가 금수저처럼 먹고 마시고 차려입고 노는 모습뿐이다. 부자가 되기보다는 부자처럼 보이고 싶어 하는 젊은이들이 많다.

나는 딸에게 그렇게 살지 말라고 말한다. 인생은 짧지만 어떻게 생각하면 그렇게 짧지만은 않은 게 인생이라고……. 의료기술의 발달로 이제 평균수명이 100세에 가까워졌다. 평생을 자린고비로 살 필요는 없다. 그러나 40세 전에는 열심히 절약하고 살아 어느 정도 경제력을 갖춘 뒤 중년 이후 즐기면서 사는 게 좋다고 말해준다. 아빠가 살아보니 나이가 들면 체력이 떨어지고 열정이 사라져서 열심히 일하고 노력하려고 해도 할 수가 없더라. 젊은 시절에는 청바지에 티셔츠 하나만 입어도 빛나고 생동감이 있어 괜찮아 보이지만 나이가 들어서 그렇게 살면 자칫 구질구질하고 초라하게 보이기 쉽다는 말에는 딸아이도 수긍을 하는 것 같다.

학자들 연구에 따르면 인간은 처음에 편하다가 나중에 힘든 것보다는 처음에 힘들다가 나중에 점차 편해지는 삶의 만족도가 더 높다고 한다. 직장생활을 하고 은퇴한 친구 중에 현재 여유 있게 사는 친구들은 다들 젊은 시절에 그렇게 열심히 그리고 검소하게 살았던 친구들이다.

호재는 아직도 재개발·재건축에 있다

부동산 투자의 꽃은 뭐냐? 땅이다. 그런데 땅은 환금성이 너무 안 좋다. 잘못 투자하면 평생 '내 땅'에 머물고 만다. 바로 이런 걸 두고 '물린다'고 한다. 극단적인 예를 들어보자. 지인 중 한 사람이 강원도에 땅을 샀는데, 어느 날 정부에서 세금도 내고 벌목도 하라고 고지장이 날아왔다. 그런데 이 사람은 자기 땅이 정확히 어디 있는지 모른다. 그러니 찾아갈 수도 없다. 산에 가보면 여기가 거기 같고 거기가 여기 같은 게 영 헷갈린다. 자기 땅이 어딘지도 모르는데 벌목은 무슨……. 결국 자기 땅 한 번 제대로 밟아보지도 못하고 평생 세금만 내게 된다.

그런 땅 누가 사겠는가? 그러니 평생 자기 땅일 뿐이다. 망한 것이다. 땅 투자 잘못하면 이런 식이다. 그저 얼굴도 못 본 내 땅이 저기 있겠거니 할 뿐이다. 그래서 땅은 '하이 리스크 하이 리턴'이다.

상황이 이러다 보니 여윳돈 없는 월급쟁이가 도전하기에 땅은 너무 위험하다. 월급쟁이가 투자하기에 적당히 위험하고 수익률이 좋은 게 뭘까? 내가 생각하기엔 재건축·재개발이다. 왜 그럴까? 설명을 해보자. 집값 변동이 없으면 기존 집을 사서는 돈을 벌 수 없다. 그런데 집값 변동이 없어도 돈을 벌 수 있는 것이 있으니 바로 개발이다. 그런 게 뭘까? 재건축과 재개발이다. 그래서 집 투자로 큰돈을 벌려면 재건축 아니면 재개발을 선택하는 것이 안전하다.

그렇다면 지난 10년간 서울에서 집값이 제일 많이 오른 동네는 어디일까? 강남? 아니다. 강북에 있었다. 거긴 왜 그렇게 많이 올랐을까? 은평 뉴타운을 중심으로 한 재개발 지역이었던 것이다. 그래서 강남 부자들은 최고의 투자처로 재건축을 친다.

또 다른 예를 하나 더 들어보자. 나는 오래 전 둔촌 주공아파트를 4억 원에 샀다. 살 때 전세 1억5천만 원을 끼고 샀으니 내 돈은 2억 5천만 원이 들었다. 결과는 어떻게 되었을까? 짐작하는 대로 현재 시세는 23억이다.

지금까지의 설명을 이해하기 쉽게 공식으로 만들어봤다.

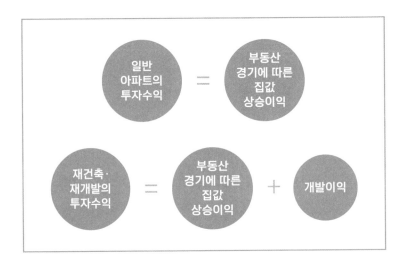

공식을 보면 투자수익을 극대화하려면 개발이익이 따르는 재건축과 재개발을 노려야 한다는 것을 알 수 있다.

항상 아파트시세 상승을 주도하는 것은 재건축 아파트다. 그런데 정부에서 재건축초과이익환수제로 규제를 강화했다. 개발이익 중 최대 절반 가까이를 정부가 가져가겠다고 한다. 그래서 투자 매력이 확 줄었다. 재건축 아파트는 재건축초과이익환수제가 위헌 소송에 들어가서 결판이 날 때까지는 조정국면을 보일 가능성이 높다.

이제 앞의 공식 중에서 남은 것은 재초환(재건축초과이익환수제)을 피한 관리처분 통과한 재건축이 남았다. 그리고 재초환 규제가 없는 재개발이 남았다. 그래서 재개발 투자가 상대적으로 인기를 끌고 있다.

하지만 과거에 재개발에 투자했다가 실패를 맛본 '흑역사'가 많아서 고개를 절레절레 흔드는 사람도 많다. 맞는 말이다. 재개발은 진짜 복마전이다. 재개발 한 사이클 경험하면 '산전수전 공중전' 다 보게 된다.

재개발뿐이랴. 돈 버는 모든 일이 원래 그렇다. 부자가 되려면 더 많은 일을 해야 하고 더 많은 문제를 해결해야 한다. 그게 바로 부자로 가는 길이다. 편하고 쉽게만 살려 하면 부자 되기는 어렵다.

부의 본능을 깨우는 스위치 4

근시안적 본능을 극복하고 진득하게 버텨라

맞벌이부부라면 누구나 할 수 있는 1억 모으기

돈이 있어야 돈을 번다. 종자돈이 없으면 돈 벌 기회가 와도 기회를 살리지 못한다. 그러니 1억 원의 종자돈을 모아라! 물론 쉽지는 않지만 결코 불가능한 것도 아니다. 매월 150만 원씩 모으면 5년이면 1억 원을 모을 수 있다. 맞벌이부부라면 두 가지만 한다면 5년 내 1억 원을 모을 수 있다. 첫째, 부부 통장을 합쳐서 돈 관리를 같이 해라! 돈 관리 따로 하는 맞벌이부부는 결코 돈을 모으지 못한다. 통장을 합치고 월급이 급여 통장으로 들어오는 날 바로 적금 통장으로 자동이체를 시켜라. 쓸 돈 다 쓰고 저축한다는 식으론 백날 해봐야 절대 종자돈을 만들 수 없다. 저축하고 난 뒤에 쓰는 것이다. 둘째, 가계부를 써라! 가계부를 쓰다보면 돈을 줄일 수 있는 항목이 보인다. 가계부가 종자돈 모으는 비결이다.

장기적으로 대박 가능성 있는 주식 고르는 법

장기간에 걸쳐서 주가가 많이 오른 주식은 몇 가지 공통점이 있다. 롯데칠성, 삼성화재, 농심, 아모레퍼시픽, 남양유업 같은 종목은 장기간에 걸쳐서 엄청난 상승을 보여주었다. 이들 종목의 공통점은 무엇인가? 두 가지 공통점이 있다.

첫째는 유상증자가 없다. 벌어들인 이익으로 자금을 충당할 수 있어 유상증자를 하지 않는다. 덕분에 주당 순이익이 계속 늘어난다. 둘째는 시장점유율이 1위로 독점적 지위를 가진다. 독점력은 이익 창출능력과 연결된다.

주식을 고를 때는 장기적인 안목으로 기업의 경영을 파악하고 꾸준한 상승세를 보이고 있는 곳을 골라야 실패 가능성이 낮아진다.

장기적으로 좋은 투자가 단기적으로도 좋다

다음 달 혹은 1년 뒤에 벼락부자가 되려고 욕심내지 마라. 나의 투자 경험에 따르면 언제나 장기적으로 좋은 투자 대상이 단기적으로도 좋은 결과를 가져다주었다. 벼락부자 되려고 루머와 정보에 따라서 투자한 주식은 항상 결과가 쪽박이다. 초단타매매는 낙하산 없이 비행기에서 뛰어내리는 것과 같다. 반면에 우량 기업에 장기투자하면 마음도 편하고 수익률도 좋다. 주식투자 통계를 보면 단기주식투자의 결과는 언제나 참혹하다. 성공한 대가들은 단기적인 시장의 흐름에 편승하려 하지 말고 기업 가치가 꾸준히 늘어나는 기업에 장기투자를 하라고 충고한다.

부동산 투자도 장기투자가 유리하다. 내가 아는 친구 박단기 씨는 아파트를 자주 사고팔고 했는데 세금을 제하고 나니 아파트를 그냥 보유한 것보다 수익률이 좋지 않았다. 괜히 양도세와 취득세로 세금만 빠져나갔다. 사고파는 세금 문제 때문에 부동산을 살 때는 오랫동안 보유하면 자연히 가격이 오를 수 있는 아파트를 사야 한다. 나는 최소 5년 이상을 보고 투자한다. 장기투자로 유망한 아파트는 대지 지분이 많은 재건축 아파트다. 재건축은 시간이 가면 언젠가는 할 수밖에 없기 때문에 오르게 되어 있다. 나는 20년 전부터 재건축 아파트가 장기투자로 유망하다고 권했는데 이를 따른 사람들은 지금 모두 행복해한다.

일확천금의 모든 신화는 거짓이다

내 친구 황정보 씨에게서 어느 날 전화가 걸려왔다. "XX회사가 보물선을 발굴하고 있는데, 지금 선체를 발견했고 인양 직전이다. 그러니 빨리 XX회사 주식을 사라!"는 요지의 정보였다. 나는 이렇게 대답했다. "정보 고맙다. 근데 내가 안 믿는 게 두 가지 있는데 하나는 만병통치약이고 또 하나는 보물선이다."

그런데 이틀 뒤에 황씨에게서 다시 전화가 왔다. "아직도 안 샀냐? 내가 탐사선 선장을 잘 아는데, 내게만 귀띔해 주었다니까! 다음 주에 보물선 발견 기자회견을 한다고 하니 빨리 사라!"는 반 강제성 지시 전화였다.

나는 그 회사 주식을 안 사면 친구가 무안해 할까봐, 인간관계 망가지지 않을 만큼 아주 조금만 샀다. 그래서 어떻게 되었느냐고? 뻔할 뻔 자였다. 은화 몇 개를 바다에서 건져 올렸다는 기자회견이 있었지만 얼마 뒤에 주가는 폭락했다. 내가 보기엔 은화도 진짜 바다에서 건진 것인지 자기들이 다른 곳에서 가져온 것인지 믿을 수가 없어 보였다.

모든 사기에는 단기간에 돈을 벌게 해주겠다는 공통점이 있다. 사기꾼들은 인간의 약점인 근시안적 본능을 이용한다. '공기로 가는 자동차', '물을 연료로 해서 불을 피우는 난로', '연료 없이 저절로 움직이는 엔진'을 믿을 만큼 어리석은 사람은 없다. 그런데 여기에다 "투자하면 대박이 난다"는 말만 덧붙이면 이상하게도 사람들이 속고 만다. 이들 사례는 전부 실제로 사기꾼들이 해먹은 수법이다. 이런 사기가 가능한 것은 모두 짧은 시간에 일확천금 하고자 하는 인간의 근시안적 본능 때문이다.

손실공포 본능의 오류

배는 항구에 있을 때 가장 안전하다. 그러나 거친 바다를 향해 나아간 배
만이 보물섬을 찾는다. 모든 위대한 모험가와 탐험가는 손실공포 본능을
극복한 사람들이다. 투자는 언제나 위험한 것이다. 그러나 가장 큰 위험
은 아무 투자도 하지 않는 것이다.

하루살이 원시인의 공포

인간은 위급한 순간에 살아남기 위해서 본능적인 반사행동을 할 수 있도록 진화해 왔다. 만약에 공포심이 없었다면 인류는 생존하지 못했을 것이다.

공포감 중에 재산과 관련된 것이 '손실공포감'이다. 원시시대에 손실공포감은 맹수에 대한 공포감만큼 컸다. 하루 사냥해서 하루 먹고 살아가는 원시인이 손실을 입는다면(사냥감이나 먹을 걸 잃는다면) 굶어 죽을 수밖에 없었을 것이다. 생존 자체가 모험이었고 가진 게 별로 없었던 원시시대에 가치 있는 뭔가(창이나 돌도끼)를 잃는다는 건 전 재산을 잃는 것과 마찬가지였을 것이다. 원시인은 사냥감을 여러 마리 잡는 것보다 잡아놓은 한 마리를 잃지 않는 게 생존에 더 유리했을 것이다. 그래서 인간은 오랜 진화과정을 통해서 이익을 추구하기보다는 손실을 기피하는 본능(손실공포감)을 갖게 되었다. 위험으로 가득 찬 세상에서 살아남기 위해 어떻게 해서든 손실을 피하려는 본능이 생겨난 것이다. 그래서 인간은 하나의 이득을 얻는 데서 오는 기쁨보다는 하나의 손실을 입는 데서 느끼는 고통을 더 크게 느낀다.

손실공포 본능은 원시시대엔 원시인의 생존을 도운 본능이지만 이제는 오히려 현대인이 부자가 되지 못하도록 방해한다. 사람들은 손실공포 본능 때문에 투자하지 못하고 손절매를 하지 못해 손해를 본다.

투자형으로 진화한 사람이 부자가 된다

"향후 10년 간 소득이 두 배로 증가하면 당신은 그 돈으로 무엇을 하겠습니까?" 당신이라면 이 질문에 대해 뭐라고 답하겠는가? 놀랍게도 이에 대한 부자와 가난한 사람의 대답이 180도 달랐다.

부자들은 위험성이 있는 투자를 하겠다고 응답했다. 반면 가난한 사람들은 늘어난 소득을 대부분 소비하고 극히 일부만 위험성이 없는 저축예금에 넣겠다고 응답했다. 부자들은 더 미래지향적이었고 자신의 자금운용능력 즉 증권, 부동산 투자에 더 자신감을 보였다. 반대로 가난한 사람은 즉각적인 만족(소비)을 추구했으며 저축을 할 경우에도 안전성을 가장 중요시했다. (Schiffman & Kanuk, 1991)

사람들이 부자가 되지 못하는 이유 중 하나는 투자를 하지 않기 때문이다. 사람들이 투자하지 않기에 부자가 못 된다는 주장에 당신은 동의하지 않을 수 있다. 그래서 그런 주장으로 노벨경제학상을 받은 대니얼 카너먼의 설명을 들어보겠다.

대니얼 카너먼은 간단한 실험을 진행했다.

당신의 아버지가 죽으면서 재산을 상속하게 되었는데, 두 가지 선택 방식이 있다고 해보자. A 선택은 동전을 던져서 이기면 20억 원을 받고, 지면 하나도 받지 못한다. B 선택은 그냥 5억 원을 받는 것이다. 당신이라면 어떻게 하겠는가?

이런 경우에 대부분의 사람은 B를 선택한다. 확률과 기댓값을 따져본다면 A를 선택해야 하지만 사람들은 B를 선택한다. (A의 기댓값은 10억 원이고, B의 기댓값은 5억 원이다.)

반대로 당신의 아버지가 죽으면서 빚을 물려주게 되었다고 가정해보자. 이 경우도 두 가지 선택이 있다. A 선택은 동전을 던져서 이기면 빚이 없어지고, 지게 되면 빚 20억 원을 갚아야 한다. B 선택은 동전을 던지지 않고 그냥 빚 5억 원을 갚아야 한다. 당신이라면 어떤 선택을 하겠는가?

이런 경우에는 대부분의 사람들이 A를 선택한다. 확률과 기댓값을 따진다면 당연히 B를 선택해야 한다. (A의 기댓값은 -10억 원이고, B의 기댓값은 -5억 원이다.)

왜 사람들은 기댓값을 따져보고 이성적으로 행동하지 않을까? 이유는 바로 손실공포 본능 때문이다. 카너먼은 손실공포감에 대한 이 이야기로 2002년 노벨경제학상을 수상했다. 카너먼에 따르면 사람들은 손실공포 본능(손실공포감) 때문에 합리적인 투자를 하지 못해서 오히려 손해를 보고, 부자가 되지 못한다.

가장 큰 위험은 아무 투자도 하지 않는 것이다

대부분의 사람들은 손실에 대한 두려움 때문에 투자하지 못한다. 잃지 않으려는 손실공포감 때문에 오히려 손해를 본다.

강소심 대리의 경우를 살펴보자.

2001년도부터 아파트 값이 오르기 시작하자 무주택자 강소심 대리는 불안했다. 그런데 신문을 보니 부동산 전문가가 전혀 오를 이유가 없다고 한다. 강 대리는 혹시나 상투를 잡는 게 아닐까 두려워서 아파트를 사지 못했다. 2002년도 들어서도 계속 아파트 값이 올랐다. 아내는 그냥 사자고 했다. 그런데 정부에서 부동산 대책을 내놓았다. 잠깐 동안 부동산 가격이 주춤했다. 강 대리는 아파트를 사지 않기를 정말 잘했다고 안도했다. 그러나 두 달도 안 되어서 다시 아파트 값이 오르기 시작했다. 2003년도 들어서도 아파트 값은 올랐다. 강 대리는 북핵문제, 경기침체 때문에 앞으로 아파트 값이 내릴 것이라고 전망했다. 그러나 다시 아파트 값은 올랐다. 강 대리는 지금 사기에는 너무나 억울하고 또 정말로 꼭대기에서 사는 것 아닌가 싶어서 두려웠다. 이렇게 강 대리는 두려움 때문에 아파트를 사지 못해서 큰 손실을 보았다. 지금도 나중에 아파트 값이 내려가면 그때 살 것이라고 한다. 그러나 아파트 값이 오를 때 사지 못한 사람은 아파트 값이 내릴 땐 더욱 사지 못한다. 하락기에는 손실공포감이 더욱 커지기 때문이다. 결국 손실공포감이 강 대리를 옴짝달싹 못하게 사로잡은 것이다.

배는 항구에 있을 때 가장 안전하다. 그러나 배가 항구에만 있다면 어떻게 보물섬을 찾을 수 있겠는가. 거친 바다를 향해 나아간 용감한 사람만이 부자가 될 수 있다. 모든 위대한 모험가와 탐험가는 손실공포 본능을 극복한 사람들이다. 투자는 언제나 위험한 게 사실이다. 그러나 가장 큰 위험은 아무 투자도 하지 않는 것이다.

당신이 주식투자에서 손해 보는 이유는 따로 있다

"주식투자에서 성공하려면 주가가 폭락할 때 투자해야 한다." 누구나 다 알고 있는 사실이다. 그러나 누구나 실천하는 것은 아니다. 손실공포 본능에 맞서서 행동하는 게 그리 쉬우면 누가 성공하지 못하겠는가? 입으로는 줄줄 외우고 있지만 정작 하려면 몸이 안 따른다. 오히려 폭락 장세에 주식 팔아치우느라 바쁘다. 한번 공포감에 사로잡히면 자신이 공포감에 사로잡혀 있다는 것조차도 깨닫지 못한다.

사랑의 열병에 빠져본 경험이 있는 사람은 내 말에 100퍼센트 동의할 것이다. 시간이 지나고 공포감이 사라진 뒤에야 우리는 "내가 그때 왜 그랬지?" 하고 후회한다. 그리곤 다음번에는 절대 그렇게 하지 않을 것이라고 맹세한다. 그러나 공포감이 몰려오면 우리는 또 똑같은 실수를 저지른다. 이것이 인간이다. 감정은 이성보다 강하다. 당신이 재테크에서 판판이 깨지는 이유는 손실공포 본능 때문이다.

손절매가 잘 안 되면 차라리 손을 잘라라!

주식투자에 있어 프로와 아마추어의 뚜렷한 차이점이 있다. 주식투자에서 고수와 하수의 차이는 무엇일까? 고수는 손실을 볼 때 작게 보고, 이익을 볼 때 크게 본다. 그래서 전체적으로 이익이다. 반대로 하수는 이익을 볼 때 작게 보나, 손실을 볼 때 크게 본다. 그래서 전체적으로 손실이 된다.

왜 일반투자자는 손절매를 하지 못할까? 바로 손실공포 본능 때문이다. 이런 사실을 잘 아는 고수들은 철저히 손절매 원칙을 따른다. 고수들이 기계적인 손절매 원칙을 지키는 건 인간의 본능인 손실공포 본능이 작동하는 걸 방지하기 위해서다.

어느 기자가 주식투자로 큰돈을 번 고수에게 물었다.

"주식투자를 잘하는 비결이 뭡니까?"

"나는 다른 건 잘 모르고 손절매는 누구보다 잘합니다."

또 다른 독한 고수는 이렇게 충고했다.

"손절매가 잘 안 되면 차라리 손을 잘라라!"

(무시무시한 조언이다. 그 조언대로 했다면 난 손이 열 개라도 모자랐겠다.)

대부분 손절매 기준은 10퍼센트인 경우가 많다. 고수들은 매입가로부터 10퍼센트 하락하면 손절매를 기계적으로 한다. 또 고수들은 폭락장에서 매도보다는 매수 쪽에 가담하여 이익을 얻는 경우가 많다.

무슨 일이 있어도 손절매 원칙을 지켜라! 공포감을 극복하고 폭락장세에 매입하라! 이 원칙에는 예외가 없다.

부의 본능을 깨우는 스위치 5

손실공포 본능을 극복하고 손절매 원칙을 손목처럼 지켜라

빚을 내더라도 내 집 마련하는 게 유리하다

돈을 다 모아서 집을 장만하겠다고 하는 사람이 간혹 있다. 나는 빚을 내더라도 집을 사라고 조언한다. 예금은 거북이처럼 느린데 집값은 토끼처럼 뛰기 때문이다. 왜 그럴까? 우리나라의 경제정책은 항상 성장정책(인플레이션 정책)을 펴왔기 때문이다. (앞에서도 말했지만 여러 번 강조해도 좋은 이야기이므로 다시 한 번 언급한다.)

성장정책이란 물가를 희생시켜서라도 일자리를 만들고 수출을 늘리겠다는 정책이다. 한마디로 돈을 많이 찍어내는 정책이다. 돈을 많이 풀면 경제성장률이 높아져 실업률도 줄어들고 원화가치가 떨어져 수출도 잘 된다.

한국은 부존자원이 없고 특히 석유가 한 방울도 나지 않는 나라이기에 석유를 수입하자면 달러를 벌어들여야 한다. 이처럼 한국은 여러 가지 상황을 고려할 때 운명적으로 인플레이션 정책을 취할 수밖에 없는 나라다. 그래서 집값은 토끼처럼 뛰고 원화가치는 계속 떨어지는 것이다.

때문에 부동산 시장이 너무 과열되지만 않았다면 무리하지 않는 범위 내에서 빚을 얻어 집을 먼저 사고 나중에 빚을 갚는 게 유리하다.

안전한 은행예금만 고집하면 반드시 실패한다

1970년에 모 은행에서 20년제 장기신탁상품을 판 적이 있다. 이 신탁상품을 팔 때는 한 살짜리 자녀 명의로 1만 원을 장기예탁하면 20년 뒤에 대학입학금으로 쓸 수 있을 것이라고 선전했다. 그러나 20년 후 만기가 되어서 고객들이 받은 돈은 겨우 15만 원이었고 고객들은 배신감에 항의하는 소동이 벌어졌다. 20년 전에 직장인의 한 달 월급이 2만 원이 안 된 것을 감안하면 고객들이 분통을 터트릴 만도 했다.

이처럼 예금만으론 물가상승률도 따라잡기 힘들다. 부자가 되려면 예금을 통해서 종자돈을 만든 다음에 이를 부동산이나 주식에 투자해야 한다. 예금은 이미 부자가 된 사람들이 돈을 관리하는 수단이지 늘리는 수단이 아니다.

손실공포감 때문에 보험회사가 돈을 번다

보험가입자는 위험을 회피하기 위해서 자신의 기댓값 이상으로 보험료를 지불한다. 보험회사는 사람들의 위험회피 본능을 이용해서 돈을 버는 것이다. 손해보험사업은 확률적으로 이익이 남도록 증명이 되어 있는 비즈니스다. 손해보험회사들 가운데 100년이 넘는 기업이 존재하는 이유도 바로 이처럼 수학적으로 증명된 탄탄한 비즈니스 모델 때문이다.

워런 버핏은 보험회사 주식으로 큰돈을 벌었다. 인플레이션 시기에는 보험회사 주식이 투자 대상으로 유망하다. 왜냐하면 보험료는 지금 받고 보험금은 돈 가치가 떨어진 나중에 지불하기 때문이다. 삼성화재가 높은 수익률을 보인 것은 우연이 아니다.

부자가 되려면 공포감을 극복하고 자기 사업을 하라

부자들의 직업을 조사해보니 대개 자기 사업을 하는 것으로 밝혀졌다. 그러나 자기 사업을 하는 사람은 언제나 소수다. 왜 그럴까? 손실공포 본능 때문이다. 사업체를 꾸려 나가려면 아주 큰 용기가 필요하다. 사업에는 금전적인 손실 위험이 따르고 이를 전부 혼자 감당해야 하기 때문이다. 그래서 대다수 사람은 위험한 사업을 하기보다는 매달 꼬박꼬박 월급을 챙기는 샐러리맨을 선호한다.

그런데 사업가들은 샐러리맨이 더 위험하다고 한다. 샐러리맨은 한 가지 수입(월급)에만 의존하고, 한 가지밖에 배울 수 없고, 기껏 해야 자기를 고용한 고용주를 위해서 일할 뿐이라는 것이다. 만약에 불경기를 만나서 구조조정이라도 당하게 된다면 직장을 그만두어야 하고 또 나이가 많아지면 그만두어야 하기에 더 위험하다고 지적한다. 평생직장의 개념이 사라진 지금 이 원리를 부정할 수 있는 사람은 거의 없을 것이다.

Chapter

06

과시 본능의 오류

남들처럼 입을 것 다 입고, 놀 것 다 놀고, 먹을 것 다 먹고서 어떻게 남과
달리 부자가 될 수 있겠는가? 지금 과시하고 우쭐대는 것보다 훗날 돈 걱
정 없이 편안하게 사는 게 더 중요하지 않겠는가. 하등의 쓸모없는 과시
욕을 버리는 것만으로도 부자가 되는 길에 훨씬 빨리 접어들게 된다.

인간의 과시욕은 어디에서 오는가

인간은 과시 본능을 가지고 있다. 그럼 왜 인간은 과시 본능을 가지게 되었나? 인류의 본능이 결정된 원시시대로 돌아가 보자.

당시 부를 얻는 방법은 수렵과 채집이 전부였다. 그때는 저장 기술이 없었기에 재산을 축적할 수가 없었다. 언제나 오늘 소비할 것은 오늘 새로 사냥하고 채집해야만 했다. 원시시대에 부를 얻는 유일한 방법은 지위를 얻는 것이었다. 높은 지위를 차지한 남자에게는 식량과 여자가 저절로 따라왔다. 높은 지위를 얻지 못하면 자신의 유전자를 퍼트릴 기회조차 주어지지 않았다.

반대로 지위가 낮은 원시인들에게는 학대와 스트레스가 따라다녔다. 그래서 원시인은 힘과 용맹을 과시하여 지위를 차지하려 했다. 과시는 거절할 수 없는 유혹이고 생존을 위한 본능이었다. 어떤 원시인은 전쟁 때 용맹성을 과시하여 높은 지위를 차지했을 것이다. 최근까지 남아 있는 한 원시 부족의 전통을 살펴보면 적의 머리를 베어서 자기 집 앞에 걸어놓은 추장을 볼 수 있다. 이런 야만적 과시는 부족들로부터 존경을 받는 요소가 되었다. 요즘 최고경영자들이 자신의 집무실 평수를 중요시하고 골동품이나 진귀한 박제로 장식해 과시하는 것은 수컷 공작이 화려한 꼬리를 과시하는 것과 본질적으로 같다.

시대는 바뀌었지만 현대인도 여전히 원시인의 과시 본능을 가지고 있다. 이러한 과시 본능이 사람들로 하여금 과소비를 하고 명품에 빠지게 만들어 부자가 되지 못하도록 방해한다.

부자에게는 '한턱내기'가 없다

대부분의 사람들은 실속보다 체면을 따진다. 왜 체면을 따지는가? 실제의 자기보다 더 높은 평가를 받으려는 욕구 때문이다. 체면치레는 가난이나 열등감을 감추기 위한 허세일 수도 있다. 예컨대 "냉수 먹고 이 쑤신다", "가난할수록 기와집 짓는다", "매를 맞아도 은가락지 낀 손에 맞는 것이 좋다" 등의 속담이 이러한 심리를 잘 보여준다.

사람들은 체면과 과시 본능 때문에 고래등같은 집을 짓고, 큼지막한 대문을 달고, 분수에 넘치더라도 대형차를 선호하고, 음식도 먹고 남을 정도로 많이 시키고, 옷도 자신의 처지와 상관없이 명품으로 치장하길 좋아한다. 특히 한국인은 체면과 명분에 집착하는 인습이 있어 과시하려는 경향이 다른 나라 사람보다 심하다는 소리를 듣는다.

한국을 비교적 잘 아는 일본 유학생과 주재원들이 지적한 '신기한' 한국인의 행동을 보자. "한국인은 좋은 일이 있는 사람이 주변 사람에게 한턱을 낸다." "한국 남자는 애인과 그 친구들이 같이 놀게 되면 애인 친구들의 몫까지 돈을 내준다." "한국인은 여럿이 함께 식사하러 갔을 때 혼자서 전체 밥값을 지불한다." "한국인은 일본인에 비해 허세를 잘 부린다. 가게도 실용성보다는 외관에 치중한다." "한국인은 고기를 구울 때 한꺼번에 불판에 많이 올리거나 다 올려놓는다(일본인은 보통 한두 점씩만 올린다)."

미국인들도 한국 이민자들의 특징으로 과시 경향을 지적한다. "이민 오자마자 큰 집과 큰 차를 사는 사람은 한국인이다." "한국인은 모두 한국에서 집에 금송아지 두고 살았다고 자랑한다."

이처럼 대다수 사람들은 과시하고 체면치레하는 걸 좋아한다. 그러나 자수성가한 부자들은 다르다. 그들은 과시보다 검약을, 체면보다 실속을 중시한다. 실제로 내가 만난 부자들은 의외로 수수한 옷을 입고 다녔다. 작업복, 트레이닝복, 낡은 트렌치코트, 실용적인 단화나 운동화 등이 내가 기억하는 부자들의 복장이다. 반짝이는 구두와 화려한 넥타이를 맨 멋쟁이 중에는 오히려 '개털'이 많았다.

내가 아는 구씨는 L그룹의 오너 일가로 엄청난 부자다. 그런 구씨가 한 번은 점심 사겠다고 해서 내심 기대를 했는데 7,000원짜리 사천탕면 한 그릇으로 그만이었다. 또 수백억을 가진 K회장의 손님 접대 식사는 언제나 설렁탕 한 그릇이다. 부자들에게는 '한턱'이 없다. 월급쟁이들이나 호탕하게 한턱내고 기분 내는 것이다.

20대 준비기와 30대 승부시기를 놓치는 이유

"결혼 전의 제 취미는 쇼핑이었습니다. 머리에서 발끝까지 고급스럽게 치장하고 매일 다른 향수로 마무리했습니다. 늘어가는 건 옷과 구두, 핸드백, 향수였습니다. 수입이 적진 않았지만 적금통장은 꿈도 꾸지 못했습니다. 비슷한 부류의 정신 나간 친구들과 면세점 명품 이야기만 했답니다."

한 여성의 미혼 시절 자신의 행동에 대한 반성이다.

원래 미혼 여성들은 과시 본능에 사로잡혀서 돈 모으기가 어렵다. 한 조사에 따르면 과시소비 성향은 21~30세 집단에서 가장 높게 나타난다고 한다. 연령이 낮을수록, 미혼일수록, 교육 수준이 높을수록 사치스런 옷으로 자신을 과시한다고 한다. 백화점 명품코너 고객의 70퍼센트가 20~30대 여성이란 사실도 이를 증명한다.

그런데 돈은 젊었을 때 모아야 한다. 젊었을 때 이를 악물고 종자돈을 모아야 부자가 될 수 있다. 20대에 모은 종자돈 5천만 원이 50대에 5억 원으로 불어난다. 그러니 젊었을 때 과시하지 말고 한 푼이라도 모아야 부자가 될 수 있다. 남들처럼 입을 것 다 입고, 놀 것 다 놀고, 먹을 것 다 먹고서 어떻게 남과 달리 부자가 될 수 있겠는가? 지금 과시하고 우쭐대는 것보다 훗날 돈 걱정 없이 편안하게 사는 게 더 중요하지 않은가?

"젊었을 때는 청바지와 티셔츠 하나로도 아름다워요. 그러나 늙어서는 옷과 치장에 신경 쓰지 않으면 구질구질하고 추해 보여요. 젊음이 언제까지나 지속되는 건 아니죠. 그래서 젊었을 때 돈을 모아두어야 해요." 어느 부자 할머니의 충고를 새겨들어야 한다.

젊었을 때는 건강하고 자신감이 있어서 돈의 소중함을 모른다. 젊었을 때는 언제나 돈을 모을 수 있을 것처럼 착각하기 쉽다. 그러나 나이 들수록 돈 모으기 힘들어지고 오히려 돈 쓸 곳만 점점 더 많아진다. 또 나이 들어서 돈 아끼려 하면 추하고 궁상맞아 보인다.

"돈이 효자 만든다"는 이야기가 있다. 내가 아는 부동산중개인은 나이 들어서 돈이 필요한 이유를 이렇게 말한다.

부동산중개인 : 충청도에 효자가 많대요.

나 : (의아해하며) 그래요? 원래 충청도에 효자들이 많이 태어나나 보죠?

부동산중개인 : (웃으면서) 그게 아니고요, 충청도 땅값이 많이 올라서 서울의 자식들이 자주 찾아온대요. 부모님께 인사드리고 서울로 올라가기 전에 부동산에 살짝 들러서 땅값을 물어본대요. 요즘 얼마 하는지…….

나 : (웃으면서) 아, 그렇구나. 효자도 돈이 만드는군요.

내가 아는 대기업 임원 L씨는 노후에 돈이 있어야 하는 이유를 이렇게 말했다. "나이 들어서 며느리에게 가끔 용돈도 주고 해야지, 만날 시아버지가 꼰대처럼 잔소리만 하면 누가 좋아해요? 자식 한 번이라도 더 보고 싶다면 늙어서 돈이 있어야 해요."

K부인은 나이 들어 돈이 있어야 하는 이유를 농담반 진담반으로 이렇게 밝혔다. "요즘 총각들은 여자 못생긴 건 용서하는데, 장모님 돈 없는 건 용서 못 한다고 하네요. 그래서 사위한테 무시 안 당하려면 돈 좀 있어야 해요."

사정이 이렇다보니 나이 들어서 돈 없이 자식에게 기댈 생각은 아예 포기해야 한다. 이제 노후를 책임져줄 사람은 정부도 자식도 아니고 바로 돈밖에 없다는 걸 명심해야 한다. 그러나 젊을 때는 과시 본능에 사로잡혀서 이러한 사실을 깨닫지 못하는 게 또 인간이다.

첫 번째 목표는 예나 지금이나 '내 집 마련'

나는 대학에서 경영학과를, 대학원에서 재무관리를 전공하고 졸업 후 취업했다. 당시만 해도 직장 구하기가 쉬워서 내 기억에 대우증권, 삼성연구소, 투자금융회사, 안국화재 등 다섯 군데서 서로 오라고 했고 포스코 같은 곳은 지원만 하면 100퍼센트 합격이었다. 그 중에서는 투자금융회사가 제일 경쟁이 치열하고 월급을 많이 줘서 취직을 했는데, 보너스가 1600퍼센트였다. 당시 신입직원 월급으로는 상당히 많이 받았다.

88년에 취업했는데 직장에 들어가 보니 당시에 주가가 폭등해서 매일 9시 뉴스에 오늘은 얼마 올랐다는 뉴스가 나왔다. 나는 월급은 많았지만 '개털'이었다. 나보다 2, 3년 먼저 입사한 직원들은 우리사주에다 지역주택조합에 가입되어 있어서 주가와 부동산 상승의 이익을 엄청나게 누리고 있었다.

당시에 집값은 살인적으로 올랐다. 전세금 상승으로 자살자가 연이어 신문에 날 정도였다. 그도 그럴 것이 85년부터 88년까지 3저(저달러·저유가·저금리) 호황으로 단군할아버지 이래 최대 호황 덕분에 3년 만에 1인당 GNP가 무려 두 배로 올랐다. 당시 신문에 월급쟁이가 서울에서 집을 사려면 한 푼도 안 쓰고 27년을 모아야 한다고 했다.

당시에 은행융자는 진짜 어려웠다. 내 친구가 서울대 경영학과를 졸업하고 나랑 동종업계에 취업을 했는데, 당시 외환은행에서 500만 원 대출을 안 해 준다고 해서 창구에서 싸운 기억이 있다. 개인대출이 거의 불가능했던 시절의 이야기다.

그런데 왜 당시가 집 사기 좋은 시절이었나 하면 분위기가 그랬다. 내가 다니던 직장의 상무는 자기 신혼 때 밥상이 사과궤짝이었다고 말하곤 했다. 당연 단칸방 월세로 출발했는데, 당시에 내 선배들도 다들 그렇게 시작했다고 했다. 그래서인지 나도 출발은 그래도 된다고 생각했다. 당시엔 스마트폰도 없고, 해외여행 문화도 없고, 집 사기 전에 차부터 사면 허영심이라며 손가락질을 당했다.

입사한 지 얼마 안 되었을 때 한 선배가 나를 불러서 내 집 마련에 대해서 일장연설을 늘어놓았다. 핵심은 "주택청약예금을 가입해라", "차는 절대 사지 마라"였던 것 같다.

내가 입사한 88년부터 90년 4월까지 집값이 폭등했다. 정확한 수치는 기억이 나질 않지만 해외유학까지 다녀온 1년 선배가 분개해서 펄펄 뛰던 기억이 선하다. 그의 말을 그대로 옮기자면 "김일성이 강남에 폭탄 한 방 때려주면 좋겠다"고 했을 정도다. 당시엔 하룻밤 자고 나면 집값이 급등하는 것을 몸으로 느낄 수 있었다. 신문 헤드라인에 대문짝만하게 얼마 올랐다고 나왔을 정도니 말 다했다.

서울대 경영학과를 나온 내 친구는 이런 말을 했다. 기성세대들이 좋은 자리 다 차지하고 우린 암만 노력해도 위로 올라설 수가 없다고, 우리는 신라시대 육두품 같은 존재라고, 기성세대가 성골, 진골 다 해먹는다고……. 우리에게 남겨진 몫은 좌절감뿐이었다. 나보다 불과 3년 정도 먼저 입사한 선배들은 나랑 비교할 수 없이 많은 재산을 축적하고 있었다. 친구의 푸념이 전혀 틀린 말은 아닌 것처럼 느껴졌다.

내가 입사했을 때 사장님이 신입직원들을 불러서 밥을 사주면서 이런 말씀을 하셨다. "나는 언제 집을 사지? 이런 생각 들지? 하지만 너무 걱정하지 마라! 다 때가 되면 집을 살 수 있게 된다." 당시만 해도 너무나 믿기 힘든 말이었기에 지금까지도 기억에 남아 있는 것 같다.

때가 되면 집을 살 수 있을 거라는, 논리도 없고 신뢰도 안 가는 말이었는데, 지내놓고 보니 신기하게도 다들 집을 마련했다.

그런데 재미있는 것은, 처음에 집을 마련할 때 1년 선배는 월계동에서 시작했고, 1년 후배는 원당에 신혼집을 마련했고, 또 다른 1년 선배는 상계동에서 시작했다. 다들 그렇게 변두리에서 시작했다. 당시 한국 최상위급으로 월급을 받는 직장인들이었는데도 다들 그랬다. 왜 그랬을까? 나중에 돌이켜 생각을 해보니, 당시엔 은행 대출이 어려웠다. 당시에 집을 담보로 대출해주는 은행은 주택은행뿐이었는데, 한 집당 2,000만 원 정도가 최고액이었던 것 같다. 그것도 아파트나 당첨되어야 대출을 해주는 게 고작이었다. 그 외 일반 은행은 주택담보대출을 거의 취급하지 않았고, 개인대출은 많이 해줘봐야 500만 원에서 1,000만 원 정도였던 것으로 기억된다. 일반 은행들이 주택담보대출을 활발하게 취급하기 시작한 것은 김대중정부 들어서부터였던 것 같다. 그러니 당시엔 주택구입자금을 대출받기란 정말 어려운 시절이었던 것이다.

또 다른 이유를 들자면, 우리 땐 특별한 케이스를 제외하고는 부모가 자식에게 집 살 목돈을 지원해주는 일이 거의 없었던 것 같다. 부모세대가 다들 사는 게 고만고만했고, 대학 학비 대기조차 버거웠던 시절이니 '흙수저'니 '금수저' 같은 말은 아예 없었다.

어쨌거나 당시엔 페이스북이나 인스타그램 같은 SNS도 없었으니 자기가 사는 모습을 자랑할 공간도 없고 비교할 상대를 찾을 일도 없었다. 본인이 자기 입으로 직접 말하지 않으면 어디서 어떻게 사는지 알 수가 없는 시절이었다. 그러다보니 남의 시선을 덜 의식하고 자신의 형편에 맞게 집을 장만할 수 있었다.

그러나 요즘 젊은이들은 몇 년에 한 두 차례 해외여행도 다녀와야 하고, 주말이면 근사한 레스토랑에 가서 외식도 해야 하고, 집이 없어도 자동차는 필수고, 스마트폰도 최신 폰을 가져야 하고, 자신을 위해서 투자해야 한다. 대다수가 그렇게 살다보니, 그게 기본이 되어서 혼자만 그러지 못하면 구질구질하고 궁상맞아 보이기 쉽다.

그런데 이렇게 남들 하는 거 다 하고 나면 남는 돈이 별로 없다. 그 돈으로 집을 사려면 돈이 턱없이 부족하다. 게다가 처음 장만하는 집도 남 보기 부끄럽지 않을 수준이어야 하는 것도 우리 때와는 다르다. 그러다 보니 요즘 세대는 결혼해서 구질구질하게 사느니 차라리 혼자 사는 걸 선택하는 것 같기도 하다.

그렇지 않아도 요즘 젊은이들은 집 사기가 힘들다. 첫째는 가장 중요한 취업이 우리 때보다 많이 어렵고, 둘째는 기본적으로 품위 유지비가 너무 많이 들어가서 우리 시절보다 저축할 돈이 적다. 셋째는 첫 집에 대한 기대치가 우리 시절보다 더 높아서 집 사기가 더 힘든 것 같다.

내가 젊은 시절에 50대를 보면 누릴 것 다 누리는 성골, 진골 같고 우린 '개털세대'라고 생각했는데, 지금의 젊은 세대들이 그때의 나와 비슷한 생각을 하지 않을까. 난 이런 세상이 올 줄 맹세코 꿈에도 몰랐다. 신입직원 때 사장님의 꿈 같은 이야기가 현실이 된 것도 아직 신기하기만 하다. 지금의 젊은 세대에게도 그 말이 실현되었으면 좋겠다.

'원하는' 것과 '필요한' 것을 구분하라

없이 사는 사람들이 오히려 더 많이 치장하고 과시하는 경우가 있다. "딱지를 붙이러 간 집에 들어가 보면 없는 것 없이 다 해놓고 사는 경우가 의외로 많아요." 경매 전에 압류 딱지 붙이러 다니는 집달관들이 하는 이 말은 새겨들을 만하다.

나의 어린 시절 이웃집 이검소 씨는 이북 출신의 자수성가한 사람이다. 이씨는 알부자였다. 공장도 가지고 있고 현금이 몇 십억 되었다. 그런데도 이씨 집안에는 자개농 같은 화려한 가구가 전혀 없었다. 이씨가 즐겨 입는 옷은 공장 작업복이고 신발은 평범한 단화였다. 그러나 먹는 것은 잘 해먹었다. 한마디로 실속 있게 살았다.

자수성가한 부자들은 필요한(Need) 것에는 돈을 쓰지만 단지 원하는(Want) 것에는 돈을 쓰지 않는다. 음식과 생활필수품은 필요한 것이고 일 년에 한두 번 쓸까말까 한 온갖 장식품은 원하는 것이다.

아내의 절약이 집안을 부자로 만든다

얼마 전 결혼한 한 회사원은 "임신 3개월인 아내가 이제 와서 혼수를 모두 카드로 마련했고, 다른 빚까지 많다고 고백하는데 경악했다"며 "씀씀이가 헤픈 사람이 많은 요즘은 결혼할 때도 건강진단서가 아니라 '신용진단서'가 필요한 시대"라고 허탈해 했다. 또 얼마 전에는 한 패션회사 회장 아들이 평소 명품으로 치장한 여자와 결혼을 했는데 알고 보니 10억대의 카드 빚더미에 올라 허덕이는 여자로 밝혀졌다고 한다. 이런 '밑 빠진 독' 같은 여자를 만난다면 부자 되기는커녕 쪽박 차기 딱 알맞다.

집안이 부자가 되느냐 마느냐의 절반은 아내에게 달려 있다. 미국의 한 조사 결과에 따르면 전체 소비재의 83퍼센트를 여성이 구매하는데, 가구는 94퍼센트, 휴가 및 여행 관련 상품은 92퍼센트, 주택은 91퍼센트, 자동차는 60퍼센트를 여성이 결정한다고 한다. 우리나라도 여성의 구매 결정권이 상당히 높아져 있다.

여성개발원 조사에 따르면 여성이 '돈 관리'를 하는 가정이 69퍼센트에 달하고 있다고 한다. 이처럼 주부가 소비 지출의 주도권을 쥐다보니 주부의 지출 성향이 어떠냐에 따라서 그 집 재테크의 성패가 많은 영향을 받는다. 자수성가한 부자들 중에 많은 사람이 검소하고 절약하는 아내를 둔 것은 우연이 아니다.

돈과 자동차로 과시하는 빈 수레들

나에게는 부자를 알아보는 나름대로의 방법이 있다. 경험에 따르면 진짜 부자들은 돈 자랑을 하지 않는다. 반면에 쭉정이들은 만나자마자 자신의 재산을 자랑한다. 진짜 부자들은 남들이 돈 빌려 달라 할까봐, 도둑 맞을까봐, 세금 얻어맞을까봐 절대 재산 자랑을 하지 않는다. 원래 빈 수레가 요란한 법이다. 진짜 부자들은 소리가 나지 않는다. 괜히 돈 자랑해봐야 귀찮은 일만 생긴다는 걸 잘 알기 때문이다.

자동차로 과시하려 하지 마라! 내가 아는 대출전문가 L지점장은 이렇게 말했다. "외제차 타고 다니는 중소기업 사장은 대출을 조심해야 한다. 경험상 대개 부도를 낸다." 또 외제 자동차 딜러 말에 의하면 값비싼 외제차의 경우, 절반 이상이 1년 안에 소유주가 바뀐다고 한다. 이 말은 '폼생폼사'하는 과시족들이 외제차를 많이 산다는 반증이다. 자동차는 대표적인 과소비 품목이다. 자동차세, 보험료, 기름값을 감안하면 자동차 타고 다니는 사람은 '애국자'다. 전세 살면서도 중대형차를 고집하는 사람은 과시 본능에 사로잡힌 사람이다.

미혼 시절 재테크에 눈떠야 부자 된다

재테크도 일종의 학습이다. 빨리 시작할수록 경험을 많이 쌓고 잘할 수 있게 된다. 미혼 시절에 최소한 아파트 청약통장은 만들어 놓아라! 아파트가 당첨되면 목돈 마련의 발판이 될 수 있기 때문이다. 만약에 세대주로 독립한다면 무주택우선공급제도를 이용할 만하다. 무주택우선공급제도란 투기과열지구에서 공급되는 전용 면적 85㎡ 이하의 민영주택이나 민간 건설 중형국민주택에 대해 일반 공급 대상 주택수의 일정분(현재 75퍼센트)을 입주자 모집 공고일 현재 1순위자로서 만 35세 이상이고 5년 이상 무주택 세대주인 사람에게 우선 공급하는 제도를 말한다. 현재는 주택청약종합저축이 운용되고 있다.

Chapter

07

도사 환상의 오류

도사들은 개미투자자의 어머니가 아니다. 주식시장은 호시탐탐 돈을 빼
앗아가려고 궁리하는 사람들로 이루어져 있다. 어딘가에서 어머니 같은
도사를 만날 수 있을 것이란 환상은 어린애 같은 순진한 생각이다. 그런
데도 어리석은 사람들은 주식 도사들이 던진 미끼에 걸려든다.

인간은 아는 것보다 믿는 걸 더 좋아한다

원시인들은 알 수 없는 현상 때문에 스트레스를 받았다. 왜 사냥
감인 소떼들이 갑자기 사라지는지, 왜 폭풍우가 몰아치고 추위가 오
는지, 왜 지진이 나는지, 왜 화산이 폭발하는지 등등 예측할 수 없는
현상들은 원시인들을 불안하게 만들었다.

지속되는 불안은 원시인의 두뇌 속 해마를 위축시켜서 면역력을
떨어뜨리고 신체를 약하게 만들어 종국엔 죽게 만든다. 그래서 원시
인들은 알지 못하는 데서 비롯된 불안을 없애고 모든 불가사의한 현
상을 잘 설명해줄 도사가 필요했다. 주술사들이 그런 역할을 했다.
주술사는 대부분의 알지 못하는 현상을 신의 저주와 노여움으로 쉽
게 설명해주었다. 주술사를 따르는 한 불확실성은 사라지고 더 이상
불안해 할 필요도 없었다. 주술사를 믿기만 하면 불안이 제거되어

해마가 위축돼서 죽을 위험도 없어졌다. 믿음이 불안을 제거해주기에 생존에 유리했다. 그래서 원시인은 주술사를 원했다.

원시인의 주술사에 대한 맹신과 추종은 현대사회에 와서는 자동 시스템에 대한 맹신으로 바뀌었다. 인간을 추종하던 것이 기계에 대한 추종으로 바뀌었을 뿐이다. 또 인간의 결함 있는 인식체계 때문에 기계가 돈을 벌어줄 수 있다고 착각하기도 한다.

인간은 아는 것보다 믿는 걸 더 좋아한다. 수요가 있는 곳엔 항상 공급이 있다. 불확실한 주식시장에, 불확실한 부동산 시장에, 불확실한 재테크시장에 도사들이 나타나는 것이다. 이러한 도사 환상 때문에 사람들은 자칭 차트 도사나 미래를 알려준다는 전문가를 믿고 투자한다. 그러나 결과는 나쁘다.

사람들이 도사 환상에 빠져드는 까닭

나도 처음에는 유명 펀드매니저가 나를 부자로 만들어줄 것이라고 믿었다. 신문에 자주 등장하는 유명 펀드매니저를 알게 되고 남모르는 지도와 '추천'을 받게 된 것을 행운으로 여겼다. 친분이 있는 증권사 직원도 나로부터 '최신 정보'를 얻기 위해서 하루에 한 번씩 전화를 하곤 했다. 나와 증권사 직원은 곧 부자가 될 것 같은 예감에 흥분했다. 그래서 많이 벌었냐고? 오히려 많이 날렸다. 수업료를 내고 깨달은 건 유명 펀드매니저라고 해서 나와 다를 게 하나도 없다는 것이었다.

사이버상에서 활동하는 자칭 도사들은 어떤가? 단기 파도를 타면서 돈을 벌 수 있다고 주장하는 사이버 도사들은 대부분 가짜다. 어떻게 그리 잘 아느냐고? 그쪽 방면에 있는 사람에게 물어봤다. 도사들 중에 돈 번 사람 있냐고? '약(조회료가 500원 하는 분석 글)'을 팔아서 돈 번 사람은 있는데 직접 주식투자로 번 사람은 없다고 했다. 하긴, 그렇게 잘 하면 벌써 재벌이 되었어야지, 인터넷상에서 궁상맞게 '500원짜리 약'이나 팔고 있겠는가? 그런 약 사 먹고 돈 번 사람이 있는지도 궁금하다.

혹 이 글을 읽고 반박하는 분이 있다면 필히 연락 주시길 바란다. 단타로 대박 난 분의 친필 사인이라도 받고 싶기 때문이다. 혹시 비법을 알고 있는 사람이 있을진 모르겠으나 사이버상에서 약 파는 도사는 절대 아니다. 당신이라면 납을 금으로 바꾸는 비법을 가지고 있다면 단돈 500원에 팔겠는가?

오래전에 한 사이버 도사의 이야기를 들었다. 그가 하루 동안에 버는 유료정보 조회료가 2천만 원이라고 했다. 한 달이면 6억 원이다. 그런데 그 도사는 고발되었다. 자신이 미리 매집한 주식을 차트우량주로 회원에게 추천해놓고, 자신은 파는 파렴치한 작전을 폈다고 한다. 이것이 현실이다.

도사들은 개미투자자의 어머니가 아니다. 주식시장은 호시탐탐 돈을 빼앗아가려고 궁리하는 사람들로 이루어져 있다. 어딘가에서 어머니 같은 도사를 만날 수 있을 것이란 환상은 어린애 같은 순진한 생각이다. 그런데도 어리석은 사람들은 주식 도사들이 던진 미끼에 걸려든다.

나는 아직도 도사 환상에 빠져서 돈을 날리고 있는 순진한 투자자를 보면 안타깝다. 그래서 도사의 실체를 알려주기 위해서 세계적으로 유명한 도사들이 어떻게 유명해졌고 어떻게 몰락했는지를 고발한다. 독자들도 진실을 안다면 더 이상 도사 환상에 빠지지 않을 것이다.

주식교 차트파 교주 조셉 그랜빌의 영욕

요즘 차티스트들이 사용하는 차트를 최초로 만든 사람이 조셉 그랜빌이다. 조셉 그랜빌은 역사상 가장 유명한 차트 도사다. 그런데 그가 어떻게 성공하고 망가졌는지도 모른 채 그가 만든 차트를 맹신하는 사람들이 많다. 나는 그런 사람들을 보면 너무나 안타깝다.

그랜빌은 화장실에 앉아서 볼일을 보던 중에 우연히 화장실 바닥 타일의 문양을 보고선 차트법을 생각해냈다. 5일 이동평균선, 20일 이동평균선, 골든크로스, 데드크로스 같은 차트법의 고향은 화장실이었던 것이다. 그랜빌은 자신이 만든 차트법으로 투자했지만 돈만 잃었다. 그랜빌은 마침내 파산했고 이혼 당하고 친구의 사무실 바닥에서 잠을 자야 할 만큼 추락했다. 그러나 1970년 후반부터 시장은 그랜빌의 주장대로 움직이기 시작했다. 그래서 대중들은 그랜빌을 주목하기 시작했다.

그랜빌은 미국 전역을 돌면서 대중들에게 강연을 했다. 관중들은 그랜빌을 마치 록 스타처럼 열광적으로 추종했다. 투자 세미나는 성대했고 언제나 만원이었다. 그는 관중을 흥분시키고 열광케 만들 줄 아는 흥행사였다. 투자 세미나에서는 때때로 그랜빌의 테마송인 '백홀더의 블루스(bagholder's blues)'를 피아노로 연주하는 침팬지가 등장하기도 했다. 한 번은 왕관을 쓰고 석판을 든 모세의 차림으로 나타나기도 했다. 한 투자 세미나에서 주가가 오를지 내릴지 질문을 받았을 때 그는 바지를 내리고 속옷에 적힌 주가를 보여주기도 했다. 추종자가 많아짐에 따라서 그랜빌은 시장을 움직일 수 있는 대단한 영향력을 가지게 되었다.

1980년 4월 22일 다우지수가 30.72포인트(4.05퍼센트) 폭등했다. 그랜빌이 매도에서 매입으로 추천을 바꾸었다는 뉴스가 전해졌기 때문이었다. 1981년 1월 6일 아침 6시 30분, 그랜빌은 전 세계 3,000명의 고객들에게 "팔아라, 모든 것을 팔아라"라는 전문을 보냈다. 아침에 증권사에 매도 주문이 홍수처럼 밀려들어왔다. 다우지수는 24포인트, 시가총액으로는 1929년 대폭락 때 손실의 3배인 400억 달러나 떨어졌다. 그랜빌은 자신의 예측능력을 과신하고 기고만장했다. 그는 자신이 지진도 예측할 수 있는데, 일곱 번의 세계 대지진 중 여섯 번을 예측했다고 주장했다. 또 노벨경제학상을 탈 것이라고도 예언했다. 그러나 당연히 그러하듯이 행운의 여신이 작별을 고할 때가 왔다.

그의 예측은 빗나가기 시작했다. 그는 1980년대 초 주식시장의 폭락을 경고했다. 다우지수가 800일 때였다. 고객들에게 다가오는 금융의 아마게돈에서 유리한 지위를 확보하기 위해 모든 주식을 팔아야 하고 공매도까지도 해야 한다고 주장했다. 그러나 다우지수가 1,200까지 오르며 예언을 비웃었다. 1982년에는 하락장을 예상해 추종자에게 주식을 팔라고 권했지만 오히려 주가는 더 많이 올랐고 1983년에는 더욱더 많이 올랐다. 마침내 그는 포기하고 매수를 추천했지만 그때는 이미 주가가 두 배나 올라 있었다. 1984년에도 그랜빌은 조만간 급락을 경고했다. 그러나 그 이후 주가는 지속적으로 상승했다. 연속적인 예언 실패로 마침내 그는 한물간 사람이 되고 말았다.

"당신의 예언이 왜 실패했습니까?"라는 물음에 그는 "나는 약물 중독으로 내 자신의 차트를 읽는 데 실패했소"라고 둘러댔다. "당신은 왜 스스로 부자가 되지 않았습니까?"라는 질문에 "나는 나를 제외한 내가 만나는 모든 사람을 부자로 만든다는 사명을 실천하고 있소"라고 뻔뻔스럽게 대답했다.

엘리어트 파동이론의 진짜 비밀

자칭 차트 도사들이 툭하면 인용하는 '신성한' 비전이 있다. 바로 '엘리어트 파동이론'이다. 차트 분석을 해본 사람이라면 누구나 한

번쯤 엘리어트 파동이론에 대해서 들어봤을 것이다. 내가 보기엔 마치 점성술 같은, 말도 안 되는 사이비 이론이다. 여러분이 이 엉터리 이론에 현혹되어 돈을 잃지 않기를 바라는 마음으로 엘리어트 파동이론의 실체를 까발린다.

우주와 삼라만상에는 어떤 법칙이 있다. 해가 뜨고 해가 지고, 봄이 오고 여름이 오고 가을과 겨울이 연이어 나타나고, 이 모든 변화가 질서 있게 나타나는 것은 삼라만상을 움직이는 법칙이 있기 때문이다. 주가도 인간에 의하여 움직여지고 인간 또한 삼라만상을 구성하는 일부분이므로, 당연히 우주 또는 삼라만상을 지배하는 법칙이 주식시장에도 적용될 것이 틀림없다. 주가는 불규칙적으로 움직이는 게 아니라 이러한 신비로운 파동의 움직임을 보여주고 있다. 그 파동이 바로 상승 5파, 하락 3파다.

이처럼 엘리어트는 자신이 주가를 포함한 우주 삼라만상을 설명하는 일반 원리를 발견했다고 믿었다.

엘리어트 파동이론을 팔아서 밥 먹고 사는 차트 도사들은 '피라미드의 비밀', '피보나치 수열', '황금비율', '피타고라스', '5각형 별' 같은 신비하고 비밀스런 단어를 자주 들먹인다. 모든 가짜는 진짜보다 더 비밀스럽고 신비롭다. 그래야지 더욱 그럴듯해 보이고 호소력을 갖기 때문이다. 이들 단어가 왜 나오는지 하나하나 살펴보자.

황금비율이란 무엇인가. 황금비율이란 쉽게 이야기하면 신용카

드의 가로와 세로 비율을 말한다. 이 비율은 1:1.618이다. 황금비율
은 심리적 안정감을 주기 때문에 일상생활의 액자, 창문, 책, 십자가
등에 사용된다. 또 피라미드와 오각형 별 모양에도 황금비율이 나타
난다. 엘리어트 파동이론에 피타고라스가 등장하는 이유는 피타고
라스가 자신의 비밀 교단의 상징으로 오각형 별 모양이 그려진 휘장
을 사용했고, 자신의 자화상 오른손엔 피라미드를 그려 넣었기 때문
이다.

피타고라스는 수학자로서는 뛰어난 사람이었지만 한편으론 이상
한 종교 집단의 교주였다. 그는 콩을 먹지 말라는 이상한 계율도 만
들었다. 아리스토텔레스의 '탁월한' 해석에 따르면 콩이 여성의 음
부랑 닮았기에 피타고라스가 못 먹게 했다고 한다. 피타고라스는 적
의 습격을 받았을 때도 집 뒷문으로 충분히 도망갈 수 있었지만 집
뒤로 콩밭이 펼쳐져 있어서 도망가기를 거부하고 적에게 잡혀 죽었
다고 한다.

이제 마지막으로 피보나치 수열에 대해서 알아보자. 수학자 피보
나치가 발견한 다음의 수열을 피보나치 수열이라고 부른다.

1, 1, 2, 3, 5, 8, 13, 21, 34, 55, 89, 144, 233, 377 ……

피보나치 수열의 특징을 살펴보자. 첫째, 앞의 두 숫자를 더하면
다음 숫자가 된다. 둘째, 바로 앞의 숫자를 뒤의 숫자로 나누면 황금
비율(1.618)에 접근한다(3/2=1.50, 21/12=1.614, 55/34=1.6176, 144/89=
1.61797, 987/610=1.6180327). 셋째, 한 숫자를 하나 건너의 숫자로
나누어 나가면 그 값은 점점 2.618에 접근한다(5/2=2.50, 21/8=2.625,

144/55=2.61818 등). 넷째, 1.618의 역수는 0.618이며, 2.618의 역수는 0.382가 된다.

엘리어트 파동이론은 주가가 상승파동과 하락파동을 보이는데, 그 상승폭과 하락 조정폭이 피보나치 수열에 나타나는 0.618과 0.382의 비율을 따른다고 말한다. 여기까지 다 이해했다면 당신은 대단한 지력의 소유자다. 하여튼 누구나 헷갈릴 정도로 복잡하다. 그러나 전혀 이해하지 못해도 상관없다. 어차피 엉터리니까.

꼭 알아두어야 할 것은 주가가 엘리어트 파동이론처럼 움직이지 않는다는 것이다. 주가는 파동이론이 미리 정해준 대로 결코 움직이지 않는다. 인간의 운명이 정해져 있지 않은 것과 같다. 엘리어트 파동이론의 진짜 비밀은 일반인들이 알기 어려운 신비하고 비밀스런 용어를 이용해서 그럴듯하게 만든 엉터리 이론에 불과하며, 주창자와 전도자 모두 돈을 벌지 못했다는 사실이다. 피타고라스, 오각형별, 피라미드, 피보나치 수열, 황금비율 등과 같은 모호하고 신비한 단어 때문에 일반인들이 속기 쉬울 뿐이다.

희대의 엉터리 예언사업가 로버트 프리처

또 다른 도사로 로버트 프리처가 있다. 로버트 프리처는 예일 대학을 다닐 때 주식시장과 사회심리학의 유사함에 흥미를 가졌다. 대학 졸업 후 4년 동안 록 밴드에서 드럼을 연주한 후 주니어 기술 분석가로 메릴린치 증권사에 입사했다. 거기서 무명의 회계원이던 엘리어트를 우연히 알게 되었고, 엘리어트의 파동이론에 심취했다. 엘리어트는 1946년 '자연의 법칙 – 우주의 신비(Nature's Law-The Secret of the Universe)'라는 글에서 파동이론을 발표했다. 엘리어트는 주가가 상승 5파와 하락 3파의 파동을 만들며, 한 파는 더 작은 파동으로 나뉜다고 했다. 주가는 밀물과 썰물처럼 파동을 만들며 조정한다고 주장했다.

프리처는 엘리어트의 파동이론에 매우 흥분하여 1979년 메릴린치를 그만두고 조지아 주 게인스빌에서 몇 년 간 엘리어트 파동이론으로 투자 조언에 나섰다. 다우지수가 1,000포인트를 돌파하자 투자자들은 주가가 3,000포인트를 간다고 주장한 프리처를 주목하기 시작했다. 강세장이 프리처의 주장대로 계속해서 이어지자 명성은 날로 높아졌다. 강세장이 지속되던 1980년에 프리처는 전국 TV 방송에 인터뷰를 하고 투자 잡지와 설명회를 휩쓸었다. 그러나 행운의 여신은 오래 머물지 않았다. 1987년 10월, 주가 대폭락을 지나면서 프리처의 예언은 퇴색하기 시작했다.

1987년 10월 대폭락을 앞둔 시점에서 그는 오락가락했다. 1987년 10월 5일 다우지수가 2,600을 웃돌고 있을 때 그는 향후 10퍼센트 하락할 확률은 50대 50이라는 단기 전망과 함께 단기 매입과 매도를 권유했다. 한편 기관투자가들은 다우지수 3,686을 목표로 계속 보유하라고 권했다. 그러나 실제 다우지수는 폭락했다. 주가가 500포인트 대폭락을 하자 프리처에 대한 찬양은 증오와 노여움으로 변했다.

투자자들은 다우지수가 예언대로 3,686포인트에 도달하지 못했음을 비난했다. 다우지수가 2,000포인트 가까이로 폭락한 후에야 그는 장기 약세를 전망했고, 재무성 채권을 사라고 했다. 또 1990년대 초 재매수를 추천하지 않아 이후 강세장을 놓쳤다. 거듭된 실패로 프리처의 예언사업은 시들해지고 사실상 은퇴를 했다.

2002년도에는 새로운 예언을 담은 책 『폭락 극복하기(Conquer the Crash)』를 발표해서 베스트셀러가 되었다. (대중의 기억력은 얼마나 보잘것없는가?) 그의 새로운 예언은 현재 네 자리수의 다우지수(현재 8,900)가 세 자리수가 된다는, 즉 10분의 1로 폭락한다는 그야말로 충격적인 내용을 담고 있었다. 그러나 모두 알다시피 그의 예언은 또 빗나갔다.

실전주식투자대회 우승자를 믿을 수 있을까

실전주식투자대회에서 우승한 도사들은 과연 믿을 수 있을까? 나는 회의적이다. 그들의 실전 투자수익률은 1,600퍼센트, 2,400퍼센트라는 천문학적 숫자를 자랑한다. 그들이 자신의 주장대로 실력을 가졌다면 조만간 재벌이 될 능력을 가진 사람들이다. 그러나 나는 아직까지 우승자 중에서 단 한 명이라도 재벌이 되었다는 이야기를 들은 적이 없다. 그렇다면 그 우승자들의 천문학적인 투자수익률은 어떻게 된 것일까? 진실은 우연히 행운을 잡은 것이다. 로또에 당첨

되었을 뿐이다.

예를 들어서 1,000마리의 오랑우탄이 한자리에 모여서 동전던지기 시합을 한다고 하자. 동전을 던져서 앞면만 나온 오랑우탄이 이긴다고 하자. 여러 번 동전을 던지다보면 결국엔 한 마리만 남게 되고 우승을 할 것이다. 그러면 우승한 오랑우탄은 조만간 잡지에 대서특필된다. 동전던지기 챔피언이라고. 그리고 TV에 나가서 동전 던지는 기술에 대해서 강연하고 책을 쓰고 할 것이다.

오랑우탄과 마찬가지로 나는 실전투자대회 우승자가 실력을 가졌다기보다는 단지 운이 좋았을 뿐이라고 믿는다. 얼마 전에는 실전투자자대회 우승자가 그의 투자 비결이 시세 조작인 것으로 탄로나 검찰에 고발되기도 했다. 해외에서는 증권사가 고객을 유인하기 위해서 실전주식투자대회를 자주 개최하는데, 대회 참가자와 짜고 수익률을 조작해서 말썽이 난 경우도 있다.

그러니 부디 실전주식투자 우승자를 너무 믿지 마시길…….

부의 본능을 깨우는 스위치 7

도사 환상을 극복하고
냉혹한 현실에 눈을 떠라

전문가는 알고 보면 세일즈맨이다

신문 방송에 나오는 전문가는 진짜 고수(高手)가 아니라 북치며 물건 선전하는 고수(鼓手)다. 그들은 부자도 아니고 돈 버는 방법도 모른다. 돈을 번 사람은 신문이나 방송을 타려 하지 않는다. 돈 많이 버는 것이 알려져 봐야 성가신 일만 생기기 때문이다. 또 돈 버는 방법을 알고 있는 선수가 왜 혼자서 돈 벌지 소문내서 경쟁자를 불러들이겠는가?

신문 방송에 나오는 전문가는 사실은 세일즈맨이다. 나는 전문가가 나오면 그들이 무슨 상품을 팔려고 하는지 살펴본다. 대개 전문가의 소속을 보면 뭘 파는지 알 수 있다. 부동산 전문가는 부동산이 최고라고 말한다. 은행의 프라이빗 뱅커 출신 전문가는 예·적금 펀드 상품이 최고라고 말한다. 증권사 직원은 주식이 최고라고 권유한다. 모두들 자신이 파는 상품이 최고의 투자 대상이라고 한다. 공무원과 정치인도 세일즈맨이긴 마찬가지다. 그들은 표를 의식해서 집값이 안정될 것이라고 말한다. 순진하게도 그런 정치가와 공무원의 주장을 곧이들어서 손해 본 투자자를 보면 안타깝다. 그들은 재테크를 모르는 게 아니라 세상을 몰랐던 것이다.

종종 아무런 제품도 팔지 않는 것 같아 보이는 책상머리 연구소 직원이나 교수들이 전문가로 소개되기도 한다. 그러나 그들도 자신의 명성을 팔고 있다. 그런데 책상머리 전문가는 자신도 모르는 말을 내뱉는 앵무새에 불과한 경우가 많다. 나는 현장에서 돈을 버는 사람의 말에 귀를 기울이지, 말로만 떠드는 전문가는 신뢰하지 않는다.

사실 이래 저래 따지고 보면 남을 부자로 만들어주기 위한 숭고한 사명을 띠고 이 땅에 태어난 전문가는 없는 게 당연하다. 당신은 자신의 이익을 위해서 투자처를 찾는 것이 당연하다고 생각하는가? 그렇다면 전문가들도 자신의 이익을 위해서 일하는 것이 당연하지 않은가? 전문가가 돈 한 푼 안 생기는데 당신을 위해서 노력할 것이라고 착각한다면 당신이 오히려 이상한 사람이다.

부동산 도사들이 얼마나 실패하는지 보라

부동산 전문가의 전망이 얼마나 무모했는지 잠깐 살펴보자. 2000년 초에 집값이 바닥이었을 때 모 경제연구소 연구원은 재테크하려면 집 사면 절대 안 된다는 책을 냈는데, 그 이후로도 계속 하락을 주장하는 바람에 "고장 난 시계"라고 놀림받는 수모를 당했다. 2002년 초에는 또 다른 경제연구소 연구원이 부동산 거품이 심하며 늦어도 하반기에는 하락한다고 전망했지만 그 뒤로 더욱 올랐다.

2003년 봄에는 유명한 모 대학 부동산학 교수가 부동산 거품이 너무 심해서 자신은 아파트를 팔았다고 신문 칼럼에 게재했다. 또 모 증권사 사장은 한국의 부동산 가격이 GDP와 비교할 때 버블이 심하기에 보유한 오피스텔과 주택을 다 팔았다고 신문에 기고했다.

그러나 이후로 계속 올랐다. 박사고 교수고 연구원이고 다 소용없다. 앞날은 아무도 모른다. 그걸 알면 사람이 아니다. 내가 전문가의 실패를 언급하는 이유는 그들을 망신 주려는 게 아니다. 미래 가격 전망은 원래 아무도 할 수 없다는 것이다.

소설가 마크 트웨인은 이렇게 말했다. "예언의 총을 가지고 다니는 전문가는 의기소침해질 필요가 없다. 눈에 띄는 대로 쏜다면 언젠가 한 번은 맞추게 되어 있다."

주식시장에 숨어 당신의 돈을 노리는 5적

나를 알고 적을 알면 백전불패다. 주식시장에서 당신의 적은 누구인가? 적을 모르면 당신의 주식투자는 이미 진 게임과 같다. 주식시장의 5적을 살펴보자.

첫째, 자칭 도사들이다. 유료회원으로 가입하면 부자로 만들어주겠다고 약속하는 자칭 도사들. 자신들이 황금 천국의 문을 여는 열쇠를 가지고 있다고 주장하지만 정작 자신은 부자가 아닌 경우가 많다. 이들 자칭 도사 중에는 회원들에게 매수를 추천해놓고 자신은 뒤로 파는 파렴치한 범법 행위를 저지른 사람도 있다. 언제나 탐욕스럽고 어리석은 사람이 도사들이 내건 미끼를 물게 된다.

둘째, 대주주다. M&A로 큰돈을 벌어서 상장기업까지 인수한 친구가 나에게 이렇게 충고했다. "주식투자는 '깜깜이' 속에 들어가는 거야. 앞으로 어떻게 될지 몰라. 그러나 M&A는 그렇지 않아! 대주주의 진짜 의도와 기업의 실상을 정확히 알 수 있어." 친구는 대주주가 일반투자자의 친구가 아니라고 말했다. 친구의 말이 맞았다. 대주주는 당신을 대상으로 자기 사업에 돈만 투자하게 해놓고서 회사돈을 빼돌리고 있을지도 모른다. 아니면 내부 정보를 이용해서 일반투자자인 당신에게 손해를 입히고 이익을 챙기는지도 모른다. 또 분식회계로 당신을 속이고 있는지도 모른다. 주식투자 할 때는 대주주가 어떤 사람인지 알아봐야 한다. 정부가 대주주인 공기업은 비효율성은 있어도 분식회계는 거의 없다.

셋째, 애널리스트다. 당신이 애널리스트의 분석보고서를 보고 주식투자를 한다면 손해 보기 쉽다. 왜냐하면 애널리스트가 누구에게서 월급을 받는지를 보라! 애널리스트의 분석보고서도 알고 보면 증권사의 상품을 팔기 위한 판촉 도구에 불과하다. 보고서가 가장 먼저 누구 손에 들어가겠는가? 일반투자자인 당신이 읽을 때쯤이면 정보로서의 가치는 전무하며 오히려 역이용당할 수 있다. 애널리스트의 보고서는 자신이 속한 증권회사의 상품 주식을 일반투자자에게 떠넘기기 위해서 이용되는 경우가 종종 있다.

넷째, 신문과 방송매체 보도다. 신문 기사와 방송 보도에서 얻은 정보를 바탕으로 투자한다면 돈을 벌기가 어렵다. 신문사와 방송국에 광고비를 대는 곳은 바로 기업이다. 그래서 기업(대주주)에 유리한 정보는 보도되고 불리한 정보는 감추어지는 경우가 많다. 때문에 신문 기사와 방송 보도는 낙관적인 편향을 보이게 된다. 또 대주주들이 일반투자자들을 속이기 위해서 언론 플레이를 하는 경우가 많다. 대주주와 경영진의 인터뷰가 바로 그런 경우다.

　다섯째, 작전세력이다. 작전세력은 거짓 루머를 퍼트리고 시세를 조작한다. 루머에 혹하지 말아야 한다. 바다에 침몰한 보물선을 찾았다느니 A&D(인수 후 개발)니 신약 개발이니 하는 재료들은 모두 작전세력이 만든 루머였다. 모호한 루머가 떠도는 주식을 경계하라! 작전세력은 주로 시가총액이 작은 주식을 대상으로 작전을 편다.

마녀 환상의 오류

마녀 환상은 가난한 사람이 걸리기 쉬운 질병이다. 마녀 환상에 빠지면 부자가 될 동력과 추진력을 잃어버린다. 그래서 가난한 사람이 마녀 환상에 빠지면 부자가 되려고 노력하지 않게 된다. 지금의 가난이 내 잘못이 아니고 남 탓이라면 내가 노력해야 할 일은 아무것도 없게 되는 것이다.

부자를 미워하는 것은 인간의 본능이다

원시인들은 부자를 미워했다. 에스키모들은 구두쇠를 발견하면 죽였다. 인디언은 재산을 모으는 것을 경계했고, 어려서부터 재산을 남에게 주는 것을 가르쳤다. 재산 욕심을 나쁜 행위로 간주했다. 또 원시 부족은 마을에 불행한 일이 생기거나 감염병이 돌면 나쁜 사람 때문에 신의 노여움을 사서 이런 불행이 발생한다고 생각했다. 그래서 나쁜 사람을 색출, 처벌하여 신의 노여움을 풀어야 한다고 믿었다. 그런데 나쁜 사람으로 지목되는 1순위는 '재산을 많이 모은 사람'이었다.

왜 원시인들은 이처럼 부자를 미워했을까?

원시시대의 가장 중요한 가치는 단결이었다. 자신보다 큰 동물을 사냥하기 위해서 단결이 필요했고 맹수를 물리치기 위해서도 단결이 필요했다. 집단의 단결을 위해서 공동분배하고 모두 평등하게 살았다. 혼자서 재산을 축적하는 것은 공동분배 사회에서 단체의 결속력을 해치는 나쁜 행위였다. 그래서 단체의 평화와 단결을 해칠 수 있는 재산 축적을 금기시했다. '재산 축적=나쁜 행위'라는 믿음을 가졌다. 그래서 석기시대 원시인들도 마녀사냥을 했다고 한다.

인류학자에 따르면 아프리카 탄자니아의 한 부족은 흉작이나 재산상의 손실, 사냥의 실패, 부상이나 죽음이 생기면 마녀사냥을 했다. 마녀 후보 중 경제적으로 성공한 사람이 언제나 1순위였다고 한다. 원시인들은 마녀를 판정할 때 신의 뜻을 따랐다고 한다. 필리핀 이푸가오족은 끓는 물에 손을 담그거나 불에 달군 칼에 손을 대서 화상을 입으면 유죄로 판결했다.

현대인도 여전히 부에 대해 부정적인 원시인의 감정을 가지고 있다. 그래서 사람들은 부자에 대해서 본능적인 거부감을 가지고 마녀사냥을 한다. 그러나 마녀 환상에 사로잡히면 자신의 잘못은 없다고 생각하기에 스스로 노력할 생각을 하지 않게 되어 부자 되기가 어려워진다.

마녀사냥은 뿌리가 깊다. 중세시대 마녀는 어땠을까? 흉년이 들거나, 가뭄이 들거나, 과일이 썩거나, 병이 들거나, 애를 못 낳거나, 우박이 내리거나 하면, 이 모든 게 마녀 때문이라고 생각했다. 마녀가 악마와 잠자리를 한 다음 악마의 힘을 이용하여 저주를 내린다고 생각했다.

마녀의 능력을 보자.

마녀는 주술로 농작물을 망치고, 가뭄이 들게 하고, 과일을 썩게 하고, 짚 인형에 침을 찔러 사람을 병들어 죽게 하고, 여자가 아이를 못 낳게 하고, 폭풍과 벼락과 우박으로 사람과 가축에게 피해를 주고, 공중을 날아다니며 마녀집회에 참석한다고 여겼다.

그러면 마녀를 판별하는 방법은 무엇인가? 자백이었다. 마녀의 자백을 받기 위해서 고문했다. 어떤 고문이 사용되었나? 채찍질, 손가락 조르기, 매달기, 매달아 떨어뜨리기, 뼈 부수기, 손이나 발 자르기, 불에 달군 펜치로 살 잡아 떼어내기, 빨갛게 달군 쇠로 지지기, 뜨겁게 불에 달군 쇠 장화를 신기거나 구두를 신긴 발을 해머로 으깨기 같은 잔인한 고문이 행해졌다.

또 다른 마녀 판정법도 있었다. 마녀를 발가벗기고 오른손 엄지손가락은 왼발 엄지발가락에, 왼손 엄지손가락은 오른발 엄지발가락에 묶은 후에 연못이나 강물에 던져 넣는다. 만약 물속으로 가라앉으면 무죄의 증거다. 대부분 물에 빠져죽었다. 만약 가라앉지 않고 뜨면, 그 마녀는 더 이상의 증거가 필요 없이 교수형에 처해졌다고 한다.

마녀사냥이 중세시대에만 있었던 것은 아니다. 마녀사냥은 인류의 역사와 함께했다. 석기시대 원시인들도 마녀사냥을 했다. 20세기에도 마녀사냥은 이어졌다. 제2차 세계대전 동안에 독일 나치스의 유대인 학살, 일본의 1923년 관동대지진 때 조선인 학살 등이 대표적인 마녀사냥이다. 마녀사냥은 인간의 본능이다.

마녀 환상과 맞바꾼 부자 되기 위한 추진력

"부자들이 이번 일로 각성했으면 합니다." 스무 명이 넘는 사람을 살해한 것으로 알려진 희대의 살인마가 부자들에게 내뱉은 훈계다. "어머니는 품에 자식 모두를 안고 싶어 정말 힘들게 겨우 모두를 안고 계셨습니다"라는 글을 방안에 적어두고 살던 살해범은 자신의 어머니가 힘들게 자식을 안아야 했던 까닭을 부자들에게로 돌렸다. 그는 개인적인 원한과 무력감을 부자 탓으로 돌렸다.

그런데 이 살인마뿐만 아니라 평범한 사람도 자신이 힘들고 어려우면 남 탓을 하는 본능을 가지고 있다. 그래서 사람들은 손실을 보거나 상대적 박탈감을 느끼면 자기도 모르게 마녀 환상에 사로잡히게 된다.

지극히 정상적이고 평범하고 착한 안정성 대리의 마녀 타령을 들어보자.

"강남의 30평 아파트가 15억이라니 말이 돼? 거품이야 거품. 정부는 도대체 뭘 하는지 몰라. 반상회에서 담합하는 아줌마하고 투기꾼들은 다 때려잡아 족쳐야 해. 가격 상승을 부추기는 악질 중개인들도 마찬가지야. 정부는 뭐하나 몰라. 제대로 하는 게 없어. 분양가 엄청 올려서 폭리 취하는 건설사도 가만두면 안 돼. 차라리 강남 대모산 밑에다 핵폐기물을 묻었으면 좋겠어. 작년에 집을 팔지만 않았어도……. 신문에 부동산 전문가란 놈이 거품이라고 해서 팔았는데, 모든 게 다 그놈들 때문이야."

이처럼 부동산 가격만 오르면 꼭 마녀들이 나타난다. 항상 마녀로 지목되는 사람은 부자, 투기꾼, 중개인, 복부인이다. 요즘에는 반상회서 담합하는 강남 아파트 아줌마와 건교부장관도 마녀 후보에 올랐다. 마녀라면 언제든지 집값을 올릴 수 있는 권능을 가졌을 텐데, 그래도 명색이 마녀인데 왜 꼭 저금리 때만 준동하는지 모르겠다. 그리고 미국, 영국, 호주, 캐나다 같은 다른 나라들도 동시에 집값이 올랐다는데, 요즘 마녀들은 전 세계적으로 합동 작전을 벌인단 말인가?

사람들이 빠져들기 쉬운 또 다른 마녀 환상으로는 다음과 같은 것들이 있다.

- 주식투자로 손해 본 건 모두 증권사 직원 때문이야.
- 내가 신용불량자가 된 이유는 나처럼 소득도 없는 사람에게 카드를 발급해준 카드회사 때문이야.
- 내가 못사는 이유는 돈 많은 사람들이 탈법과 탈세로 돈을 다 가져갔기 때문이야.
- 내가 집이 없는 건 모두 투기꾼들 때문이야.

이처럼 우리는 현재의 가난이 모두 남 탓이라고 분노하기 쉽다. 남 탓을 하는 본능을 가지고 태어났기 때문이다. 그러나 부자가 되고 싶다면 절대 마녀 환상에 빠지면 안 된다. 마녀 환상은 가난한 사람이 걸리기 쉬운 질병이다. 마녀 환상에 빠지면 부자가 될 동력과 추진력을 잃어버린다. 그래서 가난한 사람이 마녀 환상에 빠지면 부자가 되려고 노력하지 않게 된다. 지금의 가난이 내 잘못이 아니고 남 탓이라면 내가 노력해야 할 일은 아무것도 없게 된다. 몇몇 나쁜 부자와 투기꾼이 있는 건 사실이다. 그 사람들은 나쁜 사람들이 맞다. 그러나 그 나쁜 사람 때문에 내가 부자가 되지 말아야 하는 건 아니다. 나쁜 부자 때문에 내가 부자 되는 걸 포기하면 나만 손해다.

마녀 환상에 사로잡히면 성공하기 위해서 고통스런 노력을 하지 않는다. 복잡한 재테크시장의 움직임을 이해하려고 공부하지도, 정보를 얻으려고 애쓰지도 않는다. 단지 부자와 정부를 비난하기만 한다. 마녀 환상에 빠지면 평생을 늘 똑같은 목소리로 남 탓만 되풀이한다. 누구 때문에 못산다고 말하며 자신을 비참한 희생자로 만들어버린다. 종국엔 재테크와 담을 쌓고 냉소주의자가 되어버린다. 이렇게 남 탓하는 마녀 환상에 사로잡힌 사람은 마침내 영원한 가난뱅이로 남을 수도 있다.

부자를 질투하는 대신에 칭찬하라

나는 동료나 친구가 돈을 벌거나 승진을 하면 진심으로 축하해준다. 나도 언젠가 그들처럼 성공하리라 믿기 때문이다. 돈을 번 친구에게는 어떻게 벌었는지 나에게도 한 수 가르쳐 달라고 청하기까지한다. 나는 자신을 위해서 남의 성공을 칭찬한다. 왜냐하면 칭찬의 이득은 칭찬한 사람에게 70퍼센트, 칭찬받은 사람에게 30퍼센트 돌아가기 때문이다. 남의 성공에 대해 질투심을 갖고 험담을 하는 사람의 진짜 속마음은 남들보다 자신이 뒤떨어질지 모른다는 두려움이다. 나는 타인의 성공을 칭찬하고 축하해줌으로써 나도 할 수 있다는 자신감을 스스로 불러일으킨다. 또 나는 절대로 부자를 욕하지 않는다. 부자에 대한 부정적인 생각이 스스로 부자 되는 데 방해된다고 믿기 때문이다.

특히나 자신의 아이들 앞에서 부자를 욕하는 부모를 보면 안타깝게 느껴진다. 그런 행동은 부모가 자식을 가난하게 살도록 세뇌시키는 것과 같기 때문이다. 부자가 되려면 부자의 마인드를 장착하는 게 우선되어야 한다.

자극과 반응 사이에 공간을 확보하라

심리학자들은 성격을 내부통제(internal control)형과 외부통제(external control)형으로 구분한다. 내부통제형은 현재의 성공과 실패가 나의 행동의 결과라고 받아들인다. 모든 책임은 자신에게 있다고 믿는다. 투자의 결과도 실력의 산물이라고 믿는다. 인생은 자기 하기 나름이라고 생각한다. 이런 사람들이 부자 되기 쉽다. 반면에 외부통제형은 운이 중요하다고 믿는다. 인생은 복권 같다고 본다. 재물은 운을 타고난다고 믿는다. 그래서 투자의 결과도 운이라고 믿는다.

이러한 외부통제형의 성격은 자신의 일이 잘 안 풀리면 남 탓, 조상 탓, 사주팔자, 불운 때문이라고 생각한다. 이런 유형의 사람은 부자가 되기 어렵다. 부자가 되고 싶다면 남 핑계를 대는 성격부터 고쳐야 한다.

내가 좋아하는 말 중에 "자극과 반응 사이에는 공간이 있다"라는 말이 있다. 대부분의 사람은 자극에 대해서 본능적으로 반응한다. 배고프면 먹고, 예쁜 물건 보면 산다. 이런 사람들은 자극과 반응 사이에 공간이 없는 사람들이다. 환경에 휘둘리는 사람들이다. 조그만 일로 쉽게 화내고 울고 낙담하고 들뜨는 사람들이다.

그러나 성공한 사람과 부자들은 자극에 대해서 본능적인 반응을 보이지 않는다. 이런 사람들의 자극과 반응 사이에는 공간이 있다. 공간에는 자유의지가 있다. 자유의지가 있기에 배고파도 참을 줄 알고, 예쁜 물건이 눈에 들어와도 안 사고, 놀고 싶어도 일한다. 결국 부자가 되고 싶다면 자극과 반응 사이에 공간을 확보하고 인생을 주도적으로 끌고 나가야 한다.

주도적인 사람이 성공하고 부자가 된다. 인생을 주도하고 관리하는 사람은 남을 탓하지 않는다. 그러니 부자가 되려면 자극과 반응 사이에 공간을 확보하라!

인체는 스스로를 지키기 위해서 방어 시스템을 가동한다. 나쁜 균이 침입하면 면역방어 시스템이 작동해 나쁜 균을 잡아먹어서 건강을 지켜나간다.

프로이트에 따르면 인간의 마음에도 방어 시스템이 있다. 바로

'정신방어기전'이다. 마음은 외부에서 스트레스를 받으면 정신적 건강을 유지하기 위해서 이 '정신방어기전'이라는 것을 작동시킨다. 정신방어기전 중에서 가장 성숙도가 낮은 것이 불행의 원인을 남 탓으로 돌리는 마녀 환상(투사)이라고 한다. 반면에 인격적으로 성숙한 사람은 다른 사람을 탓하는 대신에 자신의 모자란 점을 되돌아본다.

마녀사냥 대신에 자본주의 게임의 룰을 익혀라

마녀 환상 대신에 진짜 현실을 보아야 한다. 부동산이 오르는 건 투기꾼 때문이 아니라 저금리 때문이다. 빈익빈 부익부 현상이 나타나는 건 부자들의 착취 때문이 아니라 원래 자본주의가 그러하기 때문이다.

똑같은 시간을 일했지만 똑같은 월급을 받지 못하는 게 억울한 일이 아니다. 예전에 값이 같았던 아파트라고 해서 똑같은 속도로 오르지 않는 게 자본주의 시장의 게임 룰이다. '돈 버는 기계'를 장만하지 못하면 스스로 '돈 버는 기계'로 전락해야 하는 게 자본주의 게임의 룰이다.

부자가 되려면 마녀 환상에서 벗어나 빨리 자본주의 게임의 룰을 배워라! 환경에 적응하지 않으면 자연은 용서하지 않는다. 공룡이 사라진 이유도 환경 적응에 실패했기 때문이다. 이제 당신의 생각을 바꿀 필요가 있다. 정글에서 사자가 영양을 잡아먹었다고 해서 사자가 나쁜 놈이고 영양이 착한 피해자인 것은 아니다. 불공평하다고? 세상은 원래 그렇다.

빨간색의 메뚜기가 들판을 보며 "왜 들판은 붉지 않고 파란색일까?"하고 불평만 했다. 그러는 동안에 그 메뚜기는 하늘을 나는 새의 눈에 띄어 잡아먹히고 말았다. 적응하지 않고 불평만 한 메뚜기의 종말이다.

우리에게 필요한 것은 비판이 아니라 적응이다. 적응하려면 자본주의 게임의 룰을 알아야 한다. 자본주의 시장의 게임의 법칙을 모르면 마녀 환상에 빠져 낙오하기 쉽다.

다주택자 규제를 강화할수록 집값은 오른다

다주택자에 대한 오해에 대해서 말해보자. 많은 사람들이 올바른 경제학적 사고를 하지 못한다. 한 번은 친구가 "다주택자들이 집을 매점매석하니까 집값이 올라간다"며 다주택자를 비난하기에 깜짝 놀랐다. 그 친구는 명문대 경영학과를 졸업하고 대학원까지 마친 똑똑한 친구인데도 말이다.

대중들은 깊은 생각 없이 집값이 오르는 이유가 매점매석에 따른 결과이고 다주택자들이 나쁜 사람이라고 비난한다. 왜 그럴까? 이것은 인간의 원시본능인 제로섬 사고방식으로 판단하기 때문이다. 구석기 시대에는 수렵 채집한 사냥물을 배분하는 것이 경제생활의 전부였다. 잉여생산물이 없기에 교환하는 시장도 없었다. 내가 많이 가지면 상대가 적게 가지고, 내가 못살면 상대가 잘사는 제로섬 사회였다.

인류 진화 역사로 보면 시장경제는 아주 최근에서야 생겼다. 인류 역사 800만 년 중에 799만 년이 구석기 시대에 해당한다. 신석기 시대 이후에야 잉여생산물이 축적되고 시장이 생기고 교환할 수 있게 되었다. 제로섬이 아닌 '1+1〉2'가 되는 시장경제의 경험은 아주 최근의 일인 것이다.

그러다보니 현대인에게도 시장경제에 대한 이해방식보다 제로섬 사고방식이 본능화되어 있다. 그래서 대중들은 원시 본능인 제로섬 사고방식에 사로잡혀서 일부 부자가 집을 매점매석하기에 집값이 오른다고 생각하기 쉽다.

그러나 진실은 오히려 반대다. 집은 다른 상품과는 다르다. 집은 아무리 많이 사도 자기가 살 집 한 채를 제외한 나머지는 모두 세를 주어야 한다. 혼자서 많은 집을 다 사용하는 사람은 없다.

자, 경제학적으로 생각을 해보자. 전월세 공급이 많아지면 집값이 하락한다는 것에는 누구나 동의할 것이다. 그런데 전월세 공급을 누가 하나? 바로 다주택자들이 한다. 그래서 다주택자들이 많을수록 집값이 안정된다. 결론을 믿기 힘들 수 있지만 사실이다. 터키가 그 예다.

터키라는 나라는 정부에서 다주택자에게 엄청난 세제혜택을 준다. 그래서 너도 나도 다주택자가 되려 하니까 경쟁적으로 월세집이 늘어나서 집값과 월세가 많이 안정되어 있다. 국민 누구나 싼 값에 집을 사거나 세를 얻을 수 있다.

그런데 정치인들은 왜 다주택자에게 징벌적 규제와 세금폭탄을 던질까? 마녀사냥이다. 무지한 대중들의 분노를 부자에게 돌리고 표를 얻을 수 있기 때문이다. 다주택자 양도소득세 중과와 집 부자에 대한 종부세 중과가 그 예다. 이런 상황에서 누가 다주택자가 되려 하겠는가.

그럼 다주택자가 사라지면 누가 무주택자에게 전월세를 공급해 줄 수 있을까. 정부가 하면 되지 않을까? 맞다. 그런데 문제는 정부가 공급하는 임대아파트는 전체 임대시장에서 차지하는 비율이 약 5퍼센트에 불과하다.

결국 지금 다주택자를 옥죄는 규제는 장기적으로 전월세 공급을 줄이고 집값 상승을 가져오게 된다. 다주택자에 대한 규제가 장기적으로 집값 상승요인이 되는 것이다.

서울의 경우는 다주택자 규제 외에도 재건축 초과이익환수제와 재건축 안전진단강화 그리고 미온적인 재개발정책으로 장기적으로 주택공급이 줄어들 것으로 보인다. 이런 식으로 주택공급을 제한하는 규제가 지속된다면 장기적으로 서울 집값은 상승할 수밖에 없다.

부자가 되고 싶다면 부자의 줄에 서라

"집값이 오를 땐 부자 동네가 더 많이 오르고 집값이 내릴 땐 가난한 동네 집값이 더 많이 내린다."

"주가가 오를 땐 우량 1등주가 많이 오르고 주가가 하락할 땐 부실주들이 더 많이 하락한다."

"골프회원권 가격도 내릴 때 초고가 회원권보다 저가 회원권 가격이 더 많이 내린다."

왜 이런 현상이 벌어질까? 부자들은 돈을 버는 방법을 아는 사람들이다. 호황이 왔을 때 가난한 사람보다 더 많은 돈을 벌고 불황이 왔을 땐 적게 잃는다. 불황이 오면 경제적인 약자인 가난한 사람들이 제일 먼저 타격을 받는다. 홍수가 나면 저지대부터 침수하는 것과 같다. 그래서 재테크 측면에서는 가난해도 부자들 편에 서는 게 유리하다.

주식투자를 할 때도 대주주가 매집하는 주식이 오를 가능성이 높다. 반대로 대주주가 내다 파는 주식은 조심해야 한다. 또 가장 부자인 외국인이 매입하는 주식이 상승 탄력성이 높기에 외국인의 동향을 늘 주시해야 한다. 부동산 투자도 마찬가지다.

내 집 마련은 어디에 하는 게 좋을까? 지방보다는 수도권이 좋고, 수도권보다는 서울이 좋고, 강북보다는 강남이 좋으며, 강남에서는 서쪽보다 동쪽이 좋다. 부자들이 살거나 향후 살 만한 지역 근처에 살아야 집값이 오른다. 왜냐하면 자본주의 체제는 잘사는 사람은 더 잘살게 되고, 잘사는 사람이 많은 지역에는 각종 서비스와 편의시설이 앞 다투어 들어서기 때문이다.

부의 본능을 깨우는 스위치 8

마녀 환상을 극복하고
자본주의 게임의 룰을 익혀라

부동산 값은 투기꾼이 아니라 경기에 따라 달라진다

"투기꾼 때문에 아파트 값이 올라." "살 집을 투기 대상으로 여기는 투기꾼들을 족쳐야 해." "반상회에서 담합해서 아파트 가격을 올리는 아줌마들 그냥 두면 안 돼." 이런 분노 어린 주장들이 많다.

그러나 부동산이 오른 진짜 이유는 경기가 좋아졌거나 공급보다 수요가 많기 때문이다. 오를 요인이 많기 때문에 투기적 수요가 생기고 오르게 되는 것이다.

아파트 가격도 마찬가지다. 아파트가 너무 오른 게 아니라 사실은 돈 가치가 떨어진 것이다. 2004년을 기준으로 보면 1988년에 비해 돈은 아홉 배가 늘었다. 그동안 아파트 가격은 세 배가 되었다. 그러니 아파트 가격이 오른 게 아니라 돈 가치가 떨어진 것이다.

돈은 찍어낼수록 가치가 없어진다. 제1차 세계대전에서 패배한 독일의 경우가 극단적인 사례다. 당시에 한 독일 할머니가 돈을 바구니에 잔뜩 담아서 시장에 장 보러 갔다가 도둑을 맞았다. 그런데 도둑이 돈은 버리고 바구니만 훔쳐갔다는 일화가 있다. 자고 나면 가치가 떨어지는 돈보다 바구니가 더 가치 있었던 것이다. 그 당시 독일 노동자들은 월급으로 받은 지폐가 하도 많아서 달구지에 실어서 운반했다. 이처럼 돈이란 찍어내면 낼수록 가치가 떨어진다.

돈은 어떻게 찍어내는가? 은행에서 개인들에게 대출을 해주면 돈이 늘어난다. 정부가 국민들에게 땅 파는 공사를 시키고 대가로 돈을 지불해도 돈이 늘어난다. 또 수출업자가 수출로 번 달러를 한국은행에서 원화로 바꾸면 돈이 늘어난다. 최근에는 가계대출이 급증하여 시중에 돈이 많이 풀렸다. 그래서 부동산 가격이 오른 것이다.

독점적 지위를 갖춘 1등 기업에만 투자하라

주식투자를 할 때도 약한 기업보다 강한 기업에 투자하는 게 좋다. 특히나 요즘처럼 개방 글로벌 경제 아래서는 국제경쟁력이 없으면 대기업도 소멸하게 되어 있다. 이제는 국내 1위만으론 충분하지 않다. 국경이 개방되어서 세계 1위가 아니면 망하게 된다.

그래서 주식시장에서 국제경쟁력이 있는 기업만 주가가 계속 오르고 나머지 기업은 언제나 제자리걸음이다. 부자 기업은 더 부자가 되는 게 자본주의 체제의 정상적인 현상이다. 그러니 주식투자도 강한 기업에 해야 한다. 괜히 비실비실한 2류 기업에 투자해서 행여 사라지지 않을까 마음 졸이고 고민할 필요가 없다. 외국 기업이 진출해도 이길 수 있는 국내 기업을 선택해서 투자하는 것이 좋다. 예를 들면 삼성전자, 삼성화재, KB금융, 포스코, SK텔레콤, 농심 같은 기업은 국제경쟁력이 있는 기업이다.

외국인들이 투자하는 종목을 보면 수출 기업은 하나같이 국제경쟁력을 가진 기업이고 내수 기업은 국내에서 독점적 지위를 차지한 1위 기업이다. 글로벌 경제 아래서 주식투자에 성공하려면 국제경쟁력을 가진 강한 기업에 투자해야 한다.

돈을 더 주고라도 알짜상가에 투자하라

"상가투자 권하는 사람은 친척이라고 해도 같이 밥도 먹지 마라." 내가 아는 부동산중개인의 말이다. 상가투자의 십중팔구는 실패하기 때문에 하는 말이다. 그 부동산중개인은 분당에서 상가투자로 돈 번 사람을 보지 못했다고 했다. 상가투자는 정말 고수들의 영역으로 남겨두는 게 좋다.

그런데 상가투자로 돈을 번 사람이 있다고 해서 비법을 들어봤다. 20년을 넘게 상가투자를 해온 A씨가 밝힌 상가투자법은 가장 알짜상가만 소유한다는 것이다. 좀 더 비싼 가격을 치르고라도 상권이 확실하게 형성된 다음에 노른자위 상가를 산다고 한다. A씨는 상권이 형성되지 않은 신설 분양 상가는 조심해야 한다고 충고한다. 상권이 어떻게 형성될지 모르고 또 만약에 상권이 한번 붕괴되면 다시 살리기가 거의 불가능하기에 신설상가 투자는 너무 위험하다는 것이다. 결국 상가투자에 성공하는 법은 생존력과 경쟁력이 확인된 상가를 사라는 것이다.

또 상가투자에서 성공한 B씨의 상가투자법도 눈여겨볼 만하다. B씨는 권리금이 높게 형성된 상가만 산다고 한다. 그러면 실패하지 않는다는 것이다. 권리금은 상가의 경쟁력을 확인하는 하나의 지표다. 결국 상가투자의 성공법은 가격을 좀 더 주더라도 똑똑한 놈을 사야 한다는 것이다. 자본주의 사회는 승자가 모든 걸 다 가지는 세상이기 때문이다.

부자가 더 부유해지고 빈자가 더 가난해지는 이유

"고객님, 은행에 나오셔서 계좌를 폐쇄해주시면 선물을 드리겠습니다." 20년 전에 한 외국계 은행은 통장잔고가 200만 원 이하인 소액예금 고객들에게 편지를 보냈다. 선물까지 줄 테니 제발 거래를 끊어달라고 애원(?)했다. 왜냐하면 은행을 먹여 살리는 고객은 소수의 큰손들이며 소액 고객은 은행 전산의 메모리만 차지하고 우편 발송비용만 잡아먹어서 오히려 손해를 끼치기 때문이다. 은행 이익의 80퍼센트가 상위 20퍼센트의 큰손 고객으로부터 나온다.

미국 푸르덴셜 생명보험사의 경우 상위 20퍼센트 안에 드는 사원이 나머지 80퍼센트에 드는 사원보다 16배 많은 보상을 받는다. 왜 그럴까? 100명의 사원이 100원의 보험을 계약한다고 하면, 80명이 20원을 계약하고, 우수 사원 20명이 80원을 계약한다. 상위 20퍼센트 안에 드는 우수 사원은 1인당 4원을 계약하는데 반해 나머지 80퍼센트 사원은 1인당 0.25원의 계약을 하는 셈이다.

무조건 노력한다고 인생과 재테크에서 성공하는 게 아니다. 세상 돌아가는 법칙을 아는 것이 더 중요하다. 열심히 하되 법칙을 따라야 성공한다. 그러면 세상 돌아가는 법칙은 무엇인가? 80대 20의 법칙이다. 1897년 이탈리아 경제학자 빌프레도 파레토가 발견한 파레토 법칙이다. 20퍼센트의 인구가 80퍼센트의 돈을 가지고 있고, 20퍼센트의 근로자가 80퍼센트의 일을 하며, 20퍼센트의 소비자가 전체 매출액의 80퍼센트를 차지한다는 것이다. 이 법칙에 따르면 시장은 점차 양극화된다. 승자가 모든 것을 차지하는 승자 독식(Winner-take-all) 사회가 된다는 것이다.

이런 법칙이 맘에 안 드는가? 맘에 안 든다고 불평해봐야 소용없다. 세상이 원래 그렇다. 지구가 평평하지 않고 둥글다고 불평한들 무슨 소용이 있는가? 세상에 맞서봐야 소용없다. 필요한 건 적응이다.

법칙을 모르는 개미투자자들은 열심히 3류 기업에 투자하고 노력하지만 망한다. 반면에 외국인 투자자들은 시가총액 상위 기업에만 투자를 집중한다. 법칙을 모르는 초보 투자자는 싸구려 상가를 분양받지만 프로 투자자는 돈을 더 주고라도 알짜상가만을 산다. 법칙을 모르는 사람은 변두리 싼 지역 아파트를 선호한다. 그러나 시간이 지나고 보면 중심지역 아파트가 더 많이 오른다.

재테크에서 성공하려면 80대 20의 법칙을 알고 상위 소수의 기업, 상위 부동산에 집중 투자해야 한다. 재테크에서 성공하기 위해서는 이 법칙을 따르는 것이 노력이나 타고난 재능보다 더욱 중요하다.

인식체계의 오류

인간의 인식능력은 매우 제한적이고 불완전하다. 타고난 이 불완전한 인식체계 때문에 우리는 종종 행운만 바라보게 되고, 최악의 사태를 대비하지 못하며, 과도한 확신으로 올인 투자를 하며, 미래를 알 수 있다고 착각하여 투자에서 허방다리를 짚게 된다.

인간은 보고 싶은 것만 보도록 진화했다

개구리는 인식체계가 너무 단순하다 보니 때로 실수를 할 때도 있다. 예를 들면 파리가 움직이지 않으면 파리를 먹이로 인식하지 못한다. 아무리 배고픈 개구리라도 움직이지 않는 파리를 코앞에 두고 굶어죽는다. 개구리의 죽음은 현실을 있는 그대로가 아닌 왜곡된 형태로 본 대가다.

그렇다면 인간은 세상(현실)을 있는 그대로 인식할까? 인간도 세상을 있는 그대로 보지 않는다. 인간도 세상을 엉성하게 인식하기는 마찬가지다. 우리가 보는 게 현실이 아니라고? 그게 말이 되냐고? 놀랄 일이지만 사실이다.

인간이 현실을 있는 그대로가 아닌 왜곡된 형태로 인식하는 증거를 보자. 세상엔 초음파와 자외선이 엄연히 있지만 인간은 듣고 보지 못한다. 초음파를 듣는 박쥐와 자외선을 보는 매의 입장에선 인간이 귀머거리요 장님이다.

왜 인간은 이처럼 엉성한 인식체계를 가졌을까? 바로 효율성 때문이다. 인간의 뇌는 몸무게의 2퍼센트밖에 안 되지만 에너지의 20퍼센트 이상을 쓴다고 한다. 그러다 보니 꼭 필요한 기능만 갖는 게 에너지 절약 차원에서 유리했다. 그래서 뇌는 복잡한 현실을 다 인식하려 하지 않고 생존에 꼭 필요한 일부만 인식하도록 진화해왔다.

하루 종일 낙엽 떨어지는 소리부터 개미 지나가는 소리 등 모든 자극과 환경을 인식하다 보면 우리는 아마도 신경과민으로 죽고 말 것이다. 그렇다고 해서 인간의 인식 범위가 너무 단순하면 수풀 속에서 노리고 있는 사자를 알아차리지 못해서 잡아먹히게 될 것이다. 인간의 인식능력은 환경에 적응하고 살아갈 수 있도록 진화해온 것이다. 결국 인간의 인식체계도 '보고 싶은 것만 보도록' 만들어져 있다.

이처럼 인간의 인식능력은 매우 제한적이고 불완전하다. 타고난 이 불완전한 인식체계 때문에 우리는 종종 행운만 바라보게 되고, 최악의 사태를 대비하지 못하며, 과도한 확신으로 올인 투자를 하고, 미래를 알 수 있다고 착각하여 다리를 헛짚게 된다. 마치 개구리가 눈앞에 파리를 두고도 굶어죽는 것과 같은 실수를 저지르게 되는 것이다.

부자 되는 걸 방해하는 3가지 착각

"바람에 나부끼는 저 깃발을 보아라! 바람이 흔들리는 것이냐? 깃발이 흔들리는 것이냐?"

"바람이 흔들리는 것이옵니다."

"아니다! 네 마음이 흔들리는 것이다."

노승과 제자의 문답이다.

우리는 우리가 보고 듣는 것을 진짜인 양 믿는다. 그런 생각은 두 뇌가 현실을 정확히 인식한다는 믿음을 전제로 한다.

그러나 불행하게도 우리의 두뇌는 현실을 정확히 인식하지도 못 하고 오히려 치명적인 결함까지 가지고 있다. 그래서 우리는 종종 이러한 두뇌의 현실 인식 시스템의 결함 때문에 재테크에 실패하게 된다.

두뇌의 인식체계 결함에는 세 가지가 있다. '행운 편향 인식', '모 르는 것도 안다고 생각하는 착각', '돈과 자신에 대한 부정적 해석' 이다. 우리는 이 세 가지 때문에 부자가 되지 못한다. 차례로 살펴 보자.

하수는 행운만 보지만 고수는 최악의 상황도 대비한다

"복권은 매주 사죠. 그런데 보험은 설계사가 매우 잘해주는데도 가입하기 싫어요." 그러나 복권에 당첨되기보다 마른하늘에 날벼락 맞아 죽을 확률이 더 높다고 한다. 복권의 기댓값은 대개 50퍼센트

미만이다. 보험은 약 85퍼센트다. 확률로 따져보면 당연히 보험에 가입해야 한다. 그러나 그렇지 않은 게 인간이다.

"주식투자로 대박 난 사람들 기사를 보고 나도 돈을 빌려서 투자에 나섰죠. 그런데 깡통이 되었어요. 저에게 이런 일이 일어날 줄은 꿈에도 생각 못했어요." 사람들은 다른 사람이 대박 나는 것만 보고 더 많은 사람이 손해 본 것은 보지 못한다. 그래서 자신도 대박을 터트릴 수 있다고 생각하고 투자에 나선다.

"누구는 단기투자로 16억 원을 벌었다고 하고 누구는 매일 40만 원씩을 번다고 해서 나도 나섰지만 깡통을 찼어요." 단타에 나선 투자자 99퍼센트가 장기 보유자보다 못하다는 통계 결과가 이미 나와 있다. 그런데 왜 이렇게 많은 사람들이 아직도 단타에 뛰어들까?

이것은 모두 인간의 행운 편향 인식 때문이다. 인간은 자신이 행운을 맞이할 가능성은 과대평가하는 반면에 불행을 겪게 될 가능성은 과소평가하는 경향이 있다. 이러한 행운 편향 인식은 두뇌의 선택적 지각 때문이기도 하다.

선택적 지각이란 보고 싶은 것만 보고 보기 싫은 것은 회피하는 우리 두뇌의 인식 특성을 말한다. 백화점에 가면 자기가 좋아하는 브랜드가 눈에 잘 띄고 서점에 가면 좋아하는 책이 눈에 잘 띄는 이치다. 반면에 끔찍하고 역겨운 장면이 나오면 시선을 돌린다. 이것이 바로 선택적 지각 때문이다.

우리의 두뇌가 불행은 외면하고 행운만 쳐다보는 편향성을 가졌기에 우리는 재테크에 실패한다. 그래서 카지노의 주인이 되기보다는 도박을 선택한다. 또 자기가 고른 주식이 대박을 가져다 줄 것이라고 착각한다. 그리고 최악의 상황을 고려해서 보험에 가입하는 대신에 로또를 사고 마권을 산다.

재테크에 있어서 고수와 하수의 차이는 무엇인가? 하수는 행운 편향 인식 때문에 행운만 기대하지만 고수는 언제나 최악의 상황에도 대비한다.

세상에 확실히 안전한 투자는 하나도 없다. 지진과 태풍이 언제 일어날지 예측할 수 없듯이 투자 대상에도 무슨 일이 생길지 모른다. 예측은 신의 영역이고 대응은 인간의 영역이다. 주식이든 부동산이든 분산투자하라! 그래야 슬퍼할 일이 적게 생긴다.

하수는 예측하려 하지만 고수는 대응하려 한다

"인간의 능력으론 향후 장세를 예측할 수 없다. 향후 장세 전망을 알 수 있는 사람은 아무도 없다. 이 사실만 제대로 깨우치면 당신은 고수다."

전설적인 펀드매니저 피터 린치가 한 말이다.

"나는 차트로 내일의 주가를 알려고 하지 않습니다. 또 거시경제나 산업 전망을 보고 투자하지 않습니다. 나는 내일 주가가 오를지 내릴지 예측하지 않습니다. 미래는 절대 예측 불가능하다는 사실을 꺼림칙하더라도 받아들이십시오."

워런 버핏의 충고다.

인간은 미래를 예측할 수 없다! 왜 그런지 살펴보자.

행성의 궤도는 선형으로 움직인다. 우리가 정확히 계산만 한다면 행성의 궤도를 한 치의 오차도 없이 예측할 수 있다. 당구공의 움직임도 물리학을 이용해서 정확히 예측할 수 있다. 그러나 당구공이 살아서 스스로 판단하고 움직인다면 예측할 수 있을까? 예측할 수 없게 된다. 마찬가지로 세포분열이나 면역체계 그리고 경제활동(주가, 환율)은 살아 있는 당구공처럼 움직이기에 본질적으로 예측이 불가능한 분야다. 인간 활동과 관련된 경제활동은 비선형적 움직임을 보이기 때문에 예측할 수 없다.

물리학자 뉴턴은 주식투자로 많은 돈을 날린 뒤에 이렇게 말했다.

"별자리의 운행은 한 치의 오차도 없이 예측을 할 수가 있지만 광기에 사로잡힌 주식투자자의 마음은 도무지 예측을 할 수가 없다."

유럽의 경험 많은 투자자인 앙드레 코스톨라니는 이렇게 말했다.

"주가의 움직임을 물리학으로 설명하려는 사람이 있다면 그는 바보가 아니면 사기꾼이다."

그렇다. 미래는 알 수 없는 것이다. 그럼에도 불구하고 대다수 사람들은 내일, 다음달, 내년의 주가, 환율, 금리, 부동산 가격을 알 수 있다고 착각한다. 그런 착각 때문에 재테크에서 번번이 실패하는 것이다.

그럼 왜 인간은 모르는 것도 안다고 착각하게 될까? 두뇌의 치명적인 인식체계 결함 때문이다. 증거를 보자.

1970년대부터 뇌전증 환자의 치료를 위해서 '뇌량 절단 수술'을 해왔다. 뇌량은 좌뇌와 우뇌를 연결하는 부분이다. 뇌량을 절단한 환자를 대상으로 한 실험에서 환자들이 모르는 것도 안다고 대답한다는 사실을 발견했다.

뇌량 절단 환자에게 왼쪽 눈으로만(오른쪽 눈은 가리고) 지시어를 읽고 행동하라고 했다. "웃어라"라는 지시어를 보여주면 환자는 지시어대로 웃는다. "손등을 긁어라"는 지시어를 보여주면 환자는 손등을 긁는다. 그런데 의사가 환자에게 "당신은 지금 왜 웃고 있나요?" "당신은 왜 손등을 긁고 있나요?"라고 묻는다. 그러면 환자의 대답이 엉뚱하다. 왜 웃느냐는 질문에는 "당신들이 정말 우습기 때문이다"라고 답한다. 왜 손등을 긁느냐는 질문에는 "손등이 가렵기 때문에 긁는다"라고 대답을 한다.

환자들은 왜 엉뚱한 대답을 할까? 행동한 뇌와 대답한 뇌가 다르기 때문이다. 지시어를 읽고 행동한 뇌는 우뇌(왼쪽 눈)다. 그러나 질문에 대답하는 뇌는 좌뇌다. 뇌량이 절단된 환자의 좌뇌는 우뇌로부터 왜 자신이 그런 행동을 하는지에 대한 정보를 전달받지 못한다. 그래서 자신이 왜 그런 행동을 했는지에 대해서 전혀 알지 못한다. 그럼에도 불구하고 좌뇌는 그럴듯한 이유를 만들어서 대답한다. 좌뇌는 '이럴 때 웃는다, 손등을 긁는 이유는 이런 것이다'라는 통념이나 신념에 따라서 대답을 한 것이다. 결국 이 환자는 모르는 것도 안다고 철석같이 믿고 있는 셈이다.

모르는 것을 안다고 믿는 현상은 뇌량을 절단한 환자에게만 발생하는 것이 아니다. 평범한 인간의 인식도 마찬가지로 작동한다. 사람들은 모르는 것도 안다고 착각하는 인식체계의 결함을 가지고 있다. 그래서 투자자는 차트분석으로 미래를 전망하고, 미래 주가를 과도하게 확신해서 파멸에 이르는 것이다.

어느 날 제자가 공자에게 이렇게 물었다. "스승님, 무엇이 아는 것입니까?" 공자의 대답은 과히 탁월하다. "아는 것을 안다고 하고, 모르는 것을 모른다고 하는 것이 진정 아는 것이다."

"내일 무슨 일이 일어날지 말해주겠다는 점쟁이, 예언가, 경제전문가의 말을 귀담아듣지 마라." 워런 버핏의 충고다. 차트분석이든지, 경제전망이든지, 미래를 예측하려 하지 말고 기업의 재무제표를 분석하라는 게 주식투자의 대가가 주는 충고다.

주식투자는 바다를 항해해서 보물섬에 도착하는 게임이다. 게임에서 이기는 효과적인 방법은 무엇인가? 대다수 사람들은 언제 동남풍이 불지, 언제 폭풍우가 올지 예측하고 이를 이용하려 한다. 그러나 언제 그런 일이 일어날지 아무도 알 수 없다. 현명한 사람이라면 어떤 폭풍우가 몰려와도 난파당하지 않을 튼튼하고 빠른 배를 선택하려고 배에 집중할 것이다. 주식투자에서 이기는 방법은 향후 장세 전망이 아니라 기업분석에 달려 있다. 부동산 투자도 마찬가지다. 타이밍 예측보다는 입지 분석이 더 중요하다.

현실은 같아도 부자와 빈자의 해석은 다르다

일본 관동군이 만주에서 중국 포로를 대상으로 생체실험을 했다. 한 번은 포로에게 손 하나 대지 않은 채 "당신은 방금 오른손 동맥을 절단했기에 죽을 것이다"라고 말만 했는데도 불구하고 실험대상

포로는 피 한 방울 흘리지 않고 서서히 죽었다고 한다. 이처럼 인간은 스스로 만들어낸 생각으로 죽기까지 한다.

현실보다 해석이 더 중요한 또 다른 증거를 보자.

경북 영천에 '소원을 들어주는 신비로운 돌'이 있다. 돌할매라고 불리는 이 돌은 무게가 10kg에 불과하기에 누구나 들 수 있는데, 소원이 이루어지지 않으면 돌이 들리고, 반대로 소원이 이루어지면 돌이 들리지 않는다고 한다. 방송국에서 한 가지 실험을 했다. 영천 돌할매와 똑같은 크기와 무게의 돌을 만들어서 길거리에 두고 지나가는 사람을 대상으로 돌을 들어보라고 했다. 누구나 쉽게 들었다. 다음에 소원을 빌고 들어보라고 했다. 소원이 이루어지면 들리지 않는다는 말을 덧붙이며. 그랬더니 조금 전만 해도 멀쩡하게 잘 들던 사람들이 낑낑대며 아무리 용을 써도 들지 못했다. 이 실험에서 꽤 많은 사람이 가짜 영천 돌할매를 들지 못했다. 방송국은 영천 돌할매의 신비한 효과의 정체를 '최면 효과' 또는 '자기암시 효과'라고 결론 내렸다. 결국 현실 자체보다 해석이 중요한 것이다.

"나는 대학교를 졸업하지 못해서 가난하게 살 수밖에 없어.""나는 가난한 집에 태어나서 부모의 뒷받침을 받지 못해서 가난해." "나는 머리가 나빠서 부자 되긴 틀렸어." 이렇게 열등감에 사로잡혀 있는 사람이 많다. 자신에 대한 부정적인 평가와 열등감이 바로 부자가 되는 데 가장 큰 방해꾼이란 사실을 깨닫지 못하는 사람이 너무 많다. 고졸 대통령도 있고, 국졸 대기업 총수도 있었다. 대부분의 부자들은 결코 천재가 아니다. 또 카네기 같은 사람은 부자가 되기 위한 첫 번째 조건을 가난한 집에 태어나는 것으로 들었다. 가난한 집에서 태어나는 게 오히려 많이 배우고 훈련받을 수 있는 좋은 기회라고 말한다. 그러나 안타깝게도 가난한 사람들은 자신의 능력에 대해서 부정적이고 스스로 한계를 긋는 경우가 많다.

온달장군과 평강공주 이야기를 보자. 평강공주는 어려서 울보였다. 왕은 자꾸 울면 바보에게 시집보낸다고 '협박'했다. 평강공주는 나중에 바보 온달에게 시집갔다. 왕의 부정적인 암시의 희생물이 된 셈이다. 그러나 평강공주는 아버지와는 달리 남편인 바보 온달에게 잘할 수 있다는 격려를 아끼지 않았다. "당신은 나라를 구하는 큰 인물이 될 거예요"라며 격려했다. 나중에 온달은 정말로 나라를 구하는 장군이 되었다. 이것은 순전히 평강공주의 암시 덕분이다.

이 이야기는 요즘에도 여전히 통한다. 남편이 성공하느냐 바보가 되느냐는 상당 부분 아내에게 달려 있다. 아침에 남편이 출근할 때마다 부인이 바가지를 긁는다면 제아무리 훌륭하고 똑똑한 남편이라도 금방 어리바리해져 진짜 바보가 된다. 대신에 "우리 남편 정말 잘한다"고 칭찬하고 격려해주면 원래 어수룩한 남편도 자신이 진짜 잘하는 줄 알고 열심히 일하고, 그러다 보면 정말 잘하게 되는 것이다. 남편은 여자하기 나름이란 말은 진짜다.

결함 있는 인식체계를 극복하고
부자의 눈을 떠라

부자 되는 주문을 걸어라

"슈퍼켈리 후레저 레스틱 엑스피 엘리 도우셔스." 내가 외우는 주문이다. 기분이 우울하면 "행복해져라! 슈퍼켈리 후레저 레스틱 엑스피 엘리 도우셔스"라고 스스로 주문을 걸고 깔깔 웃는다. 그러면 금세 기분이 좋아진다. 이 주문은 아내가 내게 가르쳐준 주문이다. 『메리 포핀스』라는 동화에 나오는 주문이라나……. 아무튼 이 주문이 내겐 효과가 있다.

구보살 씨는 "난 돈복이 없어" "난 재수가 없어" 이렇게 입버릇처럼 말한다. 옆에서 보면 구씨는 정말 재수 없게 산다. 친척 중 한 아이는 다섯 살 때부터 "넌 커서 판사나 변호사 되겠다"는 말을 듣고 자랐는데 정말로 커서 변호사가 되었다. "입이 보살이다"란 속담이 있다. 말한 대로 이루어진다는 말이다.

주문을 영어로 'spell'이라 한다. 말이 곧 주문이란 뜻이다. 말에는 자기암시와 자기예언의 힘이 있다. 우리가 신에게 기도하고 주문을 외우면 신이 듣든 안 듣든 이미 자기 자신에게 변화가 일어난다. 잠재의식은 바라고 원하는 바대로 인생을 이끌어간다. 그래서 말버릇이 중요한 것이다.

부자가 되고 싶다면 부자에 대한 부정적인 말을 하지 마라. 부자를 미워하고 증오하는 말을 하면 할수록 당신은 점점 부자에서 멀어져 감을 명심해야 한다. 부자 되는 주문을 외워라! "나는 부자가 될 것이다. 슈퍼켈리 후레저 레스틱 엑스피 엘리 도우셔스."

불확정성의 원리를 배워라

하이젠베르크의 불확정성의 원리가 나에겐 복음과도 같았다. "인간의 운명과 미래는 확정되어 있지 않으며, 누구나 노력하면 부자가 될 수 있다." "부자와 가난한 자는 타고나는 것이 아니다." 얼마나 기쁜 소식인가? 나는 사주팔자, 관상, 수상이란 감옥에서 탈출하게 된 것이다. 미래와 인생이 운명의 굴레에서 벗어나 자유롭다는 것을 과학적으로 확인시켜준 사람이 바로 하이젠베르크다. 하이젠베르크는 불확정성의 원리라는 과학으로 그동안 우리를 구속한 점성술사, 예언가, 점쟁이를 때려눕혔다. 나는 부자가 될 수 있다는 믿음이 흔들리면 언제나 '불확정성의 원리'를 다시 읽고 자신감을 되찾곤 했다.

불확정성의 원리란 무엇인가? 양자의 위치와 운동량(속도)을 동시에 확정할 수 없다는 것이다. 양자의 위치를 정확히 할수록 운동량(속도)이 불명확해지고, 운동량을 정확히 측정하려면 위치가 불명확해진다. 이러한 현상은 관측 장비가 불완전하거나 정밀하지 않아서가 아니라 양자의 속성이 본래 그렇다는 것이다. 이러한 양자의 불확정성 때문에 양자가 미래에 어떻게 움직일지 예언할 수 없다. 즉 양자의 미래는 확정되어 있지 않다는 것이다. 결국 하이젠베르크의 불확정성의 원리에 따르면 미래란 확정되어 있지 않기에 예견할 수 없고, 그렇기에 정해진 운명이란 없다.

만약에 하이젠베르크가 살아 있다면, 물리학 법칙을 들먹이면서 파동이론으로 주가를 예측할 수 있다고 주장하는 차티스트를 사기꾼으로 간주할 것이다.

조지 소로스도 하이젠베르크의 불확정성의 원리에 큰 영향을 받았다. 그래서 소로스는 자신이 설립한 펀드 이름을 퀀텀(quantum 양자)펀드라고 명명했다.

내가 보기에 투자의 세계는 참 아이러니하다. 워런 버핏, 피터 린치, 조지 소로스처럼 실제로 돈을 번 대가들은 모두 한결 같이 미래란 정해져 있지 않아 알 수 없다고 겸손하게 고백하는 반면에 돈을 벌지 못한 자칭 도사들은 미래를 안다고 소리 높여 떠들어대기 때문이다.

돈에 대한 긍정적인 믿음이 부자를 만든다

돈에 대해서 어떤 해석과 인식을 갖느냐는 전적으로 당신의 자유다. 그러나 분명한 것은 돈에 대해서 부정적인 생각을 가진 사람은 부자가 되기 어렵다는 것이다. 왜냐하면 돈에 대한 부정적인 생각이 돈에 대해 집중하고 최선을 다 하지 못하게 만들기 때문이다. 그러니 돈에 대한 부정적인 믿음을 가지고 있다면 긍정적인 믿음으로 바꾸어라.

사람은 자기가 믿는 대로 이루어진다. 당신이 부에 대해 긍정적인 마음을 가진다면, 잠재의식은 당신이 부자가 될 수 있도록 인도할 것이다.

돈에 대한 부정적인 인식은 다음과 같다.

- 돈이 사람을 망친다.
- 내가 벌면 누군가가 잃는다.
- 돈은 사람을 건방지게 만든다.
- 부자는 고독하다.
- 부자는 다리를 뻗고 잘 수가 없다.
- 돈이 많아봐야 근심걱정만 는다.
- 가난한 사람이 많은데 혼자 부자가 되는 건 옳지 않다.
- 부자는 가난한 사람을 착취한다.

- 부자가 천국에 들어가기는 낙타가 바늘귀로 들어가기보다 어렵다.

돈에 대한 긍정적인 믿음은 다음과 같은 것들이다.

- 돈이 있어야 좋은 일도 할 수 있고 자유롭게 살 수 있다.
- 돈은 사람을 좀 더 행복하고 편안하게 만들 수 있다.
- 가난은 최악의 질병이며, 가장 환자가 많은 질병이다.
- 가난하면 부자의 지배를 받고, 빚을 지면 종이 된다.
- 가난한 사람은 사계절밖에는 고생하지 않는다. 춘(春), 하(夏), 추(秋), 동(冬).
- 가난이 수치는 아니다. 그러나 결코 명예도 아니다.
- 스스로 즐겁지 않으면 안 된다. 돈은 우리에게 즐거움을 준다.

가난을 극복하는 10계명

1. 남들이 영화나 TV 보며 즐거워할 때 지루한 재테크 책을 읽고 저축계획표를 작성하라.

2. 남들이 명품 옷과 중대형차로 뽐낼 때 시장패션으로 센스를 높이고 소형차나 대중교통을 이용하라.

3. 남들이 친구들에게 호기롭게 한턱내며 기분 낼 때 눈 딱 감고 자린고비라는 비난을 감내하라.

4. 남들이 휴일에 야외로 놀러 다닐 때 흙먼지 날리는 공사 현장이나 부동산중개소를 답사하라.

5. 남들이 돈 많이 드는 골프·스키로 시간을 보낼 때 돈 안 들고 전신운동도 되는 등산·조깅을 즐겨라.

6. 남들이 맛집 찾아다니며 돈을 낭비할 때 외식은 아예 생각하지도 말고 집에서 음식을 해먹어라.

7. 남들이 최신형 휴대폰을 자랑할 때 구식 휴대폰을 자랑스럽게 들고 다녀라.

8. 남들이 세계 곳곳을 돌아다닐 때 돈 안 드는 국내여행으로 휴식이 있는 여행을 즐겨라.

9. 남들이 대충대충 통 크게 살 때 10원 하나까지 꼼꼼하게 가계부를 기록하라.

10. 남들이 전세 살면서도 좋은 옷에 좋은 음식, 좋은 차 탈 때 내 집을 사고 융자를 갚아나가라.

부의 본능을 깨우는
도구와 솔루션

머리는 되는데 몸이 안 따라주는 반쪽 재테크

터져 나오는 살 때문에 먹지 않겠다고 맹세해 놓곤 어느새 밥통을 끌어안고 정신없이 퍼먹고 있는 자신을 발견하고 뒤늦게 후회의 눈물을 흘린다.

절약해야지, 저축해야지 다짐해 놓고선 어느새 쇼핑백을 주렁주렁 매달고 있는 자신을 발견한다.

다음번에 폭락하면 투자해야지 다짐하고 또 다짐하지만 막상 폭락장이 오면 "이번엔 정말로 세상이 끝장날 것 같아"라며 팔아버리고 나서 나중에 땅을 치며 후회한다.

인간의 본능은 생각보다 강력하다. 웬만한 사람의 자제력으로는 극복하기 어렵다. 부자가 되기보다는 본능을 따르기 쉽다. 골프선수 존 댈리가 그러한 예다. 존 댈리는 300만 달러짜리 광고를 거부했다. 광고 계약에 술을 마시지 않는다는 조항이 들어 있었기 때문이다. 평생을 알코올과 싸우며 끊으려고 노력했지만 그러는 자신의 인생이 비참하게 느껴졌다고 말했다. 결국 술 마시고 싶은 본능이 존 댈리로 하여금 300만 달러라는 거금을 포기하게 만든 것이다.

그런데도 수많은 재테크 책들은 본능의 강력한 힘을 무시한다. 그리고 그냥 '하면 된다'는 '무대뽀정신'만 강조한다.

"허리띠를 졸라매고 저축을 늘려라!"

"빚을 줄여라!"

"수입의 30퍼센트 이상을 저축하라!"

"남들과 반대로 투자하라."

재테크 책들이 공개하는 부자 되는 비결이다. 골백번 맞는 말이다. 근데 여태 그걸 몰라서 부자가 못 되었나? 실은 당신, 나, 우리는 어떻게 하면 부자가 되는지 이미 알고 있다. 머리와 입으론 줄줄 꿰고 있다. 단지 그놈의 몸이 안 따라줘서 문제지. '하면 된다'는 '무대뽀정신'으로 암만 부딪쳐봐야 좌절감만 느끼는 게 현실이다. 실제로 재테크 해본 사람은 그 심정 잘 알 것이다. 우리에게 정말 필요한 것은 본능을 극복하는 방법이다.

본능을 극복하는 데 유용한 8가지 도구

부자가 되기 위해서 우리에게 정말 필요한 것은 슬로건이 아니다. "수입의 30퍼센트를 저축하라"는 슬로건 대신에 필요한 것은 소비하고자 하는 쾌락 본능, 근시안적 본능을 극복할 수 있는 실질적인 '도구(Tool)'다. 나는 부자 되는 걸 방해하는 내면의 아홉 가지 본능을 극복할 수 있는 여덟 가지 도구를 찾았다. 이 방법은 과학적으로 효과가 검증된 것이다. 누구든지 이 여덟 가지 도구를 사용한다면 타고난 본능을 극복할 수 있고 부자가 될 수 있다.

노벨상을 받을 정도로 유명한 파블로프 박사의 개 실험을 살펴보자. 개에게 음식을 주기 전에 규칙적으로 종을 울려주었더니, 나중에는 음식은 주지 않고 종소리만 들려주어도 개가 침을 흘리는 것을 발견했다. 파블로프 박사는 음식을 보면 침을 흘리는 개의 타고난 본능을 종소리만 들어도 침을 흘리도록 바꾼 것이다. 중요한 것은 개의 타고난 본능적 행동을 바꿀 수 있다는 것이다. 그렇다면 인간의 본능적 행동도 바꿀 수 있지 않을까?

아내는 나의 행동을 바꾸는 데 성공했다. 아내는 식사 준비를 해놓았는데도 뭉그적거리며 2층에서 안 내려오는 나와 아이에게 분통을 터트리곤 했다. 어느 날 아내는 더 이상 분통을 터트리지 않아도 되는 '비법'을 발견했다. 종을 산 것이다. 식사시간이 되면 종을 울린다. 한 달 동안 계속 종소리를 듣고 식사를 하다 보니 나중에는 종소리만 들으면 무심결에 입안에 침이 고이고 1층 주방으로 내려가고 있는 나를 발견했다. 파블로프의 개가 된 것 같아 찜찜했다. 그러나 나도 어쩔 수 없다. 아내는 남편을 조종하는 비법을 발견한 것이다.

이런 실험은 이미 여러 학자에 의해 증명되었다. 미국의 심리학자 왓슨은 자신의 발가락과 손가락을 종소리만 듣고도 움츠러들게 만들었다. 또 왓슨 박사는 생후 11개월 된 아기에게 인공적인 공포감을 불러일으키는 데 성공했다.

처음에 아이는 쥐에 대한 공포감이 없었다. 아이에게 흰 쥐를 보여주면 아이는 아무런 두려움도 없이 쥐와 장난을 치려고 했다. 다음에는 흰 쥐가 아이 앞에 나타날 때마다 갑작스럽게 요란한 징소리를 내서 아이를 깜짝 놀라게 했다. 이런 과정을 단지 7~8회 반복하는 것만으로도 아이는 흰 쥐 공포증을 갖게 되었다. 이후부터 아이는 쥐는 물론이고 쥐처럼 털이 나 있는 토끼나 개를 보고도 무서워했다. 심지어는 수염 난 사람도 무서워하게 되었다.

왓슨은 인간의 행동을 변화시킬 수 있다는 확신을 가지고 다음처럼 말했다. "만약 나에게 건강한 열두 명의 아이와 아이들이 잘 자라게 할 수 있는 환경을 준다면, 나는 무작위로 열두 명 아이 중에서 한 명을 택한 뒤 그 아이의 재능, 기호, 경향, 능력, 직업, 인종에 상관없이 변호사, 예술가, 상인, 심지어 거지와 도둑까지도 되게 할 수 있다."

심리학자 스키너도 인간의 행동을 바꿀 수 있는 방법을 발견했다. '스키너 상자'라고 불리는 유명한 실험을 보자. 굶주린 흰 쥐를 상자에 집어넣으면, 쥐는 사방을 돌아다니며 먹이를 찾다가 우연히 툭 튀어나온 지렛대를 누른다. 지렛대를 누르는 순간 자동적으로 먹이가 하나 나온다. 쥐는 먹이를 집어먹고 다시 지렛대를 누른다. 점차로 지렛대를 누르는 속도가 빨라지게 된다. 지렛대를 누르는 행위는 먹이라는 보상에 의해 강화된다. 만일 지렛대를 눌렀을 때 먹이가 제공되지 않는다면 지렛대 누르는 속도는 빨라지지 않는다. 또 지렛대를 누를 때마다 먹이를 주는 것보다 불규칙적으로 주면 쥐는 더 열심히 지렛대를 누른다고 한다.

스키너는 인간의 행동도 보상(상)과 처벌(벌)로 변화시킬 수 있다고 보았다. 예를 들어보자. 시금치를 먹기 싫어하는 아이가 있다. 아이가 시금치를 한 입 먹을 때마다 맛있는 과자를 주면, 그 아이는 과자를 먹고 싶을 때마다 시금치를 먹겠다고 하게 된다.

인간 내면의 아홉 가지 본능을 극복할 수 있는 여덟 가지 도구를 활용하면 누구나 쉽게 부자 되기 반열에 합류할 수 있다. 지금부터 하나씩 파헤쳐보자.

Chapter

01

**부의 본능을 깨우는
8가지 도구**

TOOL 1 신경조건화하기

인간의 행동을 바꾸는 방법은 무엇인가? 예를 들어보자. 초콜릿 먹는 행동을 바꾸고 싶다면 어떻게 하면 될까? 한꺼번에 엄청난 양의 초콜릿을 먹어서 구토를 일으키거나 설사를 하면 된다. 두뇌는 초콜릿과 고통을 연결시켜서 기억할 것이고, 다시는 초콜릿을 먹고 싶은 생각이 들지 않게 될 것이다.

마찬가지로 돈을 쓰고 싶은 유혹이 있다면, 돈이 없으면 겪게 될지도 모를 고통스런 상황에 대해 생각하라. 지출을 고통과 연결시켜라. 그러면 지출을 통제할 수 있게 된다.

초등학교밖에 졸업하지 못한 한 여성이 갖은 고생을 다 한 끝에 연매출 100억을 올리는 성공한 사업가가 되었다. 그녀는 성공의 비결이 무엇인지 묻는 질문에 대답 대신 낡고 더러운 옷을 꺼내 보여주었다. 그 낡고 더러운 작업복은 그녀가 조그만 식당에서 온갖 고생을 하던 시절에 입던 옷이었다. 그녀는 유혹이 있을 때마다 힘든 시절에 자신이 입었던 옷을 쳐다보면서 이를 악물고 일했다고 한다.

자수성가한 부자들 중에는 어린 시절에 극심한 가난을 경험한 사람이 많다. 등록금을 못 내서 학교 가기가 창피했다든지, 돈이 없어서 친구로부터 멸시와 모욕을 당했다든지 하는 고통스런 기억을 가진 사람들이 많다. 그들은 돈을 쓰고 싶은 유혹이 있을 때마다 과거의 고통스런 기억을 떠올리며 악착같이 돈을 저축했다고 한다.

하고 싶은 행동, 꼭 해야 하는 일은 즐거움과 연결시켜라. 저축 목표를 달성했을 때 상으로 좋아하는 음식을 먹게 되거나 가족으로부터 칭찬을 받게 되면 우리는 저축을 좀 더 잘할 수 있게 된다. 단순한 예에 불과하지만 이렇게 즐거운 보상과 연결시키면 저축하기가 한결 쉬워진다.

저축에 성공한 많은 사람들은 유혹이 있을 때마다 통장을 꺼내보거나 나중에 부자가 된 자신의 모습을 상상하며 유혹을 물리쳤다고 한다.

이런 방법이 효과가 있는 이유는 무엇일까? 두뇌의 작동 원리 때문이다. 두뇌는 어떤 행동이나 경험에 대해서 단지 두 가지만 묻는다.

첫째, 이것은 고통스러운 것인가, 즐거운 것인가?
둘째, 고통을 피하고 즐거움을 얻으려면 어떻게 해야 하는가?

두뇌는 모든 경험(행동)을 고통과 즐거움으로 구분한다. 그리하여 고통으로 기억된 경험(행동)은 다시 하지 않도록 피하게 만들고, 반대로 즐거움으로 기억된 경험(행동)은 되풀이하도록 지시한다. 즐거운 행동을 되풀이할 때마다 그것에 연결된 뇌의 신경회로는 더 강화되고 굵어지게 되고, 여러 번 반복하다 보면 나중에는 습관처럼 행동하게 된다.

하지 말아야 할 행동에는 고통을, 반면에 바람직한 행동에는 즐거움을 연결시킨다면 우리는 본능을 극복하고 부자가 될 수 있다.

부의 본능을 깨우는 도구 1

신경조건화하기

돈을 쓰고 싶은 유혹이 일 때마다
과거의 고통스런 기억을 떠올린다.

TOOL 2 모델 따라 하기

내가 아는 사람이 뉴질랜드로 이민을 갔다. 그리고 뭐를 해서 돈을 벌까 고민하다가 뉴질랜드에서 가장 돈을 많이 번 사람을 찾아갔다. 그는 이 뉴질랜드 최고의 부자를 흉내 내면 최소한 먹고 살지는 않겠나 하는 생각을 했다고 한다. 그는 기대 이상으로 성공했다.

그는 성공한 사람을 철저히 모방함으로써 성공을 거두었다. 경영 전략 중에서도 최고의 전략 중 하나가 벤치마킹이다. 성공한 기업 배우고 따라 하기가 그것이다. 세계 최고의 유통회사 월마트를 세운 샘 월턴은 경영 초기에 다른 가게에서 잘되는 것은 무조건 따라 했다고 한다.

부자 되는 법도 마찬가지다. 부자가 되고 싶으면 부자가 된 사람한테서 배워야 한다. 존경하는 부자를 만드는 게 좋다. 성공한 부자를 따라서 하다보면 시행착오를 거치지 않고 바람직한 행동을 빨리 배울 수 있다.

심리학자들은 모델 따라 하기가 행동수정에 큰 효과가 있음을 밝혀냈다. 뱀에 물리지 않고 잘 다루는 모델을 보거나 수술을 받고도 아무렇지 않은 모델을 보면서 사람들은 뱀과 수술에 대한 공포감을 극복할 수 있었다. 모델 따라 하기는 인간의 행동을 변화시키는 강력한 방법이다.

재테크에서도 모델 따라 하기는 매우 효과적이다. 성공하고 존경할 만한 부자를 모방하는 것도 좋고, 주변에 자신이랑 처지가 비슷한 사람 중에 재테크에 성공한 사람을 따라 하는 것도 좋다. 그러다 보면 부자의 행동법을 절로 깨우쳐 부자 되기가 훨씬 수월하다.

부의 본능을 깨우는 도구 2

모델 따라 하기

부자를 따라 하다보면
부자의 성공법을 터득하게 된다.

TOOL 3 유혹 회피하기

그리스신화에 나오는, 세이렌의 유혹을 이겨낸 오디세우스의 성공전략을 배워보자. 세이렌은 하반신은 새이고 상반신은 요염한 여자의 모습을 한 마녀다. 세이렌의 영업구역은 지중해였다. 그녀는 영업구역 근처를 지나가는 배를 발견하면 저항할 수 없는 유혹의 노래를 불렀다. 일단 선원들이 세이렌의 노래를 듣게 되면 넋이 빠져 정신을 잃고 빨려 들어간다. 결국 배는 바위에 부딪혀서 난파당하고 가엾은 선원들은 세이렌의 먹이가 되고 만다.

오디세우스는 배를 타고 세이렌의 구역을 지나서 고향인 이타케섬으로 돌아가려는 참이었다. 멋진 남자 오디세우스에게는 팬이 많았다. 태양신의 딸 키르케도 그 중 하나였다. 키르케는 오디세우스에게 세이렌의 노래를 조심하라고 신신당부했다. 덕분에 오디세우스는 세이렌의 유혹 방법을 미리 알고 대비할 수 있었다.

오디세우스는 선원들의 귀를 밀랍으로 막아서 들을 수 없게 하고, 자신은 배 중앙의 돛대에 천으로 열 겹 스무 겹으로 묶게 했다. 그리고 선원들에게 자신이 아무리 몸부림치고 어떤 명령을 해도 절대로 자신을 풀어줘서는 안 된다고 엄명했다. 오디세우스가 마침내 세이렌의 구역을 지나가게 되자, 아니나 다를까 마녀 세이렌의 노랫소리가 들려왔다. 세이렌의 고혹적인 노랫소리가 들려오자 천하의 영웅 오디세우스도 세이렌에게 달려가고 싶은 충동을 억제할 수 없었다. 오디세우스는 선원들에게 자기를 풀라고 명령했다. 그러나 미리 밀랍으로 귀를 막은 선원들은 오디세우스의 명령을 들을 수 없었다. 이렇게 해서 오디세우스는 세이렌의 유혹을 피해서 무사히 고향으로 갈 수 있었다.

오디세우스가 세이렌의 유혹을 이길 수 있었던 이유는 무엇인가? 오디세우스는 유혹에 저항하는 대신에 선원들의 귀를 막아 유혹을 회피하도록 했다. 유혹은 강력하다. 유혹은 인간의 자제력을 능가하기 쉽다. 따라서 유혹은 저항하기보다 회피하는 게 더 현명한 방법이다.

예를 들어서 지출을 줄이려고 한다면 쇼핑을 안 가면 된다. 견물생심(見物生心)이라고, 보게 되면 사고 싶어지는 게 사람의 마음이기 때문이다. 카드 사용액을 줄이고 싶으면 카드를 없애버리는 것이 최상의 방법이다. 카드가 없으면 더 이상 유혹에 시달릴 필요가 없다. 돈을 쓰지 말아야 한다면 돈을 찾기 힘든 정기예금으로 예치하는 것도 한 방법이다. 이 방법은 간단하다. 유혹에 시달릴 만한 상황 자체를 만들지 말라는 것이다. 유혹은 저항하기보다 피하는 것이 상책이다.

부의 본능을 깨우는 도구 3

유혹 회피하기

유혹은 강력하다. 유혹은 저항하기보다
회피하는 게 더 현명한 방법이다.

TOOL 4 **가계부 쓰기**

최근에 미국에서 베스트셀러가 된 필 박사의 다이어트 책을 잠깐 살펴본 적이 있다. 이 책은 특이하게 책의 절반 정도가 자신이 스스로 기록하도록 빈칸으로 이루어져 있다. 거기에 먹는 것과 관련해서 자신이 한 행동을 기록하도록 되어 있다. 먹은 음식 목록과 먹기 전의 사건이나 상황, 먹는 빈도수, 먹은 음식의 종류 등을 기재해야 한다. 필 박사는 기록이 마술 같은 역할을 한다고 말한다. 기록하는 그 자체만으로도 살이 빠지기 시작한다는 것이다. 놀랍지 않은가?

심리학자는 '행동일기(behavioral diary)'를 쓸 것을 권한다. 특별한

222

행동이 있었다면 기록하고 관계되는 상황과 결과에 대해서도 기록한다. 전체적인 평가는 하루의 끝이나 주말에 하는데 차트로 그려서 얼마나 목표를 달성했는지 시각적으로 확인할 수 있게 한다. 기록이 행동을 변화시키는 데 효과가 있다고 한다.

부자가 되고 싶은가? 가계부를 써라. 단순하지만 강력한 방법이다. 가계부를 쓰는 자체만으로도 당신은 소비를 줄이고 지출을 줄일 수 있다. 기록을 하는 동안에 미처 몰랐던 사실을 깨닫기도 하고, 저축의 좋은 아이디어가 떠오르기도 하고, 소비하고자 하는 본능을 더 잘 극복할 수 있게 된다. 기록 자체만으로도 분명히 놀라운 효과가 있다.

부의 본능을 깨우는 도구 4

가계부 쓰기

부자가 되고 싶은가? 가계부를 써라.
단순하지만 강력한 방법이다.

TOOL 5 작은 성공 체험하기

베라쿠다라는 물고기를 대상으로 실험을 했다. 어항에 베라쿠다와 먹잇감인 금붕어를 함께 넣는다. 베라쿠다와 금붕어 사이는 투명한 유리로 막는다. 베라쿠다는 처음엔 금붕어를 잡아먹으려 달려들다가 유리벽에 꽝 부딪힌다. 그렇게 몇 번 시도해보다가 베라쿠다는 이내 체념하게 된다. 나중에는 유리벽을 없애주어도 베라쿠다는 금붕어 쪽으로 다가갈 생각을 하지 않는다.

사람도 마찬가지다. 몇 번의 연속되는 재테크 실패는 사람을 좌절시키고 무기력하게 만든다. 실패는 인간을 부정적인 사건에 더욱더 집중하도록 만들어서 악순환을 형성한다. 과거의 실패는 이미 과거지사이지만 인간은 여기에 집중하여 한 걸음도 앞으로 나아가지 못하게 되는 것이다. 두려움과 자기 회의에 빠져서 스스로 체념하게 된다. 그래서 스스로 돈복이 없다고 굳게 믿는다. 이것은 잘못된 태도다. 그러나 인간은 그렇게 하도록 만들어져 있다. 이러한 상태에서 벗어나려면 성공의 체험을 가지는 게 효과적이다.

부자가 되기 위해서 필요한 것은 어마어마하게 큰 성공이 아니라 작은 성공의 체험이다. 펌프에서 물을 퍼 올리기 위해 우리는 처음에 한 바가지의 물을 펌프에 부어 넣는다. 이 한 바가지 물 덕택에 펌프질을 하면 계속 물이 나온다. 천리 길도 한 걸음부터다. 성공도 마찬가지다. 조그만 성공이 자신감을 불어넣고 계속적인 성공을 불러일으킨다.

그동안 재테크에 실패한 사람은 스스로 작은 성공을 체험하도록 하는 게 중요하다. 돈을 저축하는 데 실패한 사람은 아주 낮은 목표를 세워라. 일주일 동안 얼마를 모으겠다는 계획을 세우고 달성하라. 그리고 성공의 기쁨을 만끽해라! 시장이 과열되어 뜨거울 때 주식을 사서 손해를 보고, 시장이 폭락하여 남들이 투자하기 두려워할 때 자신도 팔아서 늘 손해를 보는 투자자들이 많다. 이런 경우에는 아주 조금만 남과 반대로 투자해보라. 그리고 나중에 성공을 체험하라. 한번 성공을 체험하게 되면 본능을 거슬러서 투자하는 게 점차 쉬워지고 재미있어진다.

부의 본능을 깨우는 도구 5

작은 성공 체험하기

부자가 되기 위해서 필요한 것은
어마어마하게 큰 성공이 아니라
작은 성공의 체험이다.

서약서 쓰기

'마스크맨'이라는 ID를 가진 25년째 흡연가가 "하루 두 갑을 태워오다 금연을 시도했으나 실패한 뒤 문득 마스크를 쓴 날에는 담배를 피우지 않았다는 생각이 들었다"면서 "이를 시도한 결과 금연에 성공해가고 있다"는 글을 인터넷에 올렸다. 이후 인터넷에는 이 같은 경험이 있거나 이를 실험한 뒤 성공했다는 글이 2,000여 건이나 쇄도하는 등 폭발적인 반응이 뒤따랐다. 마스크를 착용하면 흡연 욕구가 저하된다는 의학적 증거는 없다. 그러면 마스크 쓰기의 신비한 효과의 정체는 무엇인가?

바로 '서약서 쓰기' 효과다. 마스크를 쓰는 것이 주변 사람들에게 이제 담배를 피우지 않는다고 선언한 것과 같은 것이다.

요즘 사람들은 자신의 재테크 계획을 인터넷에 올려서 공표한다. 당연히 많은 친구들이 그 계획에 대해서 한마디씩 한다. 성공하기를 빈다는 격려성의 글들이 꼬리를 문다. 인터넷에 재테크 계획을 발표하는 것도 일종의 '서약서 쓰기'다.

부자 되고 싶은 사람은 자신의 서약서를 쓰는 게 좋다. 그리고 서약서 쓰기가 더욱 효과적이 되려면 다음 사항을 지켜야 한다.

첫째, 마음속의 결심을 문서 형식으로 표현하라! 결심에는 구체적인 숫자로 표시된 목표와 달성 기간 계획표가 포함되어 있어야 한다. 계획 없이, 조급한 마음으로 먼저 벽돌부터 쌓아올린다면 실패할 수밖에 없다. 계획이 있다 해도 빈약하게 세우면 성과도 빈약하다. 좋은 계획을 수립하는 것이야말로 좋은 결과를 낳는 지름길이다. 계획 수립을 할 때는 일을 성취하는 데 드는 만큼의 노력을 기울여야 한다. "1억 원을 모을 것이다", "3년 동안에 모을 것이다"처럼 구체적으로 금액과 날짜를 표시해라.

다음, 서약서 작성이 완료되었으면 주변의 친구와 가족들에게 얼마를 언제까지 모으겠다는 자신의 결심을 발표하라. 그리고 서약서에 자신의 서명뿐만 아니라 목표 달성에 협력하겠다는 가족의 서명까지도 받아둔다.

마지막으로, 목표 달성 진도표를 만들어서 눈에 잘 띄는 벽에 붙여놓아 스스로를 압박하라. 나는 신혼 초에 일 때문에 밤늦게 들어오는 날은 꼭 미리 전화를 해달라는 아내의 부탁을 무시하곤 했다. 마침내 화가 난 아내가 나에게 서약서 쓰기를 강요했다. 마지못해 서약서를 써주었는데 그게 효과가 있었다. 한 번은 약속을 어겼더니 코앞에다 서약서를 들이대고 위협했다. 그 이후론 서약서가 눈에 아른거려서 전화를 하게 되었다.

부의 본능을 깨우는 도구 6

서약서 쓰기

서약서 쓰기는 금연도 성공시킬 만큼 강력하다.

TOOL 7 **진실 파악하기**

자동차를 운전할 때 우리는 자동차 앞 유리창을 통해서 길과 거리 모습을 보고 운전한다. 자동차를 몰고 갈 때 보이는 것은 자동차 앞 유리창으로 나타난 풍경이다. 운전자는 자동차 앞 유리를 통해서 세상을 보는 것이다.

인생도 마찬가지다. 인생이란 자동차를 운전하는 우리는 믿음의 창을 통해서 세상을 보고 인생을 살아간다. 그래서 믿음의 창에 뭐가 쓰여 있는지가 중요하다. 우리는 우리의 믿음의 창에 쓰인 대로 세상을 이해하고 살아간다. 자동차 앞 유리창이 잘못되어서 바깥이 왜곡되어 보인다면 자동차 사고가 생길 수 있다. 이와 마찬가지로 우리의 창에 잘못된 믿음이 씌어져 있다면 우리 인생도 사고가 난다.

우리 믿음의 창에는 흔히 잘못된 믿음이 끼여 있다. 차트를 통해서 미래를 예측할 수 있다는 믿음, 누군가는 미래를 내다보는 '수정 구슬'을 가지고 있을 거라는 믿음, 모르는 것도 알고 있다고 확신하는 믿음 등이 잘못된 믿음이다. 가장 잘못된 믿음은 돈과 부자에 대한 부정적인 믿음이다. "돈은 더러운 것이다." "돈이 인생의 다가 아니다." "돈이 많으면 고민만 늘어난다." "부잣집 애들은 인생을 망치기 쉽다." "부자들은 가난한 사람의 돈을 착취한다." 바로 이런 것들이 부자 되는 길을 가로막는 잘못된 믿음이다.

우리는 의문을 가지고 잘못된 믿음을 하나하나 살펴보아야 한다.

그러한 말을 누가 했는가? 부모님이 했는가? 선생님이 했는가? 부모님과 선생님은 부자였던가? 그분들은 훌륭하고 존경스런 사람들임에는 틀림없지만 부자는 아닐 것이다. 부자가 되려면 부자가 아닌 사람들의 충고는 귀담아들을 필요가 없다. 그들의 말은 자기 합리화와 변명에 불과할지도 모르기 때문이다.

인간의 행동이 변화되려면 먼저 진실을 제대로 보아야 한다. 진실을 보지 않고 환상을 본다면 우리는 엉뚱한 행동을 하게 될 것이다. 따라서 당신의 믿음의 창에 덧씌워진 잘못된 믿음을 올바른 믿음으로 바꾸어야 한다. 그러면 당신의 행동도 따라서 바뀔 수 있다. 진리가 우리를 자유롭게 해준다.

부의 본능을 깨우는 도구 7

진실 파악하기

잘못된 믿음은 자신을 해롭게 한다.

TOOL 8 **신에게 기도하기**

당신은 이 처방에 대해서 의심을 가질 수도 있다. 기도가 정말로 당면한 어려움을 해결해줄 수 있을까? 나의 대답은 "그렇다"이다. 기도가 효과적인 이유를 설명해보자.

사람은 평상시 자신이 가진 능력 중 극히 일부분만 사용할 뿐이며 대부분의 능력과 에너지는 잠재의식 속에 그냥 있다. 그런데 기도는 바로 우리의 잠재의식에 영향을 준다. 기도는 20억 개가 넘는 뇌세포로 이루어진 잠재의식을 활용하도록 해준다. 기도는 무한한 능력을 가진 잠재의식을 이용하는 도구다. 기도는 잠재의식을 깨우는 자명종이다. 기도는 이 세상에서 가장 큰 컴퓨터인 뇌를 작동시키는 명령어다. 기도는 당신의 잠재의식이 문제해결을 위해서 초점을 맞출 수 있도록 해주는 렌즈다. 기도를 통해서 당신은 내면에 잠재되어 있는 무한한 능력을 끌어낼 수 있다.

많은 성공한 사업가들이 기도를 통해서 사업에 대한 새로운 용기와 아이디어를 얻었다는 증언을 나는 사실이라고 믿는다. 수많은 사업가들이 신에게 기도함으로써 내일에 대한 불안감과 두려움을 극복하고 성공할 수 있었다고 고백한다. 인간은 신에게 기도함으로써 열등감, 패배감, 죄의식, 두려움을 극복할 수 있다.

신에게 기도하기

기도는 20억 개가 넘는 뇌세포로 이루어진
잠재의식을 활용하는 도구다.

Chapter

02

실패 유형별 맞춤 솔루션

TYPE 1　빚내서 소비하는 유형

"빚 없는 사람이 어디 있어?" "나중에 벌어서 충분히 갚을 수 있어." "모두들 빚내서 사업해." 돈복 없는 대부분의 사람들은 이렇게 말한다. 그러나 망한 사람의 99퍼센트는 빚 때문에 망했다는 걸 명심해라. 당신이 아직 망하지 않았다면 단지 운이 좋아서다. 빚을 좋아하는 사람들은 대개 근거 없는 낙관주의에 빠져서 빚을 낸다. 신용불량자들도 대체로 나중에 벌어서 갚으면 되지 하는 안일한 생각으로 카드를 쓰다 그렇게 된 것이다. 냉철한 현실 감각이 없는 사람들이 빚을 잘 낸다. 초보들은 언제나 막연히 잘되는 쪽으로만 생각하고 최악의 경우는 대비하지 않는다. 고수들은 언제나 최악의 상황도 함께 대비한다. (▶SOLUTION : 진실 파악하기)

자유롭게 살려면 빚부터 갚아라

빚은 가난한 사람의 공식이다. 왜냐하면 부자가 되려면 오늘 투자해서 내일 수확을 얻어야 한다. 그런데 빚을 내는 건 내일의 종자돈을 끌어다가 오늘 써버리는 짓이다. 부자가 되는 현금 흐름과는 정반대다. 내년 봄에 뿌려야 할 씨앗까지 미리 먹어버린 농부가 어떻게 부자가 되겠는가? 빚을 지는 건 인생을 저당 잡히는 것이다.

빚이 있다면 당신의 월급, 수입은 이미 금융기관의 몫이다. 당신은 금융기관의 노예와 같다. 빚이 있는 사람은 수입이 생기면 맨 먼저 금융기관에서 이자부터 떼어간다. 수입의 통제권이 당신에게서 금융기관으로 넘어간 것이다. 당신은 인생을 금융기관에 저당 잡힌 셈이다. 빚이 있으면 다른 좋은 회사로 옮길 기회가 있어도 옮기지 못한다. 당신이 인생의 주도권을 되찾으려면 빚부터 갚아라.

내가 아는 사채업자가 산 위에서 도시를 내려다보며 내게 이렇게 말했다. "저 아래 도시를 보세요. 도시의 많은 사람들은 자신을 위해서 돈을 벌고 있다고 착각하고 있죠. 하지만 그들은 매달 뼈 빠지게 벌어서 집주인에게 월세 내고 또 내게 빌린 돈의 이자를 먼저 갖다 바친 후에야 나머지로 생활하죠. 저들은 노예 같은 삶을 살고 있어요. 빚을 지지 않으면 자유롭게 살 수 있는데 스스로 노예 생활을 자청하니, 어리석은 사람들이죠."

돈 모으기보다 빚 갚기가 먼저다

빚내고 적금 드는 게 제일 바보짓이다. 대출이자율이 항상 예금이

자율보다 높기 때문이다. 게다가 예금이자에는 세금이 붙지만 대출 이자에는 세금이 없다. 이를 악물고 빚부터 갚아라. 왜 남을 위해서 사는가? (▶SOLUTION : 진실 파악하기)

빚이 있다면 빚의 원인을 찾아라. 왜 당신이 빚을 지게 되었는지 원인을 기록하라. (▶SOLUTION : 가계부 쓰기) 만약에 전세 자금 때문이라면 다시 한 번 생각해라. 내가 제일 한심하게 생각하는 사람은 빚 내서 아파트 전세에 사는 사람이다. 다가구주택이나 연립주택에 살면서 빚을 빨리 줄이는 게 현명한 방법이다. 그리고 한 푼이라도 빨리 돈을 모아서 작지만 내 집 마련을 하는 게 유리하다.

만약에 당신이 빚내서 자동차를 할부로 샀다면 반성해야 한다. 자동차회사는 당신 같은 사람 때문에 할부금융으로 많은 돈을 번다. 자동차가 없으면 어떤가? 지하철 타고 버스 타고 다녀라. 그리고 모은 돈으로 2, 3년 뒤에 자동차를 사라. 자동차는 돈 잡아먹는 구멍이다. (▶SOLUTION : 진실 파악하기)

주변 사람에게 자신의 빚을 공표하라

스스로 부끄럽게 만들어라. 가족에게 말하라. 아내에게 말해라. 애인에게 말해라. 어리석게 빚을 졌지만 이제는 갚겠노라고 선언하라. 그리고 빚 상환 서약서를 작성하고 자신도 서명하고 가족도 서명하게 하라. 그리고 잘 보이는 벽에다 붙여 놓아라. (▶SOLUTION : 서약서 쓰기)

내가 아는 친구는 새끼손가락에 빨간 실을 묶고 있었다. 왜 빨간

실을 새끼손가락에 묶었느냐고 물으니, 빚을 갚기로 결심한 증표라고 했다. 자신은 새끼손가락을 볼 때마다 결심을 떠올린다고 한다. 하루에도 수십 번씩 떠올린다고 한다. 그러니까 효과가 있다고 한다. 조그만 빚도 제대로 통제하지 못하는 사람은 부자가 되기 어렵다. 아무리 큰돈이 생겨도 통제력이 없다면 지킬 수가 없다. 부자가 되려면 작은 빚부터 통제하라. 거대한 배를 침몰시키는 건 언제나 작은 구멍이다.

빚이 많은 경우는 신용카드부터 없애라

견물생심이다. 유혹은 저항하는 대신에 회피하는 게 현명하다. "내 인생에 신용카드란 없다"고 선언하라. 그리고 신용카드를 없애버리거나 집에 두고 다녀라. 이미 신용카드로 빚을 졌다면 카드빚부터 갚아라. 만약에 연체가 되었더라도 사채는 얻지 마라.

사채로 돌려막기를 한 결과는 언제나 비참하다. 카드사의 독촉에 겁먹지 마라. 차라리 연체하고 매달 일정액을 갚아라. 절대로 사채는 얻지 마라. 차라리 신용불량자가 되고서 갚아라. 당신이 이미 신용불량자라 하더라도 좌절하지 마라. 어떤 경우에도 희망을 잃지 마라. 과거의 어리석은 실패 때문에 더 이상 고민하지 마라. 고민한다고 흘러간 강물이 다시 오지는 않는다. 슬프든 분하든 과거는 과거로 묻어버리고 오늘은 오늘로서 생활해야 한다. 과거는 과거지사일 뿐이다.

사람은 과거의 실수와 씨름만 안 한다면 누구나 훨씬 행복하게 살 수 있다. 다시는 실수를 하지 않겠다고 결심해라. 그리고 실천하라. 그것이면 족하다. 지금의 실패는 성공으로 가는 도중의 이정표에 불과하다. 실수는 누구나 한다.

당신이 믿는 신에게 도움을 요청해라. 기도해라. 좌절하지 않고 다시 일어설 용기를 달라고 기도해라. 신은 언제나 당신을 측은히 여기고 사랑한다. (▶SOLUTION : 신에게 기도하기)

빚을 줄이는 데 도움이 되는 솔루션

**진실 파악하기, 가계부 쓰기,
서약서 쓰기, 신에게 기도하기**

TYPE 2 내 집 마련이 막막한 유형

당신이 집 재테크에 실패하는 건 어찌 보면 당연하다. 많은 본능들이 동시에 방해하기 때문이다. 사람들은 "내가 사고 난 뒤에 집값이 떨어지면 어떡하나?" 하고 무서워서 못 산다. "빚내서 집 사면 위험하니 돈을 모아서 사야지" 하고 미루다 집값이 너무 올라서 못 산다. 이것은 모두 손실공포 본능 때문에 벌어지는 일이다.

"직장 근처에 집을 마련하다보니 별로 안 올라서 손해 봤어요."
"오랫동안 한 군데서만 살아왔어요. 남들은 강남이다 분당이다 이사 갈 때 저는 계속 머물렀는데 이제 보니 손해네요.""나는 지방에 살다보니 집값이 오른다고 하면 박탈감을 느껴요." 이렇게 한탄하는 것은 모두 영토 본능 때문이다.

"살던 재건축 아파트가 좁고 낡아 불편해서 팔고 새 아파트로 이사 갔더니 새 아파트는 안 오르고 재건축 아파트는 엄청 올라 손해를 봤어요.""집 장만한다고 젊은 시절을 구질구질하게 보내는 대신에 전세로 살면서 생활의 질을 높이는 게 낫다고 생각했는데 지금은 엄청 후회돼요." 이렇게 후회하는 것은 쾌락 본능 때문이다.

"신문에서 유명한 부동산 전문가가 집값이 빠진다고 해서 팔았는데 더 올라서 속상해요"라고 말하는 사람은 도사 환상에 빠져서 실패한 것이다. "집을 재테크 대상으로 삼는 부동산업자나 투기꾼 때문에 집값이 오르고 있어요. 규제만 하면 집값이 안정될 줄 알았는데 더 올랐어요"라고 말하는 사람은 마녀 환상에 빠져서 실패한 것이다.

"바닥에서 사려고 집값이 빠질 때를 기다렸는데 오히려 더 올라서 손해 봤죠"라고 말하는 사람은 인식체계 결함 때문에 향후 미래는 예측할 수 없다는 사실을 몰랐기에 실패한 것이다.

이런 본능들을 극복하고 내 집 마련에 성공하는 비결 10가지를 살펴보도록 하자.

'언제'가 아니라 '어디'에 초점을 맞춰라

부동산 투자와 관련해서 이런 격언이 있다. "첫째도 Location(위치), 둘째도 Location(위치), 셋째도 Location(위치)." 부동산을 장기적으로 보유한다면 단기적인 부침은 중요하지 않으며 향후 많이 오를 수 있는 지역을 고르는 게 더욱 중요하다. 따라서 부동산 투자에서는 타이밍 전략을 취하지 말고 장기적으로 어느 곳이 좋은지를 열심히 연구하는 편이 훨씬 효과적인 전략이다.

타이밍을 너무 재지 말고 내 집을 장만하라! 투자가 아니고 1주택을 마련하는 입장이라면 "부동산에서 막차는 없다"라는 말을 명심해라! 집이 없는 사람이 타이밍을 따지는 것 자체가 내가 보기엔 오히려 투기다. 장기적으로 보면 집값은 항상 오른다. 미래는 아무도 모른다. 바닥에서 사려고 지나치게 기다리다 오히려 손해 볼 확률이 많다. 설령 잘못 샀더라도 기다리면 회복하고 더 오르게 되어 있다.

집값을 결정하는 요인을 파악하라

상가 가격은 임대료에 의해 결정된다. 공장용지 가격은 시장과 원자재의 근접성에 따라서 결정된다. 그러면 집값은 무엇으로 결정되는가?

집은 무엇을 하는 곳인가? 애 키우고 잠자고 밥 먹는 곳이다. 아이 잘 키우려면 학군이 좋아야 한다. 반드시 학군을 먼저 체크해라. 주변에 술집 있고 오락실 있는 유흥가가 있다면 아이 키우기 힘들다. 대치동이 집값이 비싼 이유 중 하나가 주변에 유흥가와 술집이 없다는 점이다. 집값에 가장 많은 영향을 주는 요소는 바로 교육환경이다.

다음으로 잠을 잘 잘 수 있는 곳이어야 한다. 잠을 잘 자려면 공기 좋고 조용한 곳이어야 한다. 즉 쾌적성이 좋아야 한다. 자는데 옆에서 고성방가를 하거나 공장이 돌아가 시끄럽고 매연을 내뿜는다면 잘 자기는 글렀다. 신도시가 좋은 이유는 조용하고 공기 좋기 때문이다. 그래서 베드타운이라고 하지 않는가? 또 직장에서 너무 멀면 오다가다 지치고 잠잘 시간이 줄어든다. 서울의 중심은 시청이 아니다. 강남 테헤란로를 기준으로 멀어질수록 나쁘다.

마지막으로 밥 먹고 살기 좋아야 한다. 밥과 반찬 사러 가기 편해야 한다. 쇼핑시설이 잘 되어 있어야 한다.

투자는 유망 지역에, 주거는 직장 근처에 하라

투자와 주거를 분리해서 집은 유망 지역에 사두고 직장 근처에서 전세로 사는 게 유리하다. 지방에 사는 사람이라면 집을 팔고 서울이나 수도권 유망 신도시에 집을 사라. 그리고 현재 사는 지역에 전세로 살아라.

늦다고 생각할 때가 가장 빠를 때다. 앞으로도 계속 차이가 날 것이다. 양극화와 차별화는 향후 10년 이상 지속될 메가 트렌드(mega trend)다.

당장 불편해도 개발지역에 투자하라

지금 당장의 고통이 내일의 안락을 가져온다. 유망 지역에 집을 사두고 자신은 전세가가 싼 지역에서 살아라. 큰 집에 전세로 살고 있다면 평수를 줄여서 집을 사라. 아파트 사서 전세 주고 자신은 빌라에 싸게 전세로 살아라. 당장은 불편해도 향후 몇 년 뒤에 전철이 들어설 지역에 사서 기다려라. 몇 년 만 고생하면 반드시 보답이 있을 것이다.

좋은 집은 머리가 아니라 발로 장만하라

휴일에도 돈 쓰며 놀러 다니지 말고 집 보러 다녀라. 부동산업자 말에 따르면 무주택자보다 유주택자들이 더 많이 집을 보러 다닌다고 한다. 좋은 집은 머리가 아니라 발로 장만하는 것이다. 반드시 현장을 방문하라.

중개료를 법정수수료보다 더 많이 주어라

부동산중개업자와 평소에 친하게 지내라. 팔 때와 살 때 유리하며 간혹 좋은 정보를 준다. 법정수수료보다 돈을 더 주어라. 그래야 급매물이 나올 때 당신에게 전화가 오지 않겠는가? 비싸게 팔고 싶다면 한 중개업소에만 내놓아라. 그래야 중개업자가 자기만 팔 수 있으므로 조급해 하지 않고 적절한 매도 타이밍을 봐서 비싸게 팔아줄 수 있다. 빨리 팔고 싶다면 여러 곳에 내놓아라.

푼돈 때문에 계약을 망치지 마라

사거나 팔기로 결정했다면 흥정은 하되 2, 3백만 원 차이로 거래를 깨지 마라. 2, 3백만 원 때문에 2, 3억 원을 손해 보는 게 부동산 거래다.

나의 후배 L씨는 재건축 아파트를 사러 가서 시세보다 5백만 원을 깎아 달라고 갑자기 억지를 부리는 바람에 계약을 하지 못했다. 이후에 그 집이 5억 원이 올라서 지금은 땅을 치고 후회한다. 누가 시세보다 싸게 팔고 싶겠는가? 임자 있을 때 사고파는 게 부동산이다. 당장 이득을 보려 고집하지 말고 5년 뒤를 보고 거래하라. 인터넷에 게시된 가격은 대개 시세보다 낮고 매물도 엉터리다.

무리하지 않는 범위 내에서 빚을 얻어서 사라

미국인들은 흔히 모기지론을 얻어서 집을 사는데, 매월 나가는 모기지 비용이 소득의 30~40퍼센트나 된다. 자기 돈만으로 집을 사는 경우는 거의 없다. 집 살 때는 돈을 모아서 사기보다 빚을 내서 사고 갚아나가는 게 좋다. 확률로 볼 때 10년 중 1, 2년을 제외하고는 항상 빚을 얻어 사는 게 유리했다.

평수를 줄여도 부자 동네 살아라

가난한 동네의 큰 집보다 부자 동네의 작은 집이 투자가치가 있다. 홍수가 나면 저지대부터 물이 찬다. 경기가 침체되면 주변 지역부터 가격이 하락한다. 상류층이 사는 지역은 좀처럼 가격이 하락하지 않는다. 소득의 양극화로 부자들은 더 잘살게 되어 부자 동네는 더 좋아진다. 좋은 동네 확인하는 방법은 전입전출을 조사해보면 된다. 집값이 오르는 동네는 한번 이사 오면 안 나가는 경향이 있다.

타고난 부동산박사인 아내의 의견을 경청하라

나도 아내의 의견을 무시하고 집을 샀다가 별 재미를 보지 못하고 판 적이 있다. 나중에 진화심리학을 통해서 여성이 수백만 년 동안 주거지 선택에 관한 능력을 개발해왔기에 주거지 선택에 대해 본능적으로 앞선다는 사실을 알게 되었다.

또 여성은 결혼 후 집에서 살림을 하면서 집의 구조나 기능 그리고 환경을 경험하기에 집에 대한 생각이 상당히 구체적이고 실질적으로 성장한다. 반면에 남자들은 퇴근 후 자신의 몸을 쉴 수 있는 공간이란 추상적 개념에 머무는 경우가 많다. 집을 사려 할 때 남편들은 세계 경제가 어쩌고, 차후 집값이 오를 것인지 내릴 것인지 어쩌고저쩌고 떠들어댈 뿐 도무지 실제 집에 관한 이야기는 안 한다.

반면 여자들은 인근 학원과 학교가 좋은가? 교통은 편리한가? 슈퍼까진 어떻게 가나? 주변이 시끄럽진 않은가? 집 구조가 살기 편안한가? 해는 잘 드는가? 등등 실용적인 면을 따진다. 살기 좋은 집이 당연히 오를 확률도 높다. 따라서 부동산은 아내의 의견을 따르는 것이 성공 확률이 높다. 경험 많은 부동산중개인에게 물어보라. 누가 잘하는지. 내가 아는 중개인은 이렇게 말했다. "마누라 말 안 들어서 손해 보는 집이 한두 집이 아닙니다. 부동산은 여자가 잘해요.

남편들은 주로 계산기만 두드리는데, 대개 헛똑똑이들입니다."

내 집 마련을 위한 솔루션

- '언제'가 아니라 '어디'에 초점을 맞춰라.
- 집값을 결정하는 요인을 파악하라.
- 투자는 유망 지역에, 주거는 직장 근처에 하라.
- 당장 불편해도 개발지역에 투자하라.
- 좋은 집은 머리가 아니라 발로 장만하라.
- 중개료를 법정수수료보다 더 많이 주어라.
- 푼돈 때문에 계약을 망치지 마라.
- 무리하지 않는 범위 내에서 빚을 얻어서 사라.
- 평수를 줄여도 부자 동네 살아라.
- 타고난 부동산박사인 아내의 의견을 경청하라.

TYPE 3 돈복 없다고 자포자기한 유형

가난해도, 가방끈 짧아도 자포자기하지 마라

많은 가난한 사람들이 돈복은 팔자소관이고 운이라고 믿는다. 그러나 돈복은 운명이 아니다. 부자와 가난한 자를 만든 건 인간이지 신이 아니다. 한 날 한 시에 태어난 쌍둥이도 인생이 다르다. 대부분의 사람이 가난을 벗어나지 못하는 진짜 이유는 학습된 무능 때문이다. 커다란 코끼리가 조그만 말뚝에 가는 줄로 매여 있어도 꼼짝 못하는 건 스스로 못한다고 믿기 때문이다. (▶SOLUTION : 진실 파악하기)

"나처럼 배우지 못한 사람은 부자 되기 글렀어"라고 많은 사람들이 한탄한다. 그러나 배우지 못한 사람 중에서 성공한 사람이 한둘이 아니다. 현대그룹의 창업자인 정주영 회장은 겨우 초등학교만 나왔을 뿐이다. 그 외에도 학교 다닐 때 공부 못해서 일류 대학을 나오지 못한 많은 사람들이 부자가 되었다. 공부 머리와 돈 버는 머리는 완전히 다르다. 학벌이 나빠서, 공부를 못해서 부자 되기 글렀다고 자포자기하지 마라.

부자 되는 꿈을 생생하게 그려라! 그러면 현실이 된다

"가난한 집에 태어나서 부자 되기는 글렀어"라고 많은 사람들이 한숨 쉬며 말한다. 그러나 가난한 집에서 태어났다고 슬퍼할 필요는 없다. 가난은 어떤 점에서 축복이라고 할 수 있다. 가난하기 때문에 역경을 극복하는 힘이 생기고, 가난의 고통을 알기에 불굴의 의지가 생겨난다. 루소는 가난한 집 아이와 부잣집 아이 중 누구를 가르치겠느냐고 하면 자신은 부잣집 아이를 가르치겠다고 했다. 왜냐하면 가난한 집 아이는 이미 인생의 많은 걸 알고 있는 반면에 부잣집 아이는 그렇지 못하기 때문이라고 했다.

카네기는 부자가 되기 위한 첫 번째 조건으로 가난한 집에서 태어나야 한다고 말했다. 가난의 경험은 그 어떤 종자돈보다도 귀중

한, 아니 돈으로는 환산할 수 없는 가치를 가진 무형의 자산이기 때문이다.

인간의 '결함 있는 인식체계'는 현실과 상상(꿈, 최면)을 구분하지 못한다. 자신이 부자가 못 될 거라는 소극적이고 부정적인 인식이 스스로를 가난하게 만든다. 부자가 되는 비결은 부자가 될 수 있다는 적극적이고 긍정적인 믿음을 가지는 것이다. 과거의 실패와 타인의 비평을 염두에 두지 마라.

다니엘 디포의 『로빈슨 크루소』는 20개의 출판사에서 모두 거절당했지만 250년 동안 세계적인 스테디셀러가 되었다. 로댕의 '생각하는 사람'은 세 번이나 거절당했던 작품이다. 베토벤의 천재성은 하이든조차 발견하지 못했다.

우리는 가능한 일을 스스로 불가능한 것으로 만들어버리는 경우가 많다. 불가능하다고 믿고 시작하면 그 믿음 때문에 정말로 불가능해져버린다. 부정적인 생각이 밀려오면 긍정적인 생각으로 바꾸어라. 어둠이 밀려오면 촛불을 켜듯이 항상 희망적인 태도를 가져라. 마음속에서 부정적인 잡초들이 자라지 않도록 뽑아내라. 그리고 자신이 부자가 되는 꿈을 생생하게 그려라! 꿈을 생생하게 그리면 현실이 된다. 인간의 뇌는 현실과 환상을 구별하지 못하기 때문이다. (▶SOLUTION : 진실 파악하기)

나는 부자다! 다만 이루어지지 않았을 뿐이다!

스물일곱 살에 억만장자가 된 폴 마이어는 월세도 못 내 집에서

쫓겨난 적이 있었다. 추운 겨울날 그는 이렇게 주문을 외쳤다. "그래도 나는 부자다! 다만 이루어지지 않았을 뿐이다!"

폴 마이어가 억만장자가 된 뒤에 행색이 초라한 한 자동차 세일즈맨이 그를 찾아와 세일즈 방법을 물었다. 폴 마이어는 세일즈맨을 자동차 앞에서 멋있는 모습으로 사진을 찍게 했다. 그리고는 이 사진에 있는 성공한 멋진 사람이 바로 당신이라고 말해주었다. 그 후에 세일즈맨은 매일같이 이 사진을 보며 일해서 자동차 판매왕이 되었다.

부자가 되고 싶다면 미래에 부자가 되어 있는 자신의 모습을 상상하고 시각화하라! (▶SOLUTION : 모델 따라 하기)

과거의 경험으로 새날을 더럽히지 마라

사람들이 돈에 대해서 좌절하고 낙심하고 부정적인 생각에 빠져서 헤어나지 못하는 이유는 과거의 실패 경험 때문이다. 실패 경험에 집착해서, 이제는 자신이 재테크하고는 전혀 거리가 먼 사람이라고 치부하고 비관적인 생각에 빠져 있기 때문이다. 사람들은 흔히 과거의 실패 경험에 초점을 맞추고 자신의 에너지를 소진해서 스스로 낙심에 굴복하고 만다. 그러나 과거의 어리석은 실패 때문에 고민할 것은 없다. 고민한다고 해서 흘러간 강물이 다시 오지는 않는다. 슬프든지 분하든지 과거는 과거로 묻어버리고 오늘은 오늘로 생활해야 한다.

과거의 경험으로 새날을 더럽혀서는 안 된다. 아무리 해도 지나간

과거는 다시 불러올 수가 없다. 왜 지나간 일로 괴로워하고 슬퍼하는가? 사람은 과거의 실수와 씨름만 안 한다면 누구나 훨씬 행복해질 수 있다. 과거의 실패 교훈을 무시하라는 건 아니다. 과거의 실패에 너무 집착하면 삶이 비참해지고, 내일을 위한 삶에 방해가 되기 때문이다.

과거의 실패에 사로잡혀 있는 사람이 부정적인 사고방식에서 벗어나기 위해서는 조그만 성공의 체험이 중요하다. 일주일 동안 작은 돈이라도 모으겠다고 목표를 세우고 달성한 뒤에 성공의 기쁨을 느껴라. 그리고 또다시 일주일의 성공을 체험하라. 그러면 과거에 사로잡혀 있던 두려움은 사라질 것이다. (▶SOLUTION : 작은 성공 체험하기)

우리는 실패를 통해서 성공에 더욱 가까이 다가갈 수 있다. 발명왕 에디슨은 "당신은 전구 만드는 데 왜 그렇게 많이 실패했습니까?"라는 질문에 "나는 전구를 만들지 못하는 999가지 방법을 알고 있습니다"라고 대답했다. 다른 사람이 한 번에 성공할 수 있는 일을 100번 도전할 각오만 되어 있다면 아무리 무능한 사람이라 해도 큰일을 이룰 수 있다. (▶SOLUTION : 모델 따라 하기)

돈복 없다고 생각하는 사람을 위한 솔루션

진실 파악하기, 작은 성공 체험하기,
모델 따라 하기

자신도 모르게 돈이 새는 유형

소비의 쾌락을 고통으로 치환하라

돈을 절약하는 가장 손쉬운 방법은 가계부 쓰기다. 가계부를 쓰는 행동 자체만으로도 돈을 절약하는 데 상당한 효과가 있다. (▶SOLUTION : 가계부 쓰기) 쇼핑은 날짜를 정해 놓고 반드시 그날만 쇼핑하도록 하는 것도 한 방법이다. (▶SOLUTION : 서약서 쓰기) 저축에 성공하면 스스로에게 보상을 주어라. 저축에 성공한 아내를 칭찬해 주어라. (▶SOLUTION : 신경조건화하기)

쇼핑을 하고 싶을 때는 절약에 대한 책을 읽거나, 재정계획표를 보거나, 이미 부자가 된 자신을 상상하거나, 현재의 돈이 장기적으로 얼마가 될지를 상상하라. 쇼핑을 할 때 즐거운 일을 동시에 하지 않도록 하라. 쇼핑이 즐거운 일이 되지 않도록 하라. 쇼핑을 하고 싶은 충동이 생기면 예전에 가난으로 고통 받았던 기억을 되살리고 다시는 그런 가난에 빠지지 않겠다고 결심하라. 쇼핑을 고통과 연결시켜라. 돈이 없으면 아파도 제대로 치료 받을 수 없음을 상기하라. (▶SOLUTION : 신경조건화하기)

쾌락 본능 때문에 신용불량자가 되기도 한다. 이런 유혹은 저항하기보다 회피하는 것이 좋은 전략이다. 신용카드를 없애버려라. 예금은 수시 입출금식 예금보다 정기예금을 하여 쉽게 인출하지 못하도록 하라. (▶SOLUTION : 유혹 회피하기)

전업주부의 절약 노하우

나는 우연히 인터넷 사이트에서 '놀라운' 글을 발견했다. 한 전업주부의 글로, 자신의 행동을 개선하여 소비를 줄였다는 내용인데, 이 책에서 제시하는 '가계부 쓰기', '유혹 회피하기', '신경조건화하기', '서약서 쓰기', '모델 따라 하기'라는 다섯 가지 도구를 활용하여 소비를 줄인 것이었다. 물론 이 전업주부는 이 책에서 말하는 다섯 가지 도구에 대해서 알 턱이 없었다. 하지만 이 글은 이 책에 나오는 도구들이 효과가 있다는 생생한 증거이기도 해서 소개한다.

저는 결혼 2년차인 전업주부입니다. 남편은 매달 세금 제하고 250만 원을 받죠. 언제나 돈이 모자라거나 빠듯했어요. 석 달에 한 번 나오는 보너스를 받아서 모자라는 돈을 메우곤 했죠. 그러던 어느 날 이렇게 살아선 안 되겠다 싶은 생각이 들었어요. 그래서 가계부를 쓰기로 했어요.

저는 가계부를 쓰는 게 이렇게 효과가 클 줄 몰랐어요. 가계부를 3개월 쓰고 보니 돈이 다 어디로 사라지는지 환히 보이기 시작했어요. 제가 미처 몰랐던 부분이 보이는 거예요. 또 어디에서 줄이고 어디는 줄일 수 없다는 게 보였어요.

제가 가장 놀란 것은 카드지출명세표를 살펴보았을 때죠. 가만히 살펴보니, 꼭 필요하지도 않은 2, 3만 원 하는 물건을 인터넷을 통해 많이 구입했던 거죠. 그리고 동네 아줌마들이랑 왔다 갔다 하면서 알게 모르게 몇 만 원짜리 옷들과 소품을 아무 생각 없이 구입했고요. 할인마트에 구경 가서도 3, 4만 원씩을 썼고, 외식도 하고, 가끔 배달 음식도 시켜 먹었고요. 휴대폰 요금도 한 달에 5만 원 정도. 이런 식으로 쓰는 카드대금이 매월 60만 원이 나왔죠. 가계부를 쓰고 보니 지출을 줄이자는 의욕이 생겼어요. 가계부를 쓴 지 3개월 만에 생활비를 거의 절반으로 줄였어요. (▶SOLUTION : 가계부 쓰기)

이렇게 불필요한 지출을 줄인 저는 저축액을 늘리고 싶었어요. 5년 뒤에는 1억 원을 만들 생각으로 매달 155만 원씩 적금 드는 걸 목표로 삼았죠. (▶SOLUTION : 서약서 쓰기)

신용카드를 잘랐어요. 카드를 없애고 나니 인터넷으로 물건 구입도 하지 않게 되고, 쓸데없는 지출이 많이 줄더라고요. 이젠 여기저기 인터넷에서 쇼핑하는 버릇이 없어졌죠. 견물생심이라고 보면 자꾸 사고 싶어져서 원래 생각지도 않았던 물건을 사게 되니까요. 요즘엔 그런 사이트 하나도 안 봅니다. 또 동네 아줌마와 나다니면서 물건 사는 걸 피했어요. 휴대폰도 해지했고요. (▶SOLUTION : 유혹 회피하기)

외식비를 싹 줄였어요. 이제 외식은 안 해요. 우리 부부는 일주일에 한 번 정도 씀씀이를 얼마나 줄였는지 서로 이야기를 나누어요. 주로 제가 이야기하죠. 남편은 잘한다고 격려해줘요. 알뜰하게 살아서 5년 안에 우리 집을 마련하자고 서로 다짐하죠. 남편이랑 서로 앞날에 대해서 이야기할 때가 제일 행복해요. 새 아파트를 사면 얼마나 행복할까 하는 생각을 하면 힘이 되죠. 가계부를 쓰고 돈 쓰는 게 줄어드는 걸 보니 하나도 힘이 들지 않아요. (▶SOLUTION : 신경조

건화하기)

인터넷의 자린고비 사이트에 들어가서, 다른 주부들이 열심히 아끼고 절약하는 글들을 읽죠. 그곳에서 다른 사람들도 얼마나 아끼며 사는지 보고 제 자신도 다짐을 하죠. (▶SOLUTION : 모델 따라 하기)

저는 가끔씩 쇼핑하고 싶다는 생각이 들면 남편이랑 같이 만든 5개년 저축계획표를 봅니다. 그러면 즐거워져요. 어떻게 하면 빨리 달성할 수 있을까 생각하죠. 생각하는 게 즐거워요. (▶SOLUTION : 신경조건화하기)

> **자신도 모르게 돈이 새는 사람을 위한 솔루션**
>
> 가계부 쓰기, 유혹 회피하기,
> 신경조건화하기,
> 서약서 쓰기, 모델 따라 하기

TYPE 5 월급이 적다고 한탄하는 유형

부자에게도 이 악물고 종자돈 모으던 시기가 있었다

"돈이 있어야 돈을 벌지."

"월급이 적어서 먹고 살기도 바쁜데 저축하고 투자할 여력이 어디 있나?"

이렇게 말하는 사람들이 많다. 그런데 이런 말은 세상 모든 가난한 사람들이 하는 말이다. 자수성가한 부자들 중에서 처음부터 투자할 종자돈이 하늘에서 떨어진 사람은 아무도 없다. 부모로부터 한 푼도 물려받지 않은 부자가 훨씬 더 많다. 그들에게도 당신처럼 어려운 시절에 안 먹고 안 입고 이를 악물고 종자돈을 모으던 시기가 있었다는 것을 기억해라. (▶SOLUTION : 진실 파악하기)

처음에는 작은 금액을 목표로 하라

대부분의 사람들은 현재 자신의 수입이 적은 데 실망하여 부자 되는 꿈을 포기하는 경우가 많다. 처음부터 10억 원을 목표로 한다면 당장 시작할 엄두가 나지 않을 것이다. 그러나 1년 동안에 천만 원을 모으겠다고 생각하면 용기가 날 것이고 행동으로 옮길 수 있다. 처음에 천만 원 모으기를 성공하는 게 중요하다.

일단 모으는 데 성공하면 당신은 돈 모으는 방법을 잘 알게 될 뿐 아니라 자신감을 가지게 될 것이다. 그러면 다음번 천만 원은 좀 더 쉽게 모을 수 있다. 이렇게 해서 종자돈이 만들어지면 당신은 부자가 될 수 있는 길로 들어선 것이다. 천리 길도 한 걸음부터다. 많은 성공한 사람들은 이렇게 말한다. "나는 바로 앞 한 걸음 한 걸음에 집중했습니다. 그러다 보니 이렇게 먼 길을 왔어요."

월급이 적어서 부자가 될 수 없다는 생각은 버려라. 월급이 적을

수록 재테크가 필요하다. 처음에는 작은 금액을 목표로 하라. 그리하여 성공을 체험해라. 성공이 성공을 낳는다. 그 결과에 당신도 놀라게 될 것이다. (▶SOLUTION : 작은 성공 체험하기)

<table>
<tr><td align="center">월급이 적다고 한탄하는 사람을 위한 솔루션</td></tr>
<tr><td align="center">진실 파악하기, 서약서 쓰기,
신경조건화하기, 작은 성공 체험하기</td></tr>
</table>

TYPE 6 가난을 남 탓으로 돌리는 유형

가난은 환자가 가장 많은 감염병이다

가난은 질병이다. 가난은 감염병이다. 가난은 환자가 가장 많은 질병이다. 아픈 사람이 자신이 아픈 이유를 다른 사람이 건강하기 때문이라고 핑계 댄다면 그 병은 고치기 힘들다. 마찬가지로 가난이란 질병에 걸린 사람이 남이 부자이기 때문에 자신이 가난하다고 생각한다면 가난에서 벗어나기 어렵다.

가난에서 벗어나려면 자신이 가난이란 질병에 걸렸다는 걸 인정해야 한다. 가난이란 질병은 누구에게서 감염된 것인가? 가난은 가난한 사람으로부터 감염된다. 특히 가난한 부모로부터 감염되는 경우가 많다. "부자는 나빠." "부자들이 착취하기 때문에 우리가 가난한 거야." 이런 말을 하는 가난한 부모 밑에서 자란 아이들은 자신도 모르게 가난이란 질병에 감염되기 쉽다.

가난이란 질병에 감염된 아이들은 가난한 아이들끼리 만나서 부에 대한 부정적인 인식을 서로 확인하고 강화한다. "너도 그렇게 생각하니? 나도 그렇게 생각하는데……. 모두들 그렇게 생각하는구나! 정말로 세상은 불공평하고, 부자들은 나쁜 사람이구나." 이렇게 믿는 아이들이 커서 어떻게 부자가 될 수 있겠는가? 그래서 가난은 감염된다. (▶SOLUTION : 진실 파악하기)

가난을 자신의 책임으로 떠안아라

대부분의 사람들은 모든 잘못된 원인을 남 탓으로 돌리고, 자신을 희생자로 만들고, 자신은 무죄라고 선언하려 한다. 좋아하는 TV 드라마는 다 보면서 돈 관리할 틈이 없다고 한탄한다. 가계부도 쓰지 않으면서 돈이 어디론가 사라져버린다고 불평만 한다. 가난한 사람들은 정부 비판하기를 좋아하고, 운명론을 신봉하고, 흥분 잘하고, 흑백논리와 이분법으로 세상을 속단하기 쉽다.

남 탓만 하는 사람은 실패에서 배울 수 있는 기회를 스스로 차버린다. 잘못한 게 없는 사람이 뭘 반성하고 교훈을 얻겠는가? 잘못을 자신의 책임으로 돌려야 한다. 당신을 비난하는 것이 아니다. 현재의 상황과 문제점을 인정할 수 있을 때 비로소 우리는 개선하고 고

처나갈 준비가 되기 때문이다. (▶SOLUTION : 진실 파악하기)

가난을 남 탓으로 돌리는 사람을 위한 솔루션

진실 파악하기

TYPE 7 **재테크를 아예 포기한 유형**

재테크, 시작은 어려워도 점차 쉬워진다

자동차를 밀어본 사람은 알 것이다. 맨 처음 차를 움직일 때 가장 많은 힘이 필요하다는 것을. 비행기도 이륙할 때 가장 많은 연료를 소모한다. 우주선은 지구의 중력을 벗어나는 아주 짧은 단계에서 추진력의 90퍼센트를 소진한다. 무슨 일이든 처음 단계에 많은 힘과 노력이 필요하다.

처음에는 10단위의 노력을 투입해야 1단위의 성과를 얻을 수 있다. 그리고 난 다음에 1단위의 노력으로 10단위의 성과를 얻을 수 있다. 돈 문제에서도 마찬가지다. 처음 몇 년 간은 재테크에서 성공하기 어려운 게 정상이다. (▶SOLUTION : 진실 파악하기) 하지만 시간이 가면서 차츰 요령을 터득하게 되고, 즐거움이라는 추진력을 얻게 된다. 포기하지만 않으면 반드시 목표에 도달할 수 있다.

작은 성공 체험은 실패를 이기는 힘이다

대다수의 사람은 처음 몇 번의 실패 경험으로 스스로 좌절하고 포기해버린다. 한번 좌절하고 부정적인 생각에 빠지면 벗어나기 어렵다. 실패 경험에 따른 부정적인 생각에서 벗어나오는 방법은 조그만 성공을 체험하는 것이다.

그동안 저축에 실패했다면 일주일 동안 할 수 있는 작은 저축 목표를 세우고 달성해보라! 일주일 목표를 달성하면 한 달 간 목표에 도전하라. 이렇게 스스로 작은 성공을 체험하도록 하는 것이 성공에 이르는 길이다. 열정은 성공 체험에 의해서 더욱더 에너지를 부여받기 때문이다. (▶SOLUTION : 작은 성공 체험하기)

투자의 대가들이 초기에 얼마나 많은 실패를 겪었는지 살펴보라. 그리고 그들이 어떻게 실패와 어려움을 극복했는지 배워라. (▶SOLUTION : 모델 따라 하기)

재테크를 포기한 사람을 위한 솔루션

진실 파악하기, 작은 성공 체험하기,
모델 따라 하기

TYPE 8 귀가 얇아 남의 말 잘 듣는 유형

부자에게는 자신만의 행동 기준이 있다

무리 짓는 본능은 끝없이 옆집과 비교하게 만든다. 옆집에서 산 것은 나도 사야 한다고 믿게 만든다. 또 무리 짓는 본능 때문에 유행을 따르고, 무리 지어서 쇼핑을 하기에 충동구매를 하게 된다. 무리 짓는 본능을 극복하려면 쇼핑하는 날짜를 정해 혼자 쇼핑하는 것도 좋은 방법이다. (▶SOLUTION : 서약서 쓰기)

이웃집의 소비 수준에 맞추려 애쓰고 구매를 흉내 내려 하기 때문에 과소비하는 경우가 많다. 검소하게 살기 위해서는 자신의 분수에 맞는 동네에 사는 것도 좋은 방법이다. (▶SOLUTION : 유혹 회피하기)

나만의 행동 규칙을 세워라

대부분의 사람들은 무리 짓는 본능 때문에 주식이나 부동산을 최고가에 사고 바닥에서 팔게 된다. 이런 실수를 피하려면 사전에 나름대로 행동 규칙을 세워두어야 한다. 남 따라 투자해서 실수하는 걸 방지하기 위해서 지켜야 하는 규칙을 살펴보자. (▶SOLUTION : 서약서 쓰기)

1. 많은 사람들이 주식형 펀드에 가입할 때 조심한다.
2. 신문, 뉴스에서 주식 관련 기사가 많아지면 조심한다.
3. 누군가가 투자로 돈 번 이야기가 화제가 되면 조심한다.

4. 폭락할 때 팔지 않는다.

5. 거래량이 적을 때 매입하고, 거래량이 많을 때 매입하지 않는다.

6. 누구나 좋다고 생각하면 다시 한 번 생각해본다.

7. 모든 사람이 매입을 하지 못해 안달하면 그때가 가장 조심할 때다.

8. 모든 사람이 팔지 못해서 안달하면 매입을 고려해라.

귀가 얇은 사람을 위한 솔루션

서약서 쓰기, 유혹 회피하기

TYPE 9 **한탕주의에 목매는 유형**

고레가와 긴조의 '거북투자법'

나에겐 거북스승이 있다. 은으로 만든 거북 세 마리다. 이 거북들이 나의 책상 위에서 매일같이 나의 투자를 감시하고 있다. 거북 세 마리가 내 스승이 된 까닭은 일본의 '투자의 신'이라고 불리는 고레가와 긴조의 영향을 받아서다.

고레가와 긴조는 스스로 '거북투자법'을 만들고 실천했다. '거북

투자법'이란 언제나 조금씩 천천히 벌겠다는 것이고, 절대 '올인' 투자하지 않는다는 것이다. 그리고 투자한 다음에 투자 대상을 주의 깊게 주시하고 체크한다는 것이다. 나도 많은 실패를 통해서 고레가와 긴조의 '거북투자법'에 100퍼센트 공감하게 되었다. 그래서 단기에 돈 벌 유혹에 빠지기 쉬운 나의 마음을 언제나 견제하기 위해서 거북 세 마리를 책상에 모셔놓고 늘 나의 투자를 감시하게 한다. (▶ SOLUTION : 서약서 쓰기)

5년 뒤 당신의 재산이 얼마가 될지 계산해보라

나는 주식이나 부동산에 투자할 때 항상 5년 정도 투자한다는 마음으로 한다. 투자는 농사를 짓는 것과 같다. 씨를 뿌리고 곡식을 추수하기까지는 시간이 걸린다. 곡식이 익기 전에 추수를 할 수는 없다. 단기간에 부자 되는 방법은 복권에 당첨되는 것뿐이다. 부자가 되려 한다면 장기 계획을 세워라! 향후 5년 뒤에 당신의 재산이 얼마가 될지 구체적으로 계산해보라. (▶SOLUTION : 서약서 쓰기)

단기매매를 조장하는 사이버 거래를 중단하라

사람들은 근시안적 본능 때문에 단기투자를 선호한다. 그러나 단기투자자 대부분은 거래세와 수수료 때문에 더 큰 손해를 보게 된다. (▶SOLUTION : 진실 파악하기)

쾌락 본능 때문에 많은 사람이 단기매매 충동을 느낀다. 단기매매에 따른 자극에서 스릴을 느낄 수 있기 때문이다. 이 유혹을 피하기

위해서는 사이버 거래를 중단하는 것도 한 방법이다. (▶SOLUTION : 유혹 회피하기)

> ### 한탕주의자를 위한 솔루션
> ## 서약서 쓰기, 유혹 회피하기, 진실 파악하기

TYPE 10 두려움 때문에 투자하지 못하는 유형

신에게 기도하고 대가들의 조언을 청한다

실패를 두려워하지 않는 게 성공의 비결이다. 실패를 반전시켜야 성공할 수 있다. 그러나 타고난 손실공포 본능 때문에 우리는 투자하지 못한다. 이것을 극복하는 가장 좋은 방법은 종교를 갖는 것이다. 기도를 통해서 미래에 대한 두려움을 떨쳐내고 마음의 평온과 안정감을 얻을 수 있다. 많은 성공한 사업가들이 종교를 통해서 미래에 대한 두려움을 이겨냈다고 고백한다. (▶SOLUTION : 신에게 기도하기)

또 다른 방법은 대가들의 조언에 귀를 기울이는 것이다. 나는 투자의 두려움을 없애기 위해 투자 대가들의 책을 많이 읽었다. 조지 소로스는 자신은 실패를 통해서 교훈을 얻는다고 했다. 워런 버핏은 실패를 성공으로 반전시키라고 했다. 대가들도 처음엔 누구나 실패를 했다. 성공은 그 뒤의 일이다. 그러한 사실이 나에게 큰 힘이 되고 위안이 되었다. 투자가 두렵다면 대가들의 책을 읽어라! 그리하면 마음의 안정을 찾을 수 있을 것이다. (▶SOLUTION : 모델 따라 하기)

은행은 당신의 돈을 이용할 뿐이다

금리가 낮아서 저축만으론 부자가 되기가 점점 힘들다. 투자해야 한다. 투자하는 법을 배우지 않는다면 부자 되기가 더욱 어려워진다. 은행은 당신의 돈으로 투자하고 운용하여 자신들이 부자가 되는 곳이지, 당신을 부자로 만들어주는 곳이 아니다. 그래서 스스로 투자하는 법을 배워야 한다. (▶SOLUTION : 진실 파악하기)

위험에 뛰어드는 자만이 진정으로 자유롭다

내가 보기엔 대부분의 사람이 두려움 때문에 부자가 되지 못한다. 나도 과거에 두려움에 사로잡혀 살았다. 처자식을 먹여 살리지 못할지도 모른다는 두려움, 해고될지도 모른다는 두려움 때문에 일터로 나갔다. 그러다 자유인이 되기 위해서 투자를 시작하게 되었다.

사실 투자는 언제나 위험했고 겁이 났다. 그러나 나는 투자하지 않는 것이 가장 큰 위험이라 생각했다. 투자하지 않는다면 아무것도 가질 수 없다. 투자하지 않았다면 실패의 고통과 슬픔은 피할 수 있었을지 모른다. 그러나 배울 수 없고, 느낄 수 없고, 달라질 수 없고,

성장할 수 없었을 것이다. 그리고 여전히 두려움에 갇혀 노예 같은 삶을 하루하루 꾸려나가고 있을 것이다. 나는 자유롭게 살기 위해서 투자를 시작했고 위험에 뛰어들었다. 그리고 마침내 경제적인 자유를 얻었다.

"사랑하는 것은 사랑을 되돌려 받지 못할 위험이 있고, 산다는 건 죽을지도 모를 위험이 있다. 희망을 갖는 건 절망에 빠질 위험이 있으며, 새로운 일을 시도를 하는 건 실패할 위험이 있다"고 했다. 진정 자유롭게 살기를 꿈꾼다면 두려움 없는 인생을 바라지 말고, 두려움에 맞서야 한다. 인생에서 가장 위험한 일은 아무런 위험에도 뛰어들지 않으려는 것이니까 말이다.

부자가 되는 비결은 손해 보는 걸 두려워하지 않는 데 있다. 두려움에 물들지 않고 투자할 수 있는 사람이 진정 자유로운 사람이다.

(▶SOLUTION : 진실 파악하기)

두려움 때문에 투자하지 못하는 사람을 위한 솔루션

신에게 기도하기, 모델 따라 하기,
진실 파악하기

투자의 힘을 키우는
마음 솔루션

인식결함을 이기고 균형 잡힌 투자시각을 갖는 법

한동안 나를 비난하는 사람이 많았다. 지금도 기억나는 '악플'은 이런 것이다.

"죄받을 것이다."

"당신 말 듣고 집을 사서 손해 보면 당신이 책임질 건가?"

그들은 왜 나를 비난했을까? 나는 2017년부터 서울 집값이 오를 것이라고 일관되게 말해왔다. 내게 쏟아진 비난은 바로 집값이 상승한다는 주장 때문이었다. 그들이 나를 비난한 것은 자기가 보기엔 분명히 집값이 하락할 수밖에 없는데 내가 다른 의도를 가지고, 예를 들면 내 집을 비싼 가격에 팔아치우기 위한 의도를 숨기고, 집값 오르라고 '뽐뿌질'을 한다고 믿었던 것 같다. 누누이 얘기하지만 나는 장기투자자이기에 그럴 의도는 결코 없다.

인간의 뇌는 믿고 싶은 걸 믿는다

그렇다면 그들이 나를 비난한 진짜 이유는 무엇이었을까? 그들 스스로 인식하지 못한 다른 이유가 있을 수 있다. 그게 무엇인가? 바로 인간의 뇌가 불량품일 수 있다는 것이다. 사람의 뇌는 사실을 알고 싶어 하기보다는 믿고 싶은 걸 믿는 경향이 있다. 이게 무슨 말인지 다르게 말해보자. 무주택자들은 집값 하락이 자신에게 유리하기에 집값 하락 주장을 믿기 쉽다. 반대로 유주택자는 집값 상승을 믿기 쉽다. 인간의 뇌는 원래 그렇게 작동하도록 만들어져 있다.

자, 이쯤에서 당신은 내 주장에 저항감을 가질 것이다. 당신은 자신이 합리적이고 이성적이라고 믿어왔기에 내 말을 믿기 어려울 것이다. 그래서 증거를 들어보자.

증거 사례 1

1964년 흡연이 폐암을 일으킨다는 보고서가 처음에 발표되었을 때 흡연자와 비흡연자의 반응은 상반되었다. 지금이야 흡연이 폐암을 일으킨다는 걸 모두 인정하지만 처음엔 그렇지 않았다. 흡연자들은 이렇게 반응을 보였다.

"많은 흡연자들이 장수한다."

"과음이나 과식보다 흡연이 낫다."

이런 식으로 그들은 흡연과 폐암과의 관련성에 대해서 회의적인 태도를 보였다. 그러나 비흡연자들은 발표를 그대로 받아들였다.

증거사례 2

카페인이 여성에게 해롭다는 기사를 보여주고 사람들의 반응을 조사해보았다. 카페인을 많이 섭취하는 여성은 카페인을 덜 섭취하는 여성에 비해서 이 기사 내용에 대해서 회의적이었다. 한편 기사 내용과 상관없는 남성들은 이 기사 내용을 그대로 받아들였다.

증거사례 3

내 글에 달린 댓글이 또 하나의 증거다. "내가 집을 사기 전에는 우석님의 글을 읽으면 거부감이 들고 싫었는데, 집을 산 뒤에 예전 글을 다시 읽어보니 모두 다 맞는 말이었어요. 다른 분들도 우석님의 글을 읽기 바래요." 그렇다. 집을 사고 난 뒤에 집값 전망에 대한 견해가 180도 바뀌는 걸 경험한 많은 사람들이 인간의 뇌가 불량품이란 생생한 증거다.

인간의 뇌는 사진기처럼 작동하지 않는다

왜 인간은 사실을 알기보다 자기가 믿고 싶은 걸 믿기 쉬울까? 그건 불확실한 삶에서 살아남기 위해서 필요한 정신태도이기 때문이다. 자신감을 잃고 자기회의에 빠지면 험한 인생을 헤쳐 나가는 데 불리하기 때문이다. 그래서 인간은 자신의 입장에 유리한 걸 믿기 쉽다. 이런 편향을 '동기화된 추론(Motivated Reasonimg)'이라고 부른다.

아직도 반신반의하는 사람들을 위해 또 다른 증거를 살펴보자.

다음 그림은 '네커의 정육면체'다. 정육면체에서 A점과 B점 중 어느 점이 앞면인가?

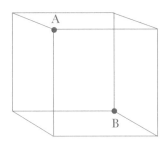

바라볼 때마다 달라질 수 있다. 즉 똑같은 현실을 보면서도 인간의 인식은 이처럼 달라질 수 있다. 그런데 진짜 놀라운 것은 자신의 입장에 따라 인식이 달라진다는 것이다. 실험에서 A점이 앞면으로 보일 때 상을 준다고 하자 피험자들은 A점이 앞면으로 보인다고 대답했다. 또 B점이 앞면으로 보이는 경우 상을 준다고 하자 이번엔 B점이 앞면으로 보인다고 대답했다. 이런 실험의 결론은 무엇을 말하는가? 인간은 자신의 선호도에 따라서 현실을 왜곡하고 조작하기 쉽다는 말이다.

또 다른 실험을 보자. 실험에서 아이큐가 낮게 나온 집단과 높게 나온 집단을 비교 관찰하면, 아이큐가 높게 나온 집단은 아이큐가 높은 사람이 성공한다는 식의 아이큐에 긍정적인 기사를 주로 읽지만, 반면에 아이큐가 낮게 나온 집단은 아이큐가 인간의 지적능력을 측정하는 데 부정확하고 한계가 있다는 부정적 기사를 더 많이 읽는 것을 관찰할 수 있었다.

이처럼 인간은 자신에게 유리한 정보만을 선택하여 바라보려고 한다. 그런데 이러한 정보의 선택은 자기방어를 위해서 무의식적 차원에서 이루어지는 경우가 대부분이기에 자기 자신이 왜 그런 식으로 생각하는지조차 자각하지 못하는 경우도 많다.

왜 인간은 현실을 자기 마음대로 왜곡해서 바라보고 싶은 것만 보기 쉬울까? 인간의 뇌는 현실을 사진기처럼 인식하지 않는다. 인간의 뇌는 날마다 모든 감각기관을 통해 몇 십억 개의 데이터를 접촉하고 있다. 만약에 뇌가 이 데이터를 모두 받아들인다면 뇌는 금방 용량이 다 차거나 미쳐버릴 것이다. 그래서 인간의 뇌는 정보의 바다 속에서 자신에게 중요하고 관심 있는 정보만 받아들이도록 설계되어 있다. 이러한 역할을 하는 것이 뇌의 RAS(Reticular Activating System 세망활성계)다. RAS는 그물코처럼 생긴 신경망으로 중요한 일에만 초점을 맞추고 관계없는 정보는 의식하지 않게 한다. 즉 인간의 뇌는 현실을 있는 그대로 받아들이는 게 아니고 좋아하고 관심 있는 것만 받아들인다는 것이다.

예컨대 자기가 임신을 하면 다른 임산부가 눈에 잘 보이고, 자기가 차를 사면 같은 차가 눈에 잘 들어오고, 또 시끄러운 데서 자다가도 누군가가 자기 이름을 부르면 깰 수 있는 것도 RAS 작용 때문이다.

철학자 칸트는 이미 300년 전에 인간의 인식이란 사진기처럼 현실을 있는 그대로 받아들이는 게 아니라 화가가 자신의 선호도와 감정을 더해서 그린 풍경화 같다고 주장했다. 즉 인간은 현실을 있는 그대로 모두 받아들이기보다는 현실에서 자신이 좋아하고 관심 갖는 것만 받아들이기 쉽다는 것을 예견했다.

무주택자와 유주택자의 부동산 전망이 다른 이유

이제 투자 이야기로 넘어가보자. 투자에서 성공하려면 의사결정을 잘 해야 한다. 의사결정을 잘 하려면 현실을 있는 그대로 파악할 수 있어야 한다. 투자자가 현실을 자기 마음대로 왜곡해서 바라본다면 투자에서 성공하기 어렵다.

예를 들어 무주택자는 집값 내리는 온갖 요인들만 쉽게 귀에 쏙쏙 들어온다. 무주택자는 과도한 집값 상승률, 금리인상, 서민 경기 불황, 위험할 정도의 대출 급증, 재산세 인상 같은 집값 하락요인에 초점을 맞추고 주목하기 쉽다. 반면에 유주택자들은 낮은 주택보급률, 적은 주택공급량, 선진국 대비 낮은 인구 100명당 주택 수 같은 집값 상승요인이 귀에 쏙쏙 들어온다. 그런데 놀랍게도, 줄기차게 집값 하락을 주장해 온 무주택자가 집을 사게 되면 집값 전망에 대해서 100퍼센트 태도가 달라지는 걸 경험하게 된다. 이런 현상도 인간의 인식결함을 이해한다면 별로 놀랄 일도 아니다.

주식투자자도 인식결함 때문에 실수하긴 마찬가지다. 자신이 보유한 종목에 대해서 더 많은 애정을 가지고 과대평가하는 경향이 있다. 그리고 취약점이나 위기 등을 바로 보지 못하고 간과하기 쉽다. 그래서 주가가 하락해도 일시적인 어려움이라고 애써 자위하고 조만간 다시 상승세로 돌아설 것으로 착각하는 것이다.

대가들은 이런 인식결함을 잘 알고 있다. 주식의 신이라고 불린

고레가와 긴조는 긴가민가할 경우 보유주식의 3분의 1을 먼저 팔고 다시 생각한다고 했다. 그러면 자기가 보유한 주식에 대해서 좀 더 객관적으로 바라볼 수 있게 된다고 말한다. 나도 그런 경험을 많이 했다. 현명한 투자자가 되려면 종종 자신의 포지션과 반대쪽의 주장을 경청해야 할 필요가 있다.

예컨대 무주택자라면 유주택자의 의견을 경청하고 유주택자라면 무주택자의 주장을 경청해야 한다. 주식투자자는 보유종목에 대해서 부정적인 의견을 더 많이 들으려고 의도적으로 노력해야 한다. 반대의견을 경청함으로써 우리는 균형감을 회복하여 현실을 정확하게 바라볼 수 있고 투자에 성공할 수 있다.

투자는 전쟁이다. 시저는 "인간은 자기가 보고 싶은 현실밖에 보지 못한다"고 말했다. 『로마인 이야기』를 쓴 시오노 나나미는 병력의 절대적 열세에도 불구하고 시저가 당대 최고의 명장 폼페이우스를 이길 수 있었던 이유는 현실 인식 능력 때문이라고 했다.

주식이든 부동산이든 투자라는 전쟁터에서 성공하려면 믿고 싶은 것, 보고 싶은 것만 보려는 무의식 차원의 자기기만을 극복하고 반대편 현실을 볼 수 있어야 한다.

부자의 뇌는 어떻게 작동하는가

군대에 있을 때 나는 한동안 다른 사병과 둘이서 화장실 청소를 배정받은 적이 있다. 나는 내가 맡은 임무가 '땡보직'이라고 생각했다. 왜냐하면 화장실 청소라는 게 그다지 시간이 걸리지도 않고 나머지 시간은 빈둥거릴 수 있기 때문에 너무나 편했던 것이다. 그런데 나랑 같이 화장실 청소를 맡은 다른 사병은 너무나 괴로워했다. 자신이 못나서 군에서까지도 이런 일을 맡게 된 것 같다고 한탄했다. 그의 직업은 밤무대 무명 가수였다. 가끔 쉬는 시간에 나훈아의 '잡초'란 노래를 불렀다. "아무도 찾지 않는 바람 부는 언덕에 이름 모를 잡초야~" 나는 그 덕에 이 노래를 알게 되었다.

그가 화장실 청소를 맡게 된 게 자기가 못나서라며 신세타령을 할 때 나는 깜짝 놀랐다. 나는 화장실 청소랑 내 자존감을 연결하는 일은 꿈에도 생각해본 적이 없기 때문이다. 나는 말하자면 번듯한 대학에 다니다 입대한 것이고, 제대 후 복학하면 화장실 청소와는 전혀 관련 없는 삶을 살 것이라고 자신하고 있었다. 그러니 잠시 화장실 청소를 한다 해도 그것은 내 삶에 전혀 영향을 미칠 수 없다고 느꼈던 것이다. 나는 그 일을 통해서 똑같은 상황을 겪어도 해석하기에 따라서 사람의 태도가 전혀 달라질 수 있다는 것을 깨달았다.

사람은 자기만의 방식으로 세상을 바라본다

대부분의 사람은 자신이 세상을 객관적으로 바라본다고 생각한다. 자기가 바라보는 세상이 현실이라고 믿고, 이 현실이 누구에게나 똑같을 것이라고 생각한다. 그러나 그건 착각일 뿐이다. 어떤 사람도 세상을 같은 방식으로 바라보지 않고 같은 방식으로 경험하지 않는다. 당신이 바라보는 것은 당신이 만들어낸 현실일 뿐이다. 가난한 사람들은 부자와 다른 방식으로 세상을 바라본다. 그래서 가난한 사람과 부자는 서로가 이해하지 못하고 오해하기 쉽다. 인간이 원래 그렇게 생겨먹었기 때문이다.

한번 가난에 빠지면 가난에서 벗어나기 쉽지 않다. 모든 가난한 사람이 그런 건 아니겠지만, 대다수 가난한 사람은 어린 시절 가난으로 인해 생긴 상처를 안고 살아간다. 나이가 들어서도 사회생활을 통해서 무시당하고 모욕당하는 일을 계속 겪다 보면 종종 자신이 하찮은 존재이고 멋진 인생을 살 자격이 없다는 생각에 시달리게 된다.

인간은 누구라도 자신을 의심하게 되는 순간이 있는데 가난은 매우 힘 센 촉매 역할을 한다. 가난은 자존감을 떨어뜨리고, 새로운 시도와 도전을 가로막으며 수동적이고 소극적으로 움츠러들게 만든다. 뿐만 아니라 가난에 따르는 무시와 상처의 고통에 무감각해지려고 술이나 도박 같은 나쁜 습관에 의존하게 만든다. 가난한 사람들은 자신이 깨닫지 못하는 사이에 부정적이고 두려움에 찬 태도를 갖기 쉽다. 일단 부정적이고 두려움에 물들게 되면 가난이란 감옥에서 벗어나지 못하게 된다. 한번 가난에 빠진 사람이 가난이란 함정에서 벗어나려면 초인적인 노력이 필요하다.

부자가 되기 위해 가져야 할 태도

사람은 똑같은 환경에 처해도 각자 다른 세상을 경험하는데 그 이유는 각자의 뇌 작동방식이 다르기 때문이며, 이 뇌 작동방식을 우리는 '태도'라고 부른다. 태도란 무엇인가? 사건을 해석하는 방식을 말한다. 또 어떤 특정한 것에 더 잘 반응하는 경향성을 말한다. 즉 태도란 해석방식과 반응하는 경향성을 말한다. 그럼 태도가 왜 사람마다 다른가? 뇌의 작동방식이 다르기 때문이다. 그러면 태도는 왜 중요한가? 자기실현적 특징을 갖고 있기 때문이다. 태도가 인생을 결정 짓기 때문이다.

쇼펜하우어의 통찰력 있는 표현을 빌려보자.

똑같은 외부사건과 환경이라도 두 사람에게 같은 영향을 미치는 경우는 없다. 완전히 유사한 환경에서도 사람들은 자기만의 세상을 살아간다. 그가 사는 세상은 주로 그가 세상을 보는 방식에 의해 결정된다. 그래서 사람마다 다른 세상을 산다. 어떤 사람에게는 척박하고 지루하고 피상적인 세상이 다른 어떤 사람에게는 풍요롭고 재미있고 의미 있는 세상이 된다. 사람들은 다른 사람의 재미난 경험을 듣게 되면 자기에게도 비슷한 일이 생겼으면 하고 부러워한다. 그런데 진짜 부러워해야 할 것은 비슷한 일이 아니라 그렇게 재미있게 생각할 수 있는 그 사람의 정신적 소양이라는 것을 사람들은 미처 깨닫지 못하고 있다.

살아가는 데 있어 정말 중요한 것은 외부 환경이 아니라 세상을 해석하는 방식이라는 것이다.

심리학자 아들러는 경험이 미래를 결정짓는 것이 아니라 경험을 어떻게 해석하느냐에 따라 미래가 변화한다고 했다. 부동산 투자만 해도 두 가지 다른 해석과 견해가 있을 수 있다. 하나는 부동산 투자는 불로소득이며 투기꾼들이나 하는 것이라는 견해와 해석이다. 한편에서는 부동산 투자는 가격변화를 통해서 땅을 효율적으로 개발할 수 있게 촉진하는 행위이며, 투자자는 취득세, 보유세, 양도소득세를 내는 애국자라는 견해가 있다.

전자의 견해를 가진 사람은 부동산 가격이 오르면 투기꾼 탓으로 돌리며 이들을 규제해야 한다고 주장한다. 또 자신이 집이 없고 힘든 것은 투기꾼 때문이며 자신은 아무 책임과 잘못이 없다고 생각하기 때문에 노력할 필요성도 못 느끼게 된다. 그들은 자신이 도덕적인 사람이기에 부동산에 대한 공부를 할 필요성을 느끼고 배우는 대신에 투기꾼 비난에 대부분의 시간을 보내는 경우가 많다. 반면에 후자의 견해를 가진 사람은 자신의 판단력을 키우기 위해서 책을 읽는 등 다양한 방법을 통해 공부를 하려 들 것이고 종국에는 더욱더 투자를 잘 하게 될 것이다. 세상을 어떻게 해석하느냐에 따라서 행동이 달라지고 이 행동이 미래를 결정 짓게 된다.

부자가 되기 쉬운 태도가 있다. 반면에 가난하게 살기 쉬운 태도도 있다. 태도를 바꾸면 행동이 바뀌고 행동이 바뀌면 인생이 바뀐다. 나쁜 태도를 가지고 부자가 되려 하는 것은 물살을 거슬러 헤엄치는 것과 같다.

열등감을 발전과 성장의 동력으로 삼아라

어떻게 하면 태도를 바꿀 수 있을까? 태도가 바뀌려면 열등감을 버리고 자존감을 회복해야 한다. 자신감을 회복해야 한다. 희망을 가질 수 있어야 한다. 내가 아는 방법은 작은 성공을 경험하는 것이다. 조그만 성공이 하나하나 모여서 큰 변화를 이룬다. 작은 성공의 경험이 용기와 희망을 불어넣고 무기력하고 부정적인 태도를 바꿀 수 있다.

열등감을 느끼고 열등감이 콤플렉스가 되면 패배감과 무기력감에 빠지게 되고 가난에서 벗어나기 힘들어진다. "나는 가난한 집에 태어나서 부자 되긴 틀렸어", "나는 좋은 대학을 나오지 않아서 부자 되긴 틀렸어", "나는 머리가 나빠서 부자 되긴 틀렸어" 이런 식의 부정적인 태도로는 가난에서 벗어나기 힘들다. 찬찬히 자신이 가진 장점을 돌아보라. 열등감을 발전과 성장의 동력으로 삼아라! 작은 성공을 경험하라! 그러면 열등감에서 벗어나고 행복해질 수 있다.

가난한 사람들이 빠지기 쉬운 심리적 함정 5가지

가난한 사람들의 심리는 어떤가? 니체는 이렇게 말했다. "도스토예프스키는 내가 배울 수 있었던 단 한 명의 심리학자였다. 그는 내 생애에서 가장 아름다운 행운 중 하나다." 러시아의 대문호 도스토예프스키는 소설가일 뿐만 아니라 심리학자다. 그는 인간의 내면을 가장 세밀하게 관찰하고 묘사했다. 그가 쓴 『가난한 사람들』은 가난한 사람들의 심리를 정확히 묘사하고 있다.

이 소설은 가난한 말단 공무원인 마까르 알렉세예비치와 가난한 처녀 바르바라 알렉세예브나와의 사랑 이야기로, 두 사람이 주고받은 편지로 구성되어 있다. 마까르가 세상을 어떤 시각으로 보는지를 주의 깊게 살펴보면 가난한 사람들의 심리를 읽는 데 도움이 된다. 물론 가난하다고 해서 모두 마까르처럼 열등감과 부끄러움을 느끼지는 않는다. 내가 말하는 '가난한 사람들이 빠지기 쉬운 심리적 함정'란 돈에 가치를 두고, 또 돈이 주는 즐거움과 쾌락을 좋아하지만 돈이 없어서 열등감을 느끼고 스트레스를 받는 사람들의 심리를 말하는 것이다.

피해의식에 빠져 자기변명을 늘어놓는다

가난하면 피해의식에 빠지기 쉽다. 소설 속 주인공 마까르는 피해의식에 빠져 있다. 돈을 빌리러 부잣집에 들어서서 벽에 걸린 초상화를 볼 때 마까르의 피해의식이 잘 드러난다. 벽에 걸린 초상화 속 장군들이 자기를 노려보고 있다고 그는 말한다. 세상에! 초상화가 왜 자신을 노려보겠는가? 피해의식에 빠진 마까르가 그렇게 느꼈을 뿐이다.

마까르는 주변 사람들이 자신이 가난하기 때문에 자신을 무시하고 존중하지 않는다고 오해한다. 마까르가 피해의식에 빠져서 오해한 예들을 살펴보자. 그는 하숙비가 밀려서 화내는 하숙집 주인의 행동도 자신의 잘못된 행동 때문이 아니라 자신이 가난해서 무시하고 깔본다고 오해한다. 또 부당한 심부름을 시켜서 거절한 하숙집 하인의 행동도 자신이 가난하기에 깔보고 무시한다고 오해한다. 또 옷솔을 빌려달라는 청을 거절한 관청의 문지기도 자신이 가난하기 때문에 거절했다고 오해한다. 이웃 사람들이 자신을 '로벨라스'라고 부른다는 소문을 들었을 때 사람들이 자신을 비웃고 조롱한다고 오해하고 분노하고 괴로워한다. 그러나 나중에 그 말은 아주 좋은 뜻이며 칭찬이었단 걸 알게 된다.

마까르는 피해의식에 빠진 자신의 심리를 이렇게 고백한다. "제 목을 조이는 것은 돈이 아니라 일상생활에서 느끼는 불안감, 사람들의 수군거림, 야릇한 미소, 비웃음입니다." 마까르는 길을 걸을 때도 철저히 자신을 숨기고 남의 눈에 띄지 않게 벽에 붙어서 걷고 사람들과 떨어져서 걷는다.

피해의식에 빠지면 타인에 대한 신뢰가 사라진다. 피해의식에 빠진 마까르는 낯선 모든 사람이 자신에게 적대감을 가지고 있는 적이라고 착각한다. 그래서 남들이 모두 악의를 가지고 자신을 해칠 것이라고 믿는다. 그래서 새로운 도전이나 변화를 극도로 두려워한다. 피해의식에 빠진 마까르는 바르바라가 남의 집의 가정교사로 들어가는 좋은 기회도 반대한다. 그녀가 낯선 사람들에게 피해를 당할 수 있다고 믿었기 때문에 그녀에게 새로운 변화와 도전을 회피하라고 조언한다. 이처럼 피해의식의 함정에 빠지면 변화와 도전을 거부하기에 부자 되기가 더 어려워진다.

피해의식에 빠지면 사실이 아닌 주장도 믿기 쉽다. 가난한 사람들이 가장 많이 믿는 엉터리 주장이 바로 부자들 때문에 자신이 가난하게 살 수밖에 없다는 주장이다. 이런 주장은 마치 남이 공부를 잘해서 자기가 공부를 못하고, 남이 건강해서 자신이 아프다는 주장과 같지만 피해의식에 빠진 사람은 철석같이 믿는다. 왜 그럴까? 자신을 피해자로 만들면 위험을 무릅쓰고 도전하지 않은 자신과 노력을 하지 않은 자신을 탓하지 않아도 되기 때문이다. 그래서 피해의식에 사로잡힌 사람들은 자신의 가난을 변명하길 좋아한다. 그러나 그런 정신승리로는 절대로 부자가 될 수 없다.

부정적인 사고에 빠져 좋은 기회를 놓친다

가난에 빠지면 자신도 모르게 세상을 부정적으로 바라보기 쉽다. 인간이 그렇게 만들어져 있다. 소설 속 마까르는 누구에게라도 닥치는 조그만 사건을 맞이해도 자신은 계속 중요한 순간에 불운이 닥치는 불행한 존재라고 해석했다. 가난한 많은 사람들이 마까르처럼 미래에 대해서 비관적이고 부정적이며, 자신은 재수가 없는 불운한 존재라고 믿는다. 그런데 그들은 자신의 그런 부정적인 사고를 합리적 비판이라고 포장하길 좋아한다.

알리바바의 창업자 마윈도 '가난한 사람들'의 가장 큰 문제점으로 부정적 사고를 지적했다. 그는 이렇게 말한다.

세상에서 가장 같이 일하기 힘든 사람들은 가난한 사람들이다.

자유를 주면 함정이라고 얘기하고, 작은 비즈니스를 얘기하면 돈을 별로 못 번다고 얘기하고, 큰 비즈니스를 얘기하면 돈이 없다고 하고, 새로운 것을 시도하자고 하면 경험이 없다고 하고, 전통적인 비즈니스라고 하면 어렵다고 한다. 새로운 비즈니스 모델이라고 하면 다단계라고 하고, 상점을 같이 운영하자고 하면 자유가 없다고 하고, 새로운 사업을 시작하자고 하면 전문가가 없다고 한다.

부정적인 사고에 빠지면 아무리 좋은 기회를 알려주어도 놓치게 된다. 나는 몇 년 전부터 네이버카페 '부동산스터디'를 통해 집값이 오를 것이라고 말했다. 2017년 크리스마스 날에는 산타의 선물이라고 찍어주기까지 했다. 그 찍어준 물건이 당시엔 4억5천만 원 정도면 살 수 있었다. 얼마 전에 부동산중개사무소에 물어보니 완공되면 시세가 최소 15억 정도는 될 거라고 했다. (물론 당시엔 내 인지도가 낮았기 때문에 아마도 모두들 헛소리라고 생각한 듯하다. 지금도 현장의 부동산중개업사무소 사장이 전망하는 시세이며 나중에 얼마가 될지 내가 어떻게 알겠는가.)

2020년 3월, 주가가 폭락했을 때 나는 주식을 사야 한다고 말했다. 그리고 코로나 백신도 곧 나올 것이라고 전망했다. 그러나 부정적인 사고에 빠진 적지 않은 사람들이 나를 비난했다. 한번 부정적인 사고에 빠지면 이처럼 부자 될 가능성과 기회를 걷어차 버리기 쉽다.

가난한 사람이 모두 부정적인 사고를 가진 것은 아니다. 그러나 부정적인 사고를 가진 사람들은 대부분 가난하다. 부자가 된 사람들 중에 부정적인 사고를 가진 사람은 없다. 부자를 연구한 톰 콜리(Tom corley)에 따르면 부자들 모두가 긍정적인 사고방식을 가졌다고 한다. 부자들은 자신의 긍정적인 사고가 자신을 부자로 만들어주었다고 믿는다. 부자들 중 일부는 자신이 부자가 될 것임을 믿어 의심치 않았다고 한다.

그런데 가난에 빠지면 누구라도 부정적인 사고를 가지기 쉽다. 왜냐하면 가난한 자신의 현실을 둘러보면 모든 게 힘들기 때문이다. 당장 다음 달 집세와 관리비 그리고 먹고 살 돈이 부족한데도 긍정적인 사고를 가지기란 여간 어려운 게 아니다. 그래서 누구라도 가난에 빠지면 부정적인 사고에서 탈출하기가 무척 어렵다.

자포자기하고 될 대로 되라는 식으로 산다

가난한 사람들은 자포자기하기 쉽다. 그래서 술, 담배, 도박에 잘 빠진다. 소설 속 마까르도 담배는 꼭 피워야 한다고 생각한다. 술을 자제하라는 바르바라의 충고에 대해서도 이렇게 대답한다. "술을 마시면 떨어진 신발 밑창이 생각 안 나잖아요."

가난한 사람들은 가난의 고통을 잊기 위해서 술을 마시게 된다. 나는 재개발 동네 가난한 세입자들 중에 알코올 중독자가 많은 것을 직접 보았다. 가난을 잊기 위해서 술을 마시는 것일지도 모른다. 명문대학을 졸업했지만 사업에 실패한 사람이 자신의 불운한 저치를 잊기 위해서 과음하게 된다고 고백하는 것을 들은 적도 있다. 결국 불운으로 가난에 빠지게 되면 술, 담배, 도박에 더 중독되기 쉬운 게 인간이다.

가난해지면 자포자기가 되어서 자신의 건강을 돌보는 데도 주의를 기울이지 않는다. 마까르의 몰골이 계속 형편없어지고 흉하게 변하자 바르바라가 건강을 챙기라고 당부하지만 자포자기 상태의 마까르는 될 대로 대라는 식으로 산다고 대답한다.

나는 부자 동네에서 새벽에 조깅하는 사람과 날씬한 사람을 더 많은 것도 우연이 아니라고 생각한다. 가난에 빠지면 자포자기하게 되고 운동도 하기 싫어진다. 누구라도 가난에 빠지면 그렇게 되기 쉽다.

낮은 자존감을 낭비와 허영으로 채우려 한다

가난하면 빠지기 쉬운 함정이 바로 낮은 자존감이다. 마까르가 바르바라에게 자신의 심정을 고백하는 장면에서 그의 낮은 자존감이 잘 드러나고 있다.

당신을 알고 나서 저는 저 자신도 잘 알게 되었습니다. 그리고 당신을 사랑하게 되었습니다. 당신을 만나기 전까지 저는 외롭기만 했습니다. 당신을 만나기 전에는 이 세상을 살고 있는 게 아니고 잠을 자는 것과 같았습니다. 저 사악한 자들은 저더러 외모도 참 멋대로 생겼다면서 항상 저를 피했습니다. 그래서 저도 제 자신을 싫어하게 되었죠. 사람들이 저더러 멍청하다고 하면 저도 정

283

말 제가 멍청하다고 생각했습니다. 하지만 당신이 제 앞에 나타나 제 어두운 인생을 환하게 비춰주었고, 제 마음과 영혼에 밝은 빛이 들게 되었던 겁니다. 저는 마음의 안정을 찾았고 저도 다른 사람보다 못한 것이 없다는 것을 알게 되었죠. 재능이 많아서 빛을 발하는 것도 아니고 잘나지도 못했고 고상하지도 않지만 저 또한 사람이라는 것을, 가슴도 있고 생각할 줄 아는 사람이란 것을 알게 된 것입니다. 그런데 지금은 제가 운명에 내몰리고 있다는 생각이 듭니다. 운명에 치이다 보니 제가 가진 장점도 부인하게 되고 거듭되는 불행에 의기소침해지고 그만 맥이 풀렸습니다.

마까르는 낮은 자존감으로 괴로워하며 살다가 사랑하는 이의 격려와 사랑을 통해서 진정한 자신의 모습을 재발견하게 된다. 낮은 자존감으로 괴로워하던 자신을 한 인간으로 대해주는 그녀를 통해서 진정한 행복감을 맛보게 된다. 그래서 그녀에게 선물하기 위해서 무리해서 돈을 쓰고 돈을 빌리기까지 한다. 그래서 그는 파산위기에 몰린다.

가난한 사람들이 힘든 이유는 돈이 없어서가 아니라, 무시당하고 차별당하면서 강요되는 낮은 자존감 때문이다. 부자나 빈자나 상관없이 누구라도 인정받고 관심받고 사랑받고 싶은 욕구가 있다. 자존감이 낮으면 필요 이상으로 돈을 낭비하기 쉽다. 혹시나 남들에게 무시당할까 봐서 겉치레와 체면을 지킨다고 돈을 낭비하게 되는 것이다. 진짜 부자들은 누가 뭐래도 자신이 진짜 부자이니까 오히려 옷차림에 대해서 그다지 신경을 쓰지 않는다. 그냥 청바지에 수수한 티셔츠를 입고 국산차를 타고 다니는 알짜 부자들이 의외로 많다.

오히려 가난한 사람들이 낮은 자존감에 혹시나 남들이 자신을 가난하다고 무시하지나 않을까 전전긍긍하여 명품 옷과 외제차에 매달리기 쉽다. 가난을 감추려고 애쓰다 보면 저축할 돈을 모으기 더 어렵다. 결국 낮은 자존감은 부자 되기도 어렵게 만든다.

가난에서 벗어나게 도와줄 멘토가 없다

가난할 때 부자를 만나면 괜히 주눅이 들고 자신이 못났다는 열등감과 불행감을 느끼기 쉽다. 그래서 가난해지면 가난한 사람과 어울리기 쉽다. 어차피 같은 처지이니까 부러워할 게 없고 자신만 뒤처졌다는 불행감을 느끼지 않아도 되기 때문이다.

부자 멘토가 없이 가난한 사람들만 사귀면 무엇이 문제인가? 인간은 사회적 동물이고 다른 사람의 영향을 받는 존재다. 주변에 가난한 사람만 있다면 어느새 자기도 모르게 가난한 마인드에 물들기 쉽다. 정말 그럴까? 정말 그렇다. 인간의 뇌에는 타인의 행동과 감정을 모방하는 '거울뉴런(Mirror neuron)'이란 게 있기 때문이다.

1996년 이탈리아 파르마대 생리학연구소의 자코모 리촐라티(Giacomo Rizzolatti) 교수는 원숭이가 음식을 집기 위해 손을 뻗을 때 뇌에서 활성화되는 뉴런을 기록했다. 그런데 나중에 사람이 음식을 집어드는 것을 쳐다보기만 한 원숭이의 뇌도 자신이 직접 음식을 집을 때 활성화되었던 뉴런 일부가 똑같이 활성화되는 것을 발견했다.

나아가 그는 인간의 뇌에도 '타인의 행동을 비춰주는' 거울뉴런이 있다는 것을 발견했다. 그래서 인간은 자신도 모르게 타인의 행동을 따라 하게 되어 있다는 것이다.

예를 들어보자. 누군가 하품을 하는 걸 보면 자기도 하품을 하게 된다. 오래 사귄 연인들은 서로의 행동을 따라 하게 된다. 부부는 닮는다는 말이 진실인 것이다. 이 모두는 바로 우리 뇌 속에 있는 거울뉴런 때문이다. 그래서 가난한 사람과 함께 있으면 자신도 모르게 가난한 사람의 행동과 특징을 닮게 된다.

마까르는 결국 바르바라의 사랑을 통해 극적인 변화를 겪게 된다. 바르바라에 의해서 자신의 가치를 알게 되고 자존감을 회복하고 행복을 맛보게 된다. 주변 사람들도 자신에게 불친절하고 깔보던 걸 멈추었다고 느끼며 감사와 행복을 되찾게 된다. 물론 달라진 것은 주변 사람들이 아니라 마까르 자신이다. 그의 태도와 해석이 변한 것뿐이다. 가난에서 벗어나려면 자신이 바라보는 세상이 객관적 현실이 아니라 자기가 창조한 현실이고, 자신이 다른 사람과 다르게 세상을 바라볼 수도 있다는 것을 깨달아야 한다.

도스토예프스키는 이렇게 말했다. "마음이 비뚤어진 사람들만이 불행하다. 행복이란 인생에 대한 밝은 견해와 맑은 마음속에 깃드는 것이며, 외적인 데 있지 않다." 그렇다, 모든 것은 마음먹기 나름이다.

가난의 심리적 함정에서 빠져나오는 5가지 방법

가난의 심리적 함정에서 빠져나와서 부자가 되려면 어떻게 해야 할까? 앞에서 말한 5가지 함정에서 빠져나오려면 각고의 자기성찰과 초인적인 노력이 있어야 한다. 그래서 나는 가난한 '흙수저' 출신으로 자신의 대에 가난을 끊어내고 자식에게 가난을 물려주지 않는 자수성가한 분들은 존경한다.

그런데 당신의 현실이 『가난한 사람들』의 마까르 정도의 극단적인 상황이 아니라면 몇 가지 성공 경험을 통해 반전을 꾀할 수 있다. 자신에 대해서 부정적이고 자신감이 없고 무기력한 것이 문제라면 작은 성공이 탈출구가 될 수 있다. 작은 성공을 경험하게 되면 자신감이 생기고 당신은 변하게 된다. 내가 제안하는 아주 간단하면서도 효과 분명한 5가지 실천 과제에 도전해보라. 이런 작은 성공이 모여서 변화를 만들어 내고 자신감을 키우고 자신에 대한 신뢰가 생긴다.

부자 멘토에게 부자의 마인드를 배워라

부자와 사귀어야 부자의 마인드를 배우기 쉽다. 가난한 '흙수저' 출신이 부자 친구와 사귀기란 여간 어려운 게 아니다. 왜냐하면 부자 옆에 있으면 누가 뭐라고 하지 않았는데도 불구하고 자신이 초라하고 실패자로 느껴지고 불행한 느낌을 받을 수 있기 때문이다. 인간이 원래 그렇게 생겨 먹었다.

그래서 내가 제안하는 부자 멘토 사귀기란 책 속의 부자를 말한다. 책 속에서 성공한 부자들을 만나서 그를 멘토로 삼으면 된다. 그런데 술 마시고 비싼 케이크와 커피를 마시는 건 쉬워도 책을 사는 건 아깝게 느껴진다. 대부분의 사람이 그렇게 살기 때문에 당신도 그렇게 느끼는 것이다. 그게 평범한 사람들의 패턴이다. 그렇지만 당신이 부자가 되고 싶다면 평범한 사람들의 패턴에서 벗어나야 한다. 한 달에 적어도 한 권은 읽어야 한다.

네이버카페 '부동산스터디'에서 "내가 졸업할 때 선생님이, 월급을 타면 반드시 그날 책을 사서 읽으라고 조언해주셨는데, 그 조언을 꾸준히 따르고 있다"는 글을 읽은 적이 있다. 정말 멋진 분이다. 매달 이렇게 한다면 3년 뒤 그는 엄청나게 달라진 자신을 발견하게 될 것이다. 실제로 3년 정도 투자 관련 책을 읽으면 상당한 자신감과 투자지식을 쌓게 된다. 또 본격적으로 투자할 수 있는 종자돈도 모을 수 있게 된다. 경제적으로 비상할 준비가 되는 것이다.

시간이 더 지나 5년이 되면? 상당한 수준의 지식을 보유하게 된다. 재산도 많이 불어나 있을 것이다. 만약에 운이 따라주었다면 제법 큰돈으로 불렸을 것이다. 10년이 지나면 상당히 부자가 되어 있을 것이다. 내 자신을 되돌아보면 '개털'인 상태로 취직하고 결혼하고 은퇴까지 14년이 걸렸다. 외벌이로 14년간 일해서 은퇴했다. 당신이 맞벌이라면 나보다 조건이 더 좋다. 또 운이 좋거나 재능이 있다면 나보다 더 빨리 부를 이루게 될 것이다.

운동을 통해 투자 체력을 길러라

인간의 정신력도 육체의 작용에 불과하다. 의지력도 체력이 뒷받침되어야 유지될 수 있다. 체력이 좋아야 돈버는 스트레스를 극복할 수 있다. TV 드라마나 리얼리티 쇼를 보며 시간을 죽이는 대신에 운동을 해라. 동네 산책도 좋다. 배우자나 아이와 손잡고 걸어보라. 요즘은 실내 피트니스센터보다 야외가 안전하다. 맑은 공기를 마시며 걷는 것만으로도 몸속 구석구석에 깨끗한 에너지가 차오르는 것을 느낄 수 있을 것이다. 체력이 강해지면 스트레스를 극복하기 쉽고 더 많은 일을 할 수 있게 된다.

지인 A의 아이는 매우 소심한 성격이었다. 그런데 수영을 배우고 철인3종 경기에 도전하면서 자신감을 가지고 활달하게 변했다고 한다. 아이의 건강한 에너지가 가족들에게도 전해져 지금은 둘째도 철인3종 경기를 시작했고, 주말마다 가족이 함께 등산도 한다. 운동이 가족의 라이프 스타일 전체를 바꾸게 만든 것이다.

당신을 변화시키기 가장 쉬운 방법은 운동이다. 나는 등산을 좋아하는데, 등산모임에 가입해 주말마다 동호인들과 함께 산에 오르고 돌아오는 길에 소주 한 잔 하는 즐거움이 적지 않다. 이렇게 산에 한 번 다녀오면 일주일을 살아갈 힘이 비축된다. 요즘은 동호회 활동이나 실내 운동이 어려우니 걷기가 가장 좋은 운동이다. 사람 없는 한적한 시간을 골라 틈날 때마다 걷기를 권한다. 가족과 함께 걸으면 즐거워서 좋고, 혼자 걸으면 생각을 정리할 시간을 벌 수 있어 투자 내공을 다지는 데도 도움이 된다. '만보걷기' 같은 작은 목표를 세워두고 걸으면 성취감을 느낄 수 있어 꾸준히 운동하는 데 도움이 될 것이다.

가계부를 쓰며 지출을 통제하라

그냥 흐르는 물 위에 둥둥 떠내려가듯 살면 절대 발전이 없다. 그러다 낭떠러지 만나서 후회하지 말고 장기플랜을 세워야 한다. 이때 가장 좋은 도구가 가계부다. 가계부를 작성하면 지출이 통제되고 저축과 투자 계획을 세우는 데 도움을 받을 수 있다.

가계부를 쓰면 돈이 저절로 절약되는 효과도 있다. 별다른 노력을 하지 않아도 저절로 돈이 절약되는 마법을 경험하게 된다. 그러니까 아무것도 묻지 말고 가계부를 써보라. 1년간 가계부를 꾸준히 써보면 분명 당신에게 변화가 생길 것이다.

가계부는 다이어리 형식으로 된 것도 좋고 소프트웨어나 애플리케이션을 사용하는 것도 좋다. 형식은 어느 쪽이든 자신에게 맞는 것을 고르면 된다. 요즘은 거의 신용카드를 쓰니까 굳이 가계부를 쓸 필요까지는 없다는 사람도 많지만 가계부를 쓰고 안 쓰고는 분명 차이가 있다. 일단 한번 써본 뒤에 얘기해라. 가계를 쓰면서 한 달 한 달 수입과 지출을 관리하다 보면 보다 큰돈이나 자산 관리에도 자신감이 생기게 된다. 자신감을 가지게 되면 부자가 될 용기를 내기도 쉬워진다.

적금을 들어 종자돈을 만들어라

작은 금액이라도 1년짜리 적금을 들고 매달 돈을 적립하고 만기 때 성취감과 성공을 맛보라! 만기까지 불입에 성공하면 돈을 모을 수 있다는 자신감이 붙게 된다. 이렇게 모은 돈이 당신이 부자가 되기 위해서 뿌릴 씨앗이 되는 것이다.

금리가 낮을 때는 적금이 의미 없다고 생각할지도 모르지만 지금 시작하는 적금은 돈을 모으는 재미와 의미를 찾는 용도로 소박하게 생각하면 된다. 작은 돈이라도 매달 꼬박꼬박 적금을 넣고 있다는 생각만으로도 자부심과 뿌듯함을 느낄 수 있을 것이다. 이렇게 돈에 대한 긍정적인 경험이 쌓여 당신을 부자로 만들어줄 것이다.

가족관계를 회복해 정서적 안정을 유지하라

정서적으로 안정이 되어야 돈도 벌고 싶은 생각이 든다. 정서적으로 안정되려면 사랑과 존경을 받아야 한다. 사랑과 존경은 그냥 주어지는 게 아니다. 사랑과 존경을 받으려면 주어진 책임을 다해야 한다. 가장으로서, 아빠나 엄마로서, 남편이나 아내로서 주어진 책임을 다해야 한다. 『이웃집 백만장자』라는 책을 보면 이혼하지 않고 오랫동안 결혼생활을 유지하는 것이 백만장자의 가장 큰 특징 중 하나임을 알 수 있다.

부부 사이가 좋아야 부자 되기가 쉽다. 왜 그런가? 부부간에 사이가 나쁘면 갈등 해결에 에너지를 소모하느라 돈버는 데 집중하기 힘들어지기 때문이다. 부부 갈등이 심해지면 가장 기본적인 정서가 충족되지 않고 불안해져서 매사 귀찮아지기 십상이다. 그러니 부자가 되고 싶다면 배우자와 잘 지내는 것이 매우 중요하다. 가족과 좋은 관계를 유지해라! 관계가 좋지 않다면 회복하라! 가장 가까운 사람들로부터 존경을 받고 인정을 받는다면 자존감도 높아진다. 그러면 용기를 내기도, 부자가 되기도 더 쉽다.

책을 읽으며 멘토를 얻고, 운동을 하며 체력을 기르고, 가계부를 쓰고, 적금통장을 만들고, 가정을 회목하게 하는 것, 마음만 먹으면 오늘부터 행동에 옮길 수 있는 것들이다. 이 5가지 행동강령이 당신을 가난의 심리적 함정에서 탈출할 수 있게 해주고, 당신을 부자로 만들어 줄 것이다. 일단 1년만 목표로 삼고 노력해 보자. 그러나 이 5가지를 1년간 꾸준히 실천할 수 있는 사람은 아주 드물다. 1년만 실천해도 당신은 부자가 될 자격을 갖추게 될 것이다.

한국형 부의 본능은
어떻게 변주되는가

경제학적으로 풀어보는 대한민국의 현주소

왜 요즘 청년 실업률과 비정규직 비율이 높을까? 왜 요즘 젊은이들은 결혼도 안 하고 아이도 안 낳을까? 이런 의문을 가져 본 적이 있을 것이다. 집값이 너무 비싸서, 교육비가 너무 많이 들어서, 개인의 가치관이 이기적으로 변해서 등등 각자 다른 대답을 갖고 있을 것이다.

진짜 정답은 무엇일까? 평생 이 문제만 연구해서 답을 내놓은 사람이 있다면 한 번쯤 그가 제시한 정답에 귀기울여볼 필요가 있지 않을까? 더구나 그가 노벨상까지 받은 실력 있는 경제학자라면 말이다.

범죄문제를 경제학적으로 해결한 게리 베커
시카고대학 경제학 교수로 1992년에 노벨경제학상을 수상한 게리 베커(Gary Stanley Becker). 그는 운동도 잘 하고 공부도 잘 하는 건강한 청년이었다. 고등학교 시절에는 학교 핸드볼 팀 선수로 활약하기도 했다. 핸드볼을 매우 잘했지만 클럽 중에 하나만 선택해야 해서 할 수 없이 핸드볼을 그만두고 수학클럽에 가입했다고 한다. 그는 고등학교 때 아버지의 시력이 점차 나빠져서 아버지를 위해 신문에 난 주가와 재무제표를 읽어주면서 자연스럽게 경제에 관심을 가지게 되었다고 한다.

대학은 프린스턴에 진학하여 수학을 전공했다. 수학을 좋아하고 경제학에 별로 관심이 없었던 게리 베커가 어떻게 경제학자가 되었을까? 밀턴 프리드먼 때문이다. 박사과정으로 시카고대학을 선택한 게리 베커는 거기서 밀턴을 만났고 그에게서 경제학을 배웠다.

밀턴은 한눈에 게리 베커가 뛰어난 학생임을 알아보았다. 그는 베커의 장학금 추천서에 이렇게 썼다고 한다.

내가 시카고에서 6년 간 가르치는 동안 베커만큼 뛰어나거나 베커만큼 중요한 경제학자가 될 만한 학생은 만난 적이 없습니다. 게리 베커가 특별연구원 장학금을 받을 만한 인재임에는 추호의 의심도 없습니다. 전 매년 베커만큼 뛰어난 후보를 찾을 수 있으면 참 좋겠습니다만, 이는 지나친 요구겠죠.

베커는 밀턴의 기대와 예상대로 후일 노벨경제학상을 수상하고 시카고학파의 거물이 되었다. 베커는 사회현상인 범죄문제를 경제학적으로 해결하려는 시도로 노벨상을 받았다. 1960년 어느 날, 그는 경제이론 시험을 보러 가기 위해서 학교로 차를 몰고 갔다. 그런데 차를 시험장에서 멀리 떨어진 주차장에 세우고 가면 시험에 지각할 것 같았다. 시험장 출입문 근처의 길가에 세우면 주차위반 딱지를 떼일 위험이 있지만 선택의 여지가 없었다. 다행히 주차위반 딱지를 떼이지는 않았다. 이때의 경험은 그에게 소중한 영감을 주었다. 범죄도 경제학으로 연구할 수 있지 않을까 하는 생각이 머릿속에 떠오른 것이다.

그는 합법 주차비용보다 불법 주차비용이 낮다면 불법 주차를 하게 된다고 생각했다.

합법 주차비용＝주차시간×시간당 주차비
불법 주차비용＝주차시간×시간당 벌금×적발될 확률

게리 베커는 처벌에 비해 범죄를 저질렀을 때 얻는 이득이 크다면 누군가는 반드시 범죄자가 될 것이라고 보았다. 따라서 형량을 높이고 검거율을 높이면 범죄가 줄어들 것이라고 주장했다. 또 범죄를 처벌할 때도 합리적으로 생산성을 생각해야 한다고 강조해서 징역보다는 벌금형이 바람직하다고 주장했다. 벌금은 국가 수입이 되기 때문이다.

이처럼 베커는 그동안 경제학자들이 무시했던 주제를 연구했다. 그는 인생에서 가장 중요한 것들이라고 생각되는 결혼, 범죄, 출산,

중독 같은 주제를 경제학의 범위로 끌어들였다. 그는 그 덕분에 노벨경제학상을 받았다. 조지 부시 미국 대통령은 2007년 자유훈장을 수여하면서 "베커 교수는 경제원칙들이 단지 이론으로만 머물지 않는다는 것을 보여줬다"며 "지난 100년 동안 가장 영향력 있는 경제학자"라고 치켜세웠다.

게리 베커가 생각하는 인간의 행동 규칙

게리 베커는 "인간은 이기적이든 이타적이든 충실하든 악의적이든 자신의 만족을 극대화하는 방향으로 살아갈 뿐이다"라고 말했다. 인간의 많은 행동은 비용과 편익을 계산한 결과라고 본 것이다.

이제 그의 비용과 편익의 개념을 활용하여 결혼과 출산율 하락에 대한 궁금증을 풀어보자. 과거에는 결혼을 통해 얻을 수 있는 이익이 컸다. 결혼과 자녀를 통해 얻을 수 있는 이익은 무엇일까? 우선 남녀가 한 집에서 살게 되니 주거비를 반으로 줄일 수 있다. 또 음식을 각자 만들어 먹을 때보다 2인분을 한꺼번에 만들면 시간과 노력을 줄일 수 있다. 성적인 욕구도 해결할 수 있다. 그리고 자녀가 노후를 돌봐주기 때문에 노후대책으로 훌륭한 선택이었다. 과거에는 결혼과 출산이 수지맞는 사업이었던 것이다.

그러나 지금은 세상이 변했다. 1인 가구를 위한 다양한 식품과 세탁, 주거 관리 서비스가 등장하면서 결혼을 하지 않아도 충분히 생활비를 절약할 수 있고 편하게 살 수 있다. 성적인 욕구도 굳이 결혼 제도를 통하지 않고도 자유롭게 즐길 수 있는 시대가 되었다. 여자들도 과거와 달리 고임금 일자리를 가지게 됨에 따라 직장을 포기하고 아이를 낳고 키우는 일의 기회비용이 커졌다. 또 고학력 사회가 되어서 자녀를 키우는 데 교육비가 많이 들어가 부담스러워졌다. 요즘은 노후 대비용 연금이나 금융상품이 다양해 자녀에게 노후를 기대지 않겠다는 사람이 많아지고 있다.

아주 옛날, 그러니까 내가 젊었을 때 어떤 모임에서 나이에 비해서 아주 젊어 보이고 말쑥하게 생긴 뉴질랜드인과 합석하게 되었다. 그와 대화를 나누던 중 그가 결혼을 한 지 오래되었는데 아이가 없단 말을 듣고서 궁금해서 무례하게도 한국 스타일로 물어봤다. "왜 아이가 없으세요?" 돌아온 대답은 놀랍게도 "아이는 너무 비싸다 (Child is too expensive.)"였다.

한국식 사고방식에 익숙한 내가 아이를 가구나 물건처럼 가격으로 환산하는 말을 들으니, 그 표현이 너무나 당혹스럽기도 하고 또 한편으로 솔직하게 느껴졌다. 그의 솔직한 대답은 게리 베커의 주장을 뒷받침하고 있다. '제로섬' 사회로 유명한 세계적인 석학 레스터 서로(Lester Thurow) 교수의 말도 맥락을 같이한다. 게리 베커 교수의 주장 덕분에 오늘날 각국은 출산율을 높이기 위해서 출산장려금, 자녀 양육비 지원, 신혼부부 주택공급 같은 공공 정책을 실시하는 것이다.

청년실업률과 비정규직 문제를 어떻게 해결할까?

청년실업률과 비정규직 문제에 대한 해법은 각자 다를 것이다. 정치권에서도 이 문제를 진단하고 제시한 해법은 진영에 따라 다르다.

게리 베커는 어떻게 생각하는지 한번 들어보자.

베커 교수는 2008년 방한해 '한국 노동시장 활성화 방안'을 주제로 열린 간담회에서 노동시장 유연성을 높이기 위해서는 고용과 해고가 자유로워야 한다고 지적해 찬반양론을 불러일으켰다. 그는 일자리 창출은 정부가 아니라 민간에서 해야 한다며 특히 중소기업에서 일자리가 늘어나려면 창업하기 쉽게 규제를 완화해야 한다고 주장했다.

또 불경기에 정규직 임금 삭감은 물론 해고가 가능하다면 기업들은 비정규직을 고용할 요인이 줄어든다며 해고를 규제하는 정부는 결단코 노동시장의 유연성을 확보할 수 없다고 충고했다. 한국 노동시장에서 비정규직의 비율이 유달리 높은 것은 노동시장 자체가 비효율적으로 작동하고 있다는 것이라는 진단이다.

그는 또한 "고용보호의 경직성 수준이 높으면 해고비용에 대한 부담으로 사용자가 신규 채용을 꺼리게 돼 고용률이 감소한다"면서 "특히 청년층의 노동시장 진입을 늦춰 청년실업률이 악화된다"고 강조했다. 이에 대해 일부에서는 크게 반발하며 해고가 쉬워지면 근로자가 피해를 입을 것이라는 반론을 제기했지만 베커 교수는 "해고와 고용이 자유로워지면 일자리 공급과 이동 가능성이 증가한다"고 반박하며 의견을 굽히지 않았다.

프랑스의 사례를 보면 베커 교수의 생각에 일리가 있음을 부인할 수 없다. 프랑스는 마크롱 대통령이 노동개혁을 단행한 덕분에 고용률은 높아지고 실업률은 11년 만에 최저치를 기록했다. 이러한 성과에 대해서 프랑스 재정경제부 장관은 "고용주들이 정규직을 고용하는 데 있어 과거에 비해 부담을 덜 느낀다"면서 "프랑스 기업들이 채용과 해고를 쉽게 한 노동정책의 변화로 직원 수를 꾸준히 늘리고 있다"고 말했다.

4차 산업혁명은 부동산 시장에 어떤 영향을 미칠까

아파트 살 지역을 고를 땐 4차 산업혁명에 따른 일자리 변화를 고려해야 한다. 현재 한국 산업의 주축인 자동차, 조선, 철강, 석유화학 산업은 원재료의 수입과 전력을 확보하기 쉽거나 수출하기 쉬운 지역에 자리 잡고 있다. 따라서 이런 산업은 항만을 끼고 있고 전력이나 공업용수를 공급받기 쉬운 산업단지에 자리하고 있다.

그러나 향후 맞이할 4차 산업은 지식산업이다. 거대한 기계나 공장, 부지 그리고 원재료와 전력이 필요 없는 사업이다. 고급 두뇌들이 모여서 쉽게 글로벌 정보를 접할 수 있고 창의적인 아웃풋을 만들어낼 수 있는 사무실 공간만 있으면 된다. 게임, 인공지능산업, 바이오산업, 빅데이터 등이 대표적이다.

이런 4차 산업혁명에 필요한 고급 두뇌들은 출근하기 쉽고 살기 좋은 대도시 지역에 몰리게 된다. 결국 고급 두뇌들은 직주근접이 가능하고 편의시설과 엔터테인먼트, 문화생활을 쉽게 즐길 수 있는 서울로 몰려들게 된다.

산업구조 변화를 반영하여 전 세계적으로도 대도시 집값 상승률이 더 높다. 도시 규모가 크면 클수록 집값 상승률이 더 높다. 일본의 경우도 도쿄3구에서는 인구가 늘어나고 집값도 계속 올랐다. 영국 런던에는 핀테크 기업들이 모이기 시작하여 테크시티를 만들어가고 있다. 미국도 집값이 가장 많이 오른 지역은 4차 산업을 이끌고 있는 아마존이 자리하고 있는 시애틀이다. 한국의 산업구조도 제조업 중심에서 지식산업·서비스산업으로 옮겨감에 따라서 부동산 가격도 영향을 받을 것으로 전망된다.

이미 울산, 거제도, 군산 같은 자동차 공장과 조선소가 있는 지역의 집값은 상대적으로 약세를 보이고 있는데, 이것은 큰 트렌드의 시작이라고 할 수 있다. 또한 지방보다는 수도권, 수도권보다는 서울의 집값 상승세가 장기적으로 높을 것이다. 서울 중에서도 강남4구(강남구·서초구·송파구·강동구)와 용산구가 가장 유망하고, 이외에도 한강을 끼고 있는 마포구, 성동구, 영등포구가 유망해 보인다. 또 정부가 4차 산업을 집중적으로 육성하려 추진 중인 판교나 마곡 같은 지역은 향후에 집값 상승률이 높을 것으로 예측할 수 있다.

향후 맞이하게 될 4차 산업혁명에 대응하는 아파트 투자법은 지방은 전세로 살고 서울에 내 집을 사두는 것이다. 귀찮은 일이지만 주거와 투자를 분리하는 투자법이 분명 이득을 가져올 것이다. 그러나 아무리 이렇게 조언을 해도 이를 실행에 옮기는 사람은 그리 많지 않을 것이다.

인구가 향후 줄어들 전망이다. 2030년부터 인구가 줄어드나 세대수는 2040년까지 늘어날 전망이다. 인구감소는 장기적으로 주택 가격 하락요인이지만 지역별로 차별화가 나타날 것이다. 실제로 일본의 경우 동경에서 반경 20킬로미터 안쪽은 집값이 올랐으나 바깥쪽은 하락했다.

인구가 감소해도 도심은 하락폭이 작거나 오히려 가격이 상승할 수도 있다. 젊은층뿐 아니라 고령자들도 교통, 의료, 쇼핑 등이 편리한 도심으로 이주하는 경향이 뚜렷하기 때문이다.

나이가 들수록 병원 갈 일이 많아져서 대도시에 살기를 원한다. 고정수입이 없어서 비싼 아파트를 깔고 살 수 없기에 대도시 소형아파트 수요가 늘어나는 것이다. 1~2인 가구 비중도 점차 늘어나 소형주택 증가는 피할 수 없는 대세가 될 것으로 보인다.

삼성경제연구소에 따르면 현재 43.4퍼센트인 1~2인 가구 비중은 2030년 51.8퍼센트로 높아진다. 결론적으로 향후 인구감소에 대비한 부동산 투자 전략은 대도시 소형아파트를 매수하는 것이다.

자영업의 쇠퇴는 상가투자에 어떤 영향을 미칠까

한국의 치킨집 수가 전 세계 맥도날드 매장 수보다 많다고 한다. 인구 1,000명당 음식점 수를 비교해보면 한국이 미국보다 7배, 일본보다 2배나 많다고 한다. 이렇게 경쟁이 치열하다 보니 자영업으로 성공하기가 힘든 것이다.

그럼 한국의 자영업자의 비율이 왜 이렇게 높을까? 1997년 IMF 사태 이후 쏟아져 나온 실업자들이 생계형 창업을 많이 했기 때문이기도 하지만, 더 근본적인 이유는 1992년도 이후 사회주의 국가였던 중국과 인도의 본격적인 자본주의 시장경제 편입으로 자본주의 시장경제에서 저임금 노동자들이 급격히 늘어났고, 이들과의 경쟁에서 밀린 노동자들이 일자리를 얻지 못하고 생계형 자영업자로 내몰린 까닭이다.

이들은 자본과 기술적 진입장벽이 비교적 낮은 음식점, 숙박업, 도소매업 분야에서 주로 창업했다. 그 결과 한국의 자영업자비율이 세계적으로 높아진 것이다. 2014년 기준, 전체 취업자 중 27퍼센트가 자영업자라고 한다. OECD 평균이 15퍼센트인 점을 비교하면 한국은 약 2배 정도 많다. 사정이 이렇다 보니 자영업자들의 도산율 또한 높다. 창업 3년 안에 62퍼센트가 망하고 창업 5년 내에 약 70퍼센트가 망하는 실정이다.

자영업자의 생존율이 낮은 이유는 뭘까? 첫째, 원래 경쟁이 치열한데다 대규모 자본과 기술을 가진 대기업들이 진출해서 소자본 자영업자들이 경쟁에서 도태되기 때문이다. 둘째, 인터넷 쇼핑의 발달로 거리 상가가 죽어가고 있기 때문이다. 요즘은 웬만한 구매는 인터넷 쇼핑으로 다 이루어진다. 인터넷 쇼핑의 발달로 가격경쟁력이 떨어지는 가게는 망할 수밖에 없다.

세월이 갈수록 매년 자영업자들이 줄어들고 있다고 한다. 자영업자의 쇠퇴와 함께 그들이 필요로하는 상가도 줄어들 것이기에 상가투자에 더욱더 신중해야 한다.

그렇다고 해서 모든 상가투자의 전망이 비관적인 것은 아니다. 상가 중에서 잘되는 곳은 홍대입구나 가로수길 같은 곳을 꼽는데, 바로 젊은이의 문화와 엔터테인먼트적 요소가 밀집해 있는 곳이다. 단순히 물건만 파는 곳이 아니기에 인터넷 쇼핑몰로 100퍼센트 대체할 수 없는 특수성이 있다. 결국 상가도 소비자를 흡수하는 문화나 엔터테인먼트가 제공되는 곳은 투자전망이 좋다. 반면에 문화와 엔터테인먼트 요소 없이 단순히 물건만 파는 상가는 결국 시간이 지남에 따라서 인터넷 쇼핑몰에 밀려나고 말 것이다.

상가를 구분하는 방식은 여러 가지가 있지만 나는 두 가지 방식으로 구분한다. 완전히 독립된 자기 땅을 소유한 상가(꼬마빌딩)와 땅지분을 나눠 가진 구분형 상가(여러 상가 중에 하나)가 그것이다. 상가투자의 성공 사례는 주로 전자에서 많고, 대부분의 상가투자 실패 사례는 후자에서 많이 나왔다는 것을 알아두면 투자대상을 물색할 때 도움이 될 것이다.

인공지능 도입으로 돈을 버는 것은 누구인가

인공지능 기술을 활용한 자율주행 차가 도입되면 트럭기사가 없어질 수 있다. 자율주행 차는 음주운전을 안 한다. 먹지도, 쉬지도, 지치지도 않는다. 법규도 칼같이 지킨다. 24시간 일할 수 있다. 결국 트럭기사들은 사라질 것이다.

의사들도 인공지능으로부터 위협을 받을 것이다. 의사들은 매주 자기 분야에서 쏟아져 나오는 논문만 다 읽는 데도 일주일에 168시간이 필요하다고 한다. 의사가 읽어야 하는 논문의 양은 어마어마한데, 이를 다 읽으려면 시간이 부족하다. 대신 이를 읽고 공부하는 인공지능 의사가 도입될 것이다. 인공지능 의사는 어떤 유능한 인간의사보다 더 많은 정보를 가지고 있기에 더 뛰어난 판단을 내릴 수 있게 될 것이다. 인공지능 의사가 의사에게 보조적인 도움을 주는 역할을 하다가 점차 일의 영역을 넓힐 것은 불을 보듯 뻔하다.

변호사도 인공지능의 도입으로 타격을 받을 수 있는 직업이다. 인공지능은 법률지식을 의뢰인에게 캔커피 제공하듯이 쉽게, 간편하게 제공해줄 수 있다. 인공지능 도입으로 수많은 일자리가 사라질 것은 분명하다.

그러면 인공지능 도입으로 누가 돈을 버는가? 인공지능을 도입하는 IT기업이 돈을 벌게 될 것이다. 즉 IT기업의 주주들이 돈을 벌게 된다. 간단하다. 인공지능 도입에 대한 대응방법은 인공지능을 연구하고 만드는 기업의 주식을 매수하는 것이다.

자녀를 부자로 만들기 위한 조기 경제교육

나는 아이가 돈의 힘과 가난이 무엇인지 빨리 알게 되기를 원했다. 아이가 어릴 때 '서울의 달'이란 TV 드라마가 아주 인기 있었다. 금호동 산동네에서 그 드라마를 찍었다는 걸 알고 아이를 데리고 그 동네에 갔다. 그 누추하고 쓰러져가는 집을 직접 보여주고 싶었기 때문이다. 나는 아이가 저런 집에 살면 얼마나 고통스러울지 두 눈으로 직접 보고 느끼기를 바랐다.

또 한 번은 재개발구역에 투자한 적이 있는데, 세입자가 바뀔 때 집 청소를 내가 하게 되었다. 그 집은 인근에서도 가장 허름한 집이었다. 땅 지분만 보고 산 집이다 보니 시쳇말로 '썩은' 집이었다. 나는 거기에도 아이를 데리고 갔다. 이렇게 어렵게 사는 사람도 있다는 걸 보여주고 싶었던 것이다. 아이는 성인이 된 지금도 가끔 그 이야기를 한다. 우리나라에도 그렇게 가난한 사람이 있는지 몰랐다고. 그날의 충격이 잊히지 않는다고.

장 자크 루소는 이렇게 말했다.

내게 부잣집 아이와 가난한 집 아이가 있다면 나는 부잣집 아이를 가르치겠다. 가난한 집 아이는 이미 많은 걸 배웠다.

당신이 자녀에게 몇 백억을 물려주고 평생을 일하지 않고 놀게 해줄 자신이 있다면 자녀에게 가난을 가르칠 필요가 없지만 그렇지 않다면 되도록 빨리 현실을 경험하고 알게 해주는 게 좋다.

부에 대한 긍정적인 생각을 심어준다

앞에서도 얘기했듯이, 나는 아이 앞에서 부자를 비난하지 않으려 항상 조심했다. 아이가 부자와 부에 대한 부정적인 감정과 죄의식을 가지지 않도록 하기 위해서다. 가난한 부모들이 아이들 앞에서 무심코 부자를 욕하는 경우가 있다. 그런 행동은 가난이 대물림되는 이유 중에 하나일 수 있다. 아이가 부에 대한 부정적인 인식을 갖게 되면 그 아이가 부자 되는 데 무의식적으로 방해를 받기에 부자 되기 어려울 수 있다.

나는 아이에게 이렇게 말했다. "아빠는 부자도 만나보고 가난한 사람도 만나보았다. 그런데 대체로 부자들이 품성이 더 좋았고 배울 게 많았다. 간혹 나쁜 짓으로 부자 된 사람도 있지만 대체로 좋은 부자가 더 많다."

나는 현장 교육이 중요하다고 생각했다. 평소에 어떤 경제적인 문제가 닥쳤을 때 이 문제를 부모가 해결하는 방법을 아이에게 그때그때 자세히 설명해주는 게 좋다. 그래야 아이의 기억에 오래 남는다. 예를 들어, 캐나다에 살 때 우리는 집을 월세로 살았는데, 집주인이 부당하게 집을 비워줄 것을 요구했다. 그때 나는 계약서를 바탕으로 분쟁조정위원회에 가서 그 문제를 해결했다. 그때 아빠가 왜 그렇게 행동한 건지 그리고 계약서의 중요성을 설명해주었다. 말로 한 구두 약속은 소용이 없으며 반드시 서면으로 계약서를 받아야 한다고 아이에게 알려주었다.

자본주의 시스템은 자유계약의 원칙이기에, 아무리 불공정한 계약이라도 자기가 약속하면 지켜야 하기에 스스로를 보호하는 법을 배워야 한다. 그래서 법을 대강이라도 아는 게 중요하다고 강조했다. 또 부동산을 사고 팔 때 조심해야 하는 점을 그때그때 아이에게 이야기해주었다. 기회가 있을 때마다 자신을 경제적으로 방어하는 법을 가르치려 노력했다.

스스로 돈을 벌고 모으는 경험을 만들어준다

나는 일찍부터 아이가 스스로 돈을 버는 경험을 하게 했다. 아이가 초등학교 때 내 구두를 닦으면 용돈을 주었다. 모은 용돈은 직접 은행에 가서 스스로 예금하게 했다. 돼지 저금통이 2개가 있었는데, 하나는 자기가 사고 싶은 걸 사기 위해 돈을 모으는 저금통이고 다른 하나는 은행에 예금하기 위한 저금통이었다.

고등학생 때는 병원에서 서류 작업을 하는 아르바이트를 하게 했다. 돈을 버는 게 목적이 아니라 세상과 현실을 빨리 깨닫기 원했기 때문이다. 하루는 서류 작업이 잘못되었는데 그 실수 당사자로 아이가 지목되었다. 아이는 집에 와서 많이 울었다. 나도 가슴이 아팠고 내일부터 일하지 않아도 된다고 말했다. 그런데 아이가 자기는 계속 나갈 것이고 보란 듯이 성공할 것이라고 했다. 나는 조금 놀랐다.

봉사와 기부를 경험하게 하는 것도 좋은 교육이다. 빈병을 모아 팔고, 세차장에서 세차를 해서 번 돈으로 기부하게 했다. 또 고등학교 졸업 후엔 자기가 학창시절에 쓰던 책과 학용품을 팔아서 그 돈을 기부하게 했다. 휴일엔 가난한 사람들에게 무료급식 봉사하는 것도 몇 년간 가족이 함께 했다. 가난한 사람을 돕고 봉사하는 걸 경험하게 함으로써 본인이 얼마나 축복받은 삶을 살고 있는지 느끼게 하고 세상을 폭넓게 이해할 수 있게 하려 한 것이다.

근검절약하며 가치 있게 쓰는 롤 모델을 보여준다

스스로 돈을 굴리고 처분할 수 있는 경험을 빨리 하게 하는 것도 좋다. 나는 아이가 대학 입학했을 때 졸업 때까지 필요한 학비와 생활비를 한꺼번에 주고 학교 다니는 동안 스스로 관리하게 했다. 스스로 금융상품을 선택해야 했기에 아이의 금융 감각이 일찌감치 발달하기 시작했을 것이다. 돈도 스스로 아껴서 사용했다. 한 번은 기차표를 새벽 4시 표를 끊었다고 해서 왜 그랬냐고 하니 그 시간이 가장 싸서 그랬다고 대답했다.

쇼핑할 때도 즉시 구매하는 대신에 며칠간 가격과 품질을 비교하고 잘 알아본 뒤에 사는 습관이 몸에 뱄다. 자기가 먹는 과일은 마감세일 때 많이 산다고 한다. 또 단지 판매 가격만 싸다고 사는 게 아니고 중량 단위당 가격까지 비교 계산한 다음 사는 걸 보고 친구가 '쇼핑의 구루'라는 호칭을 붙여주었다고 한다.

하지만 명품 쇼핑에는 관심이 없다. 일찍이 사람이 명품이어야 한다고 가르친 덕분인 것 같다. 허약한 자존감을 가진 사람들이 명품으로 치장하여 자존감을 높이려 한다는 것을 아이도 충분히 알고 있는 것 같다. 옷은 유행을 타는 화려한 것보다는 심플하고 유행을 타지 않는 걸 선호하는데 평소 엄마를 보고 자연스럽게 배운 듯하다. 옷보다 건강식품에 신경 쓰는 쪽이 아름답게 보이는 데 훨씬 효과적이다.

아이는 자동차를 살 때 몇 달을 고심해서 실용성과 가성비를 따져서 중고차를 구입했다. 내가 타는 차도 우리 동네에서 제일 오래된 차일 것이다. 18년 탔지만 별 불편을 못 느끼니 굳이 새 차가 필요 없는 것이다. 지금 상태라면 20년은 충분히 채울 것 같다. 아이는 사회 진출해서 돈 벌기 시작하자마자 외제차를 사고 흥청망청 돈을 쓰는 또래를 보면 한심해 보인다고 말하곤 했다. 동기들에 비해 저축비율이 상당히 높은 것도 절약이 몸에 밴 까닭이다. 대학입학 때 산 아이폰을 7년간 사용했는데, 직장 동료들이 깜짝깜짝 놀란다고 하며 웃는다. 부모가 사는 모습을 보아왔으니 달리 가르치지 않아도 근검절약이 당연한 것으로 아는 것이다. 초등학생 시절에는 학교 앞 문방구에서 파는 샤프펜을 사고 싶었는데 몇 달을 기다려서 가격이 떨어진 다음에 샀단 이야기를 듣고 아내랑 함께 웃은 적이 있다.

하지만 나는 아이가 너무 돈에 집착하거나 돈 때문에 전전긍긍하는 건 원치 않는다. 중요한 건 돈이 아니라 행복이기 때문이다. 그래서 투자도 주식보다는 부동산을 권한다. 주식투자는 감정소비가 너무 심하고 삶의 질이 떨어질 수 있으니 그런 고통을 겪지 않았으면 하는 바람 때문이다. 다행이 아이는 돈에 연연하지는 않는 것 같다. 종종 내게 이렇게 말한다. "아빠 돈은 받고 싶지 않아. 내게 안 줘도 돼. 내가 벌 거야. 그러니까 아빠 돈은 아빠가 다 써." 그 말을 어디까지 믿어야 할지 모르겠지만 일단 마음만은 고맙게 받는다.

본능의 오류를 극복하고 행복을 만드는 방법

사람은 누구나 행복해지고 싶어 하지만 인간은 행복해지기 어렵게 잘못 만들어진 불량품이다. 인류의 역사가 그렇다. 구석기시대 원시인들은 12~20명 단위로 모여서 집단 사냥을 하고 잡은 사냥감을 나누어 먹었다. 무리에서 벗어나 혼자 남겨진 원시인은 죽은 목숨이나 다름없었다. 혼자서는 맹수를 물리칠 수도 없고 사냥에도 성공할 수 없기 때문이다. 반대로 사냥을 잘하는 원시인은 무리로부터 존경을 받고 지위가 올라가고 여자들을 우선적으로 차지해 자손을 퍼트릴 수 있었을 것이다. 구석기시대에 살아남으려면 동료들로부터 인정받는 게 가장 중요했을 것이다.

만족과 불만족 사이를 왔다 갔다 하는 시계추

행복감은 생존과 번식에 유리한 행동을 했을 때 느끼게 되는 감정이다. 즉 사냥에 성공하거나 우두머리가 되거나 새로운 짝을 만나 짝짓기를 할 때 행복감을 느끼게 된다. 또 동료로부터 인정받을 때 행복감을 느끼게 되어 있다. 그런데 행복감이란 게 뇌 속의 생화학적 반응에 불과하다. 행복감은 사냥 성공, 짝짓기, 인정 그 자체에서 오는 것이 아니라 이들이 촉발한 뇌 속 도파민, 세로토닌, 옥시토신 등 호르몬의 작용이다.

그런데 이 작동 시스템에 치명적인 문제가 있다. 이 행복감이 오래가지 않는다는 것이다. 왜 행복감이 오래가지 않게 시스템이 설계되었을까? 만약에 행복감이 오래 지속된다면 그 원시인은 살아남아서 후손을 퍼트리지 못했을 것이다. 만약 한 번의 짝짓기로 아주 오랫동안 행복감을 느끼는 원시인이 있었다면 그는 행복감이 유지되는 동안 다시 짝짓기를 하지 않으려 들 것이다. 사냥도 하려 하지 않을 것이다. 그냥 마냥 행복해하다가 굶어죽거나 맹수의 밥이 되었을 것이다. 인간은 행복감이 빨리 사라져야 새로운 사냥감을 찾고 새로운 짝을 찾고 더 높은 지위로 올라가려고 노력한다. 행복감이 짧게 유지되고 다시 불만족스러운 상태로 돌아가게 만들어질수록 생존에 유리하고 번식에 유리하다.

결국 인간은 잠깐 찾아온 행복감을 맛보고, 사라진 그 느낌을 다시 찾기 위해서 새로 사냥하러 나서고 새로운 짝을 구하러 나서게 만들어진 불쌍한 존재다. 쇼펜하우어가 "인간이란 만족과 불만족 사이를 왔다 갔다 하는 시계추와 같은 불쌍한 존재"라고 한 것도 이를 두고 한 말이 아닐까.

불행을 피하고 행복을 찾는 3가지 방법

행복해지기 위해서 어떻게 해야 할까? 타고난 불량품은 행복해질 수 없는 걸까? 행복해지기 위해서는 행복해지기 쉽게 타고나야 한다. 사람마다 행복감을 느끼는 기준을 다르게 타고나기 때문이다. 어떤 사람은 조그만 것에도 쉽게 만족하고 행복감을 느낀다. 반면 항상 불만이 많은 사람이 있다. 이런 사람은 평생 다른 사람보다 불행하게 살도록 세팅되어서 태어난 불운한 사람이다.

한 심리학자에 따르면 그 사람이 인생을 행복하게 살지 불행하게 살지는 그 사람이 열두 살에 어땠는지 보면 알 수 있다고 한다. 열두 살에 행복했다면 나머지 인생도 행복하게 살게 되고, 열두 살에 불행했다면 나머지 인생도 불행하게 살게 되는 경향을 발견했다고 한다.

그럼 행복해지기 쉽지 않은 불량품으로 태어났지만 행복해질 수 있는 방법은 없을까? 내가 경험을 통해 체득한 방법은 세 가지다.

첫째, 기대치를 낮추면 불만족과 불행감을 피할 수 있다. 행복감은 기대치와 실재의 차이에 따라서 결정된다. 당신이 벤츠를 가지면 행복감을 느낄 수 있지만 만약에 당신의 기대치가 람보르기였다면 불행감을 느낄 것이다. 행복해지려면 기대치를 낮추어야 한다. 결국 마음을 비워야 행복해지기 쉽다는 것이다. 삶의 무게는 욕심의 무게와 같다.

둘째, 돈, 명예, 지위, 권력은 그 자체가 우리를 행복하게 만들어주지 않는다. 인간이 이런 세속적인 것들을 추구하는 이유도 다른 사람으로부터 인정받고 사랑받고 관심받고 보호받고 싶어서다. 돈이나 명예, 사회적 지위 그 자체가 행복을 가져다주는 것이 아니라 타인으로부터 관심, 사랑을 얻기 위한 도구라는 얘기다. 인간은 물질적 성취보다도 좋은 인간관계 속에서 행복감을 더 얻을 수 있다. 따라서 행복해지기 위해서는 좋은 인간관계를 만들고 유지하는 데 초점을 맞추는 게 좋은 전략이다. 인간관계의 핵심은 가족이다. 배우자와 가족들 간에 인간관계가 친밀하고 따뜻하다면 행복해질 가능성이 높다. 영혼을 풍요롭게 하는 데는 많은 돈이 필요치 않다.

셋째, 행복해지려면 행복한 사람을 옆에 두는 게 좋다. 행복과 불행은 감염되기 쉬운 감염병과 같기 때문이다. 이웃집 사람이 행복하면 내가 행복해질 가능성이 35퍼센트가 올라간다는 조사도 있다. 불평불만 많은 투덜이와는 안전거리를 확보하는 게 본인의 행복감을 유지하는 데 유리하다.

인간은 원래 행복감을 오랫동안 느낄 수 없도록 설계된 불행한 존재다. 그럼에도 불구하고 조금 더 많이, 더 오래 행복하기 위해서는 기대치를 낮추고, 돈보다 인간관계에 초점을 맞추고, 행복한 사람을 곁에 두는 게 현명한 방법이다.

500만 원을 50억으로 만든
실전 재테크의 신화, 우석의 귀환!

더 이상 돈에 끌려 다니지 않고
돈 문제에 좀 더 자신감을 갖고 싶은 당신에게

332쪽 | 17,000원

240쪽 | 16,800원

부의 인문학

인문학 속 거인들에게 배우는
돈의 흐름과 부의 작동원리

부동산 가격 변동의 메커니즘에서
필승 주식 투자법까지

초보자를 위한 투자의 정석

우석의 실패하지 않는 주식투자법

"최근 1년 6개월 수익률 530%"
공포와 탐욕을 이겨내고
성공투자의 길로 들어서라!

30대 억만장자가 알려주는
'가장 빠른 부자의 길'

일주일에 5일을 노예처럼 일하고
다시 노예처럼 일하기 위해 2일을 쉬고 있는가?

392쪽 | 17,500원

부의 추월차선

휠체어 탄 백만장자는 부럽지 않다!
젊은 나이에 일과 돈에서 해방되어 인생을 즐겨라!

부자들이 말해주지 않는
진정한 부를 얻는 방법

496쪽 | 19,800원

부의 추월차선 완결판 언스크립티드

'추월차선포럼'에서 3만 명 이상의
기업가들이 검증한 젊은 부자의 법칙!

아직 '추월차선'에 진입하지 못한
당신을 위한 선물 같은 책